작가의 말

꽃을 좋아하는 이들에게

어느덧 스치는 바람에 봄이 묻어납니다. 복수초, 너도바람꽃, 진달래, 생강나무… 등 이른 봄꽃은 이미 봄을 노래하기 시작했습니다. 곧 앙상했던 가지에 연둣빛 새순이 돋아날 것입니다. 봄을 기다리는 마음이 설렘으로 가득 차오릅니다.

봄이 금방 찾아올 줄 알았는데 꽃샘추위가 방해를 합니다. 사람의 삶이 그런 것 같습니다. 앞으로 쭉쭉 나가려니, 큰일 없이 무난하게 살 수 있겠거니 하지만 세상은 그렇게 녹록지 않습니다. 생각지도 못한 불행에 맞닥뜨려 실의에 빠지기도 하고 점점 바닥으로 침잠해 앞이 보이지 않는 무저갱 속을 헤매기도 합니다. 삶의 의미를 찾지 못해 방황할 때, 어둠을 빠져나오기 위해 치열하게 하루하루를 살아가고 있을 때 본능적으로 위안을 주는 존재를 찾습니다. 그것이 저에게는 꽃이었습니다. 꽃은 가장 외로울 때 친구가 되어주었습니다.

숲길을 걸으며 행복했습니다. 이름 모를 들꽃을 보며 애잔함과 사랑스러움을 느꼈습니다. 가까이 다가가서 이름을 불러주고 싶었기에 꽃 이름을 알기 위한 노력을 하였습니다. 저도 모르는 사이에 꽃의 세계에 깊이 빠져들어 있었습니다. 산과 들, 바닷가에 자라는 들꽃은 모진 바람과 세찬 비, 뜨거운 태양과 눈보라, 흙 한 줌 없는 땅에서도 살아갑니다. 꽃은 언젠가 너도 꽃을 피울 거라는 메시지를 우리에게 전합니다. 우리는 나무와 풀꽃으로부터 삶의 의지를 배웁니다.

낯선 여행지에서 만난 시골집 담장 밑의 매화 한 송이, 후드득 내리는 벚꽃 비, 길가에 떨어진 붉은 동백 꽃송이들, 산골에 핀 진달래, 진흙 속에 뿌리내린 연꽃, 제주의 오름에 흔들리는 억새, 한겨울에 핀 눈꽃까지, 집에 가만히 앉아서는 이 아름다운 순간들을 제 것으로 만들 수 없습니다.

꽃놀이는 단순히 꽃의 화려함에 빠지는 것이 아니라 삶에 위로를 받는 자연과의 만남입니다. 열심히 살아온 당신에게 세상이 주는 고운 선물 보따리입니다. 꽃을 통해 삶 속에 얼마나 많은 행복 요소가 숨어 있는지 깨달을 수 있을 겁니다. 이 책을 읽는 분들이 꽃 여행을 통해 감동과 기쁨을 느낄 수 있기를 바라며, 더 행복해지시길 바랍니다.

꽃에 좀 더 가까이 다가갈 수 있도록 길을 열어준 '인디카'와 나무를 만나는 즐거움을 준 '열두달숲'에 고마움을 전합니다.

여행작가 황정희

이 책은 우리나라의 아름다운 풍광을 몸소 느낄 수 있는 60곳의 꽃 여행지를 소개합니다. 책에 수록된 관광지, 맛집, 숙소 정보는 2022년 2월까지 수집한 정보를 바탕으로 하고 있습니다. 작가가 발 빠르게 움직이며 바뀐 정보를 수집해 반영하고 있지만 예고 없이 요금이 변경되거나, 일부 정보가 바뀔 수도 있습니다. 이 점을 고려하여 여행 계획을 세우시기 바라며, 혹여 여행에 불편이 있더라도 양해 부탁드립니다. 새로운 소식이나 바뀐 정보가 있다면 아래 저자 이메일로 연락 주시기 바랍니다. 더 나은 정보를 위해 귀 기울이겠습니다.

황정희 achanhee@naver.com

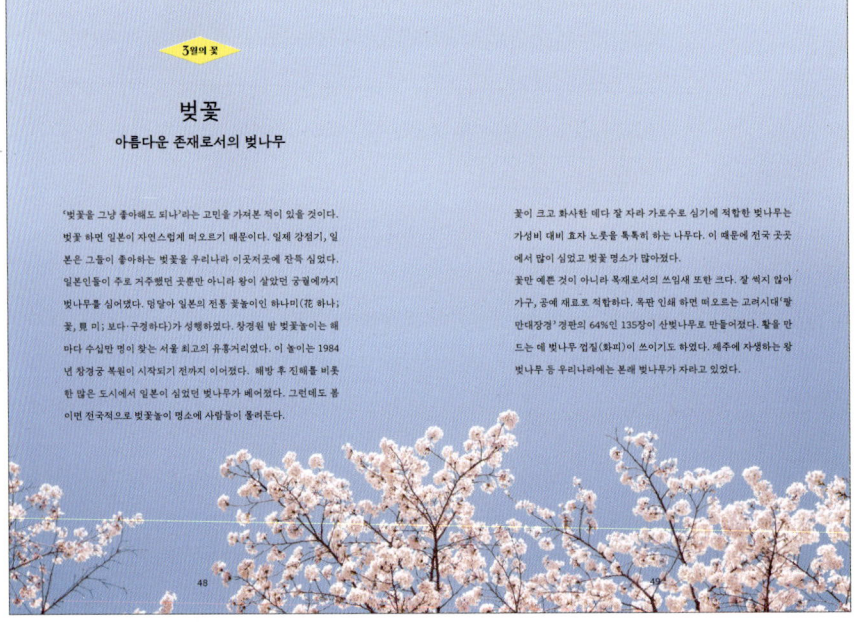

알아두면 쓸모 있는 꽃 이야기

이 책에서는 우리나라 꽃 30종을 개화 순서대로 소개합니다. 크게 봄, 여름, 가을, 겨울 등 계절별로 분류하고 다시 월별로 묶어 소개합니다. '꽃 이야기'에서는 꽃에 얽힌 이야기를 담았습니다. 꽃말, 꽃에 대한 묘사, 전설, 이름의 유래 등 알아두면 쓸모 있는 꽃 이야기를 소개합니다.

 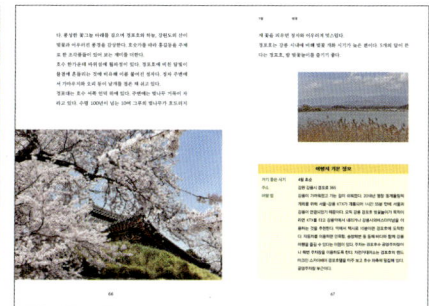

대한민국을 대표하는 꽃 여행지 60곳 소개

제철 음식처럼 꽃에도 제철이 있습니다. 사시사철 피는 꽃이 있는가 하면 잠깐 동안만 피고 지는 꽃도 있습니다. 꽃이 피는 때, 가장 예쁘게 필 때를 알면 더욱 특별한 꽃 여행을 즐길 수 있습니다. 이 책에서는 30가지의 꽃을 제대로 즐길 수 있는 우리나라 꽃 여행지 60곳을 소개합니다. 작가가 전국 구석구석을 누비며 찾아낸 보석 같은 여행지들과 가장 아름답게 꽃이 피는 순간을 카메라에 담아 소개합니다. '가기 좋은 시기'와 '여행 팁'도 알차게 담았습니다.

주변 연계 여행지와 꽃·나무 도감 수록

꽃 여행지별로 함께 방문하면 좋은 인근 관광지와 즐길거리, 추천 먹거리를 소개해 더욱 풍부한 꽃 여행을 제안합니다. 이뿐만 아니라, 책에서 소개하는 30종의 꽃과 나무에 대한 기본 정보를 사진과 함께 일목요연하게 정리한 도감을 담아 '찾는 재미'를 더했습니다.

- 도감에 기재된 학명은 농림축산식품부 생명자원정보서비스(BRIS)와 김태영·김진석의 『한국의 나무』(돌베개, 2018)를 참고하였습니다.
- '가는 방법'에 기재된 거리와 소요 시간은 근사치입니다. 교통 상황이나 출발지에 따라 달라질 수 있습니다.
- 인덱스(P.554)에서 지역별·난이도별로 여행지를 정리해 두어, 상황에 맞는 여행지를 선택할 수 있습니다.
- 교통편, 식당은 출발 전 휴일인지, 예약이 가능한지 전화로 확인하는 것이 좋습니다.

작가의 말	2
이 책 보는 법	4

테마별

아이도 어른도 재미있게 즐길 수 있는 감성 꽃 여행	10
부모님께 행복을 드리는 꽃길 여행	12
SNS 핫플레이스로 떠오르는 포토 스폿	14
잔잔한 힐링을 선사하는 꽃길 여행	16
남녀노소 즐기기 좋은 피크닉 꽃 여행	18
고즈넉한 정취를 느낄 수 있는 사찰 꽃 여행	20
산책하듯 쉬엄쉬엄 걷기 좋은 숲과 길	22
힘든 만큼 진한 감동을 선사하는 꽃 트레킹	24
바다와 가까운 꽃 여행지	26
하룻밤 머물고 싶은 꽃 여행지	28
한눈에 보는 우리나라 꽃 여행	30

계절별

봄 | 봄은 희망의 메시지다

3월

매화		
	강줄기 따라 꽃구름이 머무는 **광양 매화마을**	36
	기차 타고 낙동강변 꽃 여행 **양산 순매원**	46
	고즈넉한 산사에 전해진 매화 첫 소식 **양산 통도사**	50

산수유
- 팝콘 터지듯 꽃망울이 터지는 수채화 마을 **구례 산수유마을** — 56
- 원적산 아래 노랗게 물든 **이천 백사마을** — 70
- 노란 물감을 뿌려놓은 듯한 **양평 산수유마을** — 74

벚꽃
- 우리나라 벚꽃 1번지 **창원 진해** — 80
- 맑은 물빛과 어우러진 호수 벚꽃길 **강릉 경포호** — 90
- 꽃비 내리는 섬진강 벚꽃길 **하동 십리벚꽃길** — 100
- [Special Page] 서울 벚꽃 명소 5 — 106
  여의도 윤중로 | 남산둘레길 | 양재천 | 서울숲 | 워커힐 벚꽃길

개나리
- 암릉이 노랗게 물드는 개나리산 **서울 응봉산** — 118

4월

유채
- 벚꽃과 유채꽃의 앙상블 **제주 가시리 녹산로** — 126
- 구들장논과 유채꽃이 일렁이는 섬 **완도 청산도** — 136

수선화
- 향기에 촉촉이 젖어들다 **서산 유기방가옥** — 148

진달래
- 섬 속에 산, 진달래 꽃동산 **강화 고려산** — 158
- 암봉에 찍힌 붉은 화인 **강진 주작산·덕룡산** — 166

겹벚꽃
- 벚꽃 엔딩의 마지막을 장식하는 **서산 개심사** — 176

한계령풀
- 야생화 천국 **태백 태백산** — 188

튤립
- 튤립의 도시 태안 삼매경 **태안 세계튤립꽃박람회** — 200

5월

산철쭉
- 굽이굽이 산철쭉 꽃길 종주 **장흥 제암산·보성 일림산** — 210
- 1,600m 돌무더기 대평원에 핀 산철쭉 **제주 한라산 윗세오름** — 220

장미
- 수 천만 송이 장미들의 향연 **곡성 섬진강 장미공원** — 230

여름 | 뜨거운 삶을 열망하다

| 6월 | 라벤더 | 초여름의 보라 언덕 **고성 하늬라벤더팜** | 242 |

| 7월 | 산수국 | 안개 속 신비의 숲길 **제주 사려니숲** | 252 |
| | 해바라기 | 황금색 하늘바라기 마을 **태백 구와우마을** | 262 |

8월	연꽃	두 물이 만나는 곳에서 연꽃에 취하다 **양평 세미원**	272
		동양 최대 백련 연못 **무안 회산백련지**	280
		국내 최초의 연지 **시흥 관곡지**	284
	배롱나무	배롱나무가 숲을 이루는 **담양 명옥헌원림**	290

가을 | 성숙의 계절을 달리다

9월	메밀꽃	하얗게 흔들리는 가을 달빛길 **봉평 메밀밭**	304
		사철 꽃이 피는 젊은 연인들의 사랑터 **고창 학원농장**	314
		가을 들판을 하얗게 수놓은 메밀꽃 **제주 오라동 메밀밭**	318
	꽃무릇	그리움으로 붉게 타오르는 꽃불 **영광 불갑사**	324
		도솔천을 따라 펼쳐지는 꽃무릇의 유혹 **고창 선운사**	334

10월	구절초	산중에 흔들리는 백색의 순수 **정읍 옥정호 구절초테마공원**	346
	은행나무	황금라인을 그리는 은행나무길 **홍천 은행나무숲**	356
		하천가의 노란 가을 길 **아산 곡교천**	362
	억새	산정이 온통 억새 천지 **정선 민둥산**	368
		생태공원으로 재탄생한 쓰레기산 **서울 상암 하늘공원**	378
		[Special Page] **제주 억새 명소5**	386
		따라비오름	다랑쉬·아끈다랑쉬오름	산굼부리	새별오름	금오름(금악오름)	

	핑크뮬리	신비로운 몽환의 핑크 **경주 첨성대**	398
	해국	바람과 파도가 빚은 야생화 **동해 추암해변**	408
	단풍	암반 위 맑은 물에 비친 오색 단풍 **속초 설악산 천불동계곡**	420
		폭포에 드리운 붉은 가을 **인제 방태산 이단폭포**	430
		불타오르듯 새빨간 단풍 터널 **정읍 내장산**	434
		오래된 숲속에서 만난 단풍 미인 **고창 문수사**	442
11월	갈대	세계 5대 갯벌과 최고의 갈대밭 **순천 순천만 습지**	448
	대나무	태화강 젖줄 따라 늘 푸른 대나무 숲 **울산 태화강 십리대숲**	462

겨울 | 계절의 끝은 드라마틱하다

12월	자작나무	숲속의 귀족처럼 우아한 **인제 속삭이는자작나무숲**	474
1월	눈꽃	겨울왕국으로의 여행 **제주 한라산 백록담(성판악탐방로)**	486
		곤돌라 타고 눈꽃 트레킹 **무주 덕유산**	498
2월	동백	파란 바다 위 붉은 동백섬 **거제 지심도**	508

꽃 여행 정보 얻기	520
꽃 도감 읽기	524
인덱스(지역별·난이도별)	554

테마별 추천 꽃 여행지 1
아이도 어른도 재미있게 즐길 수 있는 감성 꽃 여행

어릴 때의 감성이 평생의 자양분이 된다. 어른이 되어 어린 날의 따뜻했던 추억을 떠올리며 지친 날들을 위로한 기억이 있을 것이다. 아이 손을 잡고 꽃 여행을 떠나보자. 자연을 느끼고 재미와 배움까지 얻을 수 있는 여행에 아이의 웃음소리가 들린다.

❶ 섬진강변 기차마을 **전남 곡성 섬진강 장미공원**

섬진강 장미공원은 곡성기차마을 안에 있다. 1,004종의 장미가 자라는 장미공원의 소망정에서 소망의 북을 치고 생태학습관을 둘러본 후 바로 옆 드림랜드 놀이공원으로 향해보자. 천사그네, 회전목마, 대관람차, 바이킹 등 작지만 아이와 함께 알차게 즐길 수 있다. P.230

❷ 아기자기한 놀거리가 가득한 연못 **전남 무안 회산백련지**

동양 최대의 백련지에 무장애 데크가 놓여 있다. 출렁다리를 건너고 데크 위를 걸어 연꽃을 감상할 수 있는 데다 아이가 좋아하는 놀거리도 풍부하다. 더위를 한 방에 날리는 물놀이장과 동물농장, 어린이 놀이터, 캠핑장이 있어 가족여행객에게 인기가 높다. P.280

❸ 소설과 함께 떠나는 메밀꽃 여행 **강원 봉평 메밀밭**

봉평은 이효석의 소설 <메밀꽃 필 무렵>의 배경이다. 꽃 여행에 문학의 향기까지 더할 수 있는 감성 여행지다. 작가의 생애를 살펴보고 소설 속 묘사와 실제의 메밀꽃을 비교해 보자. 효석달빛언덕의 푸른집, 달빛언덕, 달빛나귀전망대가 아이의 흥미를 자극한다. P.304

❹ 오색 단풍에 둘러싸인 폭포 **강원 인제 방태산 이단폭포**

강원도 오지 중의 오지에 있는 방태산자연휴양림은 계절의 변화가 선명하다. 아이 손을 잡고 울긋불긋 단풍이 곱게 든 가을 숲을 산책해보자. 이단폭포로 떨어지는 물줄기와 오색빛깔 단풍을 감상하고 휴양림 내 놀이터와 체력단련시설에서 재미있는 시간을 보낼 수 있다. P.430

❺ 가뿐하게 곤돌라 타고 겨울 눈꽃 즐기기 **전북 무주 덕유산**

덕유산은 눈꽃 산행이 힘든 아이들도 겨울 산의 매력을 알게 해준다. 곤돌라를 타고 산정 가까이에 내려 상고대가 핀 숲길을 걸어보자. 수묵화 같은 겨울 풍경을 가슴에 담을 수 있다. 따뜻한 옷과 아이젠 등 겨울 산행에 대한 준비를 철저히 한 후 즐기도록 한다. P.498

테마별 추천꽃 여행지 2

부모님께 행복을 드리는 꽃길 여행

부모님께 가장 좋고 예쁜 것을 보여 드리고 싶다. 떠나온 고향을 떠올리게 하거나 꽃색이 아주 화려해 그 순간만이라도 나이 들어감을 잊고 기쁨이 가득 찰 수 있었으면 한다. 부모님도 산책하듯 쉽고 편하게 걸을 수 있는 꽃길을 소개한다.

❶ 벚꽃과 유채가 동시에 피는 꽃길 **제주 가시리 녹산로**
샛노란 유채밭은 끝이 아득할 정도로 넓다. 윙윙 소리를 내며 돌아가는 풍력발전기가 이국적인 정취를 자아내는 유채밭과 함께 10km의 꽃길은 벚꽃과 유채가 함께 어우러져 환상적이다. 전국 어디에서도 볼 수 없는, 노랗고 흰 가시리 꽃길을 드라이브로 즐겨보자. P.126

❷ 노란 꽃이 팝콘 터지듯 피는 **전남 구례 산수유마을**
마을 전체가 노란 산수유 꽃그림을 그린다. 산수유사랑공원에서 내려다보면 지리산 자락 아래에 나지막한 지붕들이 옹기종기 모여 있다. 마을을 휘감듯이 노란 산수유가 피어 고향의 봄을 떠올리게 한다. 좁은 마을 길을 걸으며 고향을 그리는 마음을 달랜다. P.56

❸ 눈이 시리도록 붉은 융단 길 **전남 영광 불갑사**
잎과 꽃이 서로를 그리워하는 상사화, 잎이 없이 줄기 끝에 커다란 꽃이 핀다. 불갑사 가는 길, 너른 벌판에 융단을 펼치듯 꽃무릇이 가득한 길을 걷다 보면 이처럼 화려하고 붉은 꽃길이 어디 있을까 싶다. 강렬한 색으로 물든 꽃밭은 정신이 혼미해질 정도로 유혹적이다.
P.324

❹ 은빛 억새바다의 향연 **제주 산굼부리**
가을은 바람의 언어다. 산과 들에서 바람에 흔들리는 억새를 보면 감상에 젖어들게 된다. 산굼부리는 위로 솟아오른 오름이 아니라 아래로 꺼진 형태여서 잠깐의 걸음으로 커다란 규모의 분화구와 너른 억새밭을 만날 수 있다. 돌담과 한라산이 제주적인 분위기를 자아낸다.
P.390

❺ 명불허전 남도 최고의 단풍 명승지 **전북 정읍 내장산**
일주문에서부터 내장사까지 108그루의 단풍나무가 열을 지어 단풍 터널을 만들고 있다. 햇살이 비쳐 더욱 선명한 애기단풍이 오색찬란하다. 호수 위 우화정까지 단풍의 미혹에 흔들리며 걷는 길에 마음도 곱게 물드는 것 같다. 다시 오지 않을 것 같은 가을의 화려함이 펼쳐진다. P.434

테마별 추천 꽃 여행지 3
SNS 핫플레이스로 떠오르는 포토 스폿

SNS의 유행은 MZ세대, 연인들에게만 국한된 흐름이 아니다. 인스타그램에서 핫플레이스인 곳은 대부분 사진이 잘 나오는 사진 명소이고 감성 사진을 찍을 수 있는 곳이다. 최신 트렌드에 맞는 이색 사진을 찍을 수 있는 핫플레이스에서 나만의 인생사진에 도전해 보자.

❶ 섬진강 따라 벚꽃 드라이브 **경남 하동 십리벚꽃길**

화개장터에서 화개천을 따라 쌍계사까지 이어지는 5km의 벚꽃길은 50~90년 된 수령을 자랑하는 1,200여 그루의 벚나무가 도로 양편을 빼곡하게 채우고 있다. 벚꽃이 만개해 꽃잎을 떨구기 시작하면 달리는 자동차와 함께 꽃비가 내리는 듯한 봄 그림을 만든다. P.100

❷ 드라마 '도깨비'의 촬영지 **전북 고창 학원농장**

드라마 '도깨비'에서 메밀밭 위로 흰 눈이 내리던 장면이 이곳 학원농장에서 촬영되었다. 꽃 여행은 어느 정도 인생의 맛을 느끼는 사람들이 즐기는 여행이라는 편견을 깨고 친구와 젊은 연인들이 드라마 속 배경을 무대로 사진을 찍기 위해 많이 찾는다. P.314

❸ 사랑으로 일군 은행나무숲 **강원 홍천 은행나무숲**

아픈 아내를 위해 은행나무를 한 그루씩 심고 가꾼 지 30년의 세월이 흘러 2,000여 그루의 은행나무가 자라는 홍천 은행나무숲이 되었다. 숲이 만들어진 사연이 널리 알려져 가족, 연인, 친구와 은행잎이 황금색으로 물들 때 사랑과 가을을 기억하기 위해 많이 찾는다. P.356

❹ SNS 핫플레이스 **제주 금오름(금악오름)**

10월에 제주에서는 어디를 가나 억새를 만난다. 특히 오름에 올라 바람에 흔들리는 억새를 보면 제주의 속살위에서 춤을 추는 것 같다. 금오름은 TV프로그램 '효리네 민박'에서 이효리와 아이유가 올라 유명해진 이후 SNS에 인증 샷을 올리는 이들이 많아지면서 인기 명소가 되었다. P.394

❺ 신비로운 핑크 바다와 천년 고도 **경북 경주 첨성대**

최근 핑크뮬리를 심는 곳이 늘어났지만 경주 첨성대가 보여주는 감성을 따라오지는 못한다. 야생화 정원을 지나 핑크색 몽환의 바다를 보는 것 같은 신비로운 분위기의 핑크뮬리 앞에서 천년 고도 첨성대를 넣고 사진을 찍으려는 사람들의 발길이 끊이지 않는다. P.398

테마별 추천 꽃 여행지 4
진잔한 힐링을 선사하는 **꽃길 여행**

꽃 여행지가 무조건 화려할 필요는 없다. 도심을 가로지르는 하천변이나 소박한 시골길을 걸으면서도 꽃 마중은 충분하다. 생활과 가까운 곳, 그래서 언제라도 가볼 수 있는 길에서 꽃과 함께 즐거운 시간을 보내보자.

❶ 1만 8,000여 산수유가 자라는 **경기 이천 백사마을**

이천 백사면 도립리는 100년 이상 된 산수유가 군락을 이루고 있는 산수유 마을이다. 오래된 산수유 고목이 즐비한 산수유 농원을 걸으며 시골 마을의 향취에 젖어든다. 농원 안에는 아기자기한 시설물들이 산수유꽃과 어우러져 있다. P.70

❷ 커피 한 잔 들고 양재천 꽃길 걷기 **서울 양재천**

양재천은 생활과 가깝다. 점심시간에 커피 한 잔을 들고 하천변을 산책하는 직장인들을 흔하게 볼 수 있다. 벚꽃이 흐드러진 날에 바람이 불어와 꽃잎이 한꺼번에 떨어지면 사람들의 입에서는 탄성이 터져 나온다. 일상과 가깝지만 그 순간은 봄의 한가운데 있다. P.110

❸ 바다와 하늘이 보이는 메밀꽃 꽃동산 **제주 오라동 메밀밭**

전국에서 메밀이 가장 많이 생산되는 곳은 제주도다. 한라산, 제주 시내, 바다, 파란 가을 하늘 그리고 새하얀 메밀꽃이 어우러진 풍경이 압권인 오라동 메밀밭은 한라산 자락에 위치한다. 메밀꽃과 가림이 없는 풍경을 보고 있으면 가슴속이 뻥 뚫릴 듯 시원해진다. P.318

❹ 태화강 젖줄 따라 늘 푸른 대나무숲 **경북 울산 태화강 십리대숲**

우리나라 제 2호 국가정원인 태화강 국가정원 안에 위치한 십리대숲은 강가 옆에 위치해 사계절 푸르고 청량함이 넘친다. 숲 안으로 들어가면 정돈된 길 양 옆으로 대나무가 하늘을 향해 솟구쳐 오르는 모습을 볼 수 있다. 대숲에 부는 바람 소리가 늦가을을 위로한다. P.462

❺ 도심을 흐르는 하천변 노란 가을 길 **충남 아산 곡교천**

아산 시내를 가로지르는 곡교천의 약 2.2km 구간에 350여 그루의 은행나무가 자라고 있다. 가을에 은행나무가 노랗게 물들면 노란 터널이 만들어지고 바닥에는 노란 카펫이 깔린다. 전국의 아름다운 10대 가로수 길로 1.3km는 차 없는 거리여서 걷기 편하다. P.362

테마별 추천 꽃 여행지 5
남녀노소 즐기기 좋은 피크닉 꽃 여행

꽃이 있고 쉴 수 있는 벤치가 있다. 정자나 잔디밭 위도 좋다. 부리나케 가서 후다닥 꽃만 보고 돌아오는 여행이 아니라 꽃향기 가볍게 흩날리는 곳에서 소풍을 즐기고 꽃놀이를 즐긴다. 여유와 쉼이 있어 마음이 편안해지는 곳들이다.

❶ 도심 속 거대 녹지 공간 **서울 서울숲**

서울의 센트럴파크라고 불리는 대표 공원. 숲으로 불릴 정도로 많은 나무가 자라고 있다. 돗자리 위에 앉아 가볍게 봄 소풍을 즐기거나 강아지 산책을 나온 사람들이 한가롭게 공원을 거닌다. 서울숲에서 가장 핫한 벚꽃 명소는 사슴 우리가 있는 생태숲, 보행가교 부근이다. P.112

❷ 두 물이 만나는 곳에 자리한 연꽃 정원 **경기 양평 세미원**

'물을 보며 마음을 씻고 꽃을 보며 마음을 아름답게 하라'는 뜻을 담고 있는 세미원(洗美苑)은 물과 꽃의 정원이다. 뜨거운 여름날 정자에 앉아 황홀할 정도로 크고 아름다운 연꽃을 가득 피운 연못을 감상한다. 북한강과 남한강 두 물이 만나는 두물머리도 함께 가보자. P.272

❸ 산골 마을 속 이국의 보라색 꽃밭 **강원 고성 하늬라벤더팜**

고성 하늬라벤더팜은 인제와 진부령을 지나 골짜기로 한참 들어가는 산골 마을에 자리한다. 강원의 산을 배경으로 유럽식 건물과 보라색 라벤더꽃이 이국적인 풍경을 만든다. 라벤더아이스크림, 스토리가 있는 포토존, 허브의 향기 속에서 휴식을 취해보자. P.242

❹ 단아하고 고운 수선화 고택 **충남 서산 유기방가옥**

유기방가옥은 1919년에 지어진 양반집 가옥이다. 민가에서 흔히 보는 대나무숲과 그 뒤로 소나무숲이 우거졌던 곳이 유기방 씨에 의해 수천, 수만 송이의 수선화가 피는 꽃밭이 되었다. 오래된 고택 뒤편, 솔밭 우거진 야트막한 언덕 아래 수선화밭이 펼쳐져 있다. P.148

❺ 하늘과 가까운 은빛 억새 전망대 **서울 상암 하늘공원**

북한산, 인왕산, 매봉산과 남산 N서울타워, 잠실 롯데월드타워를 전망할 수 있는 하늘과 가까운 공원이다. 어느 계절에 가도 좋지만 8만 5,000m² 규모의 너른 들판에 억새가 물결치는 가을에 가장 많은 사람이 찾는다. 곳곳에 정자가 있어 피크닉을 즐기기 좋다. P.378

테마별 추천 꽃 여행지 6
고즈넉한 정취를 느낄 수 있는 사찰 꽃 여행

산사로 가는 길은 일주문을 경계로 일상과의 단절을 시도한다. 마음이 평온해지고 정갈해지는 꽃길을 걸으며 한 걸음씩 번뇌를 내려놓고 명상에 빠져든다. 은거하다시피 시골에 안착한 선비의 원림 또한 마찬가지다. 명상과 사색의 시간에 꽃은 선물이다.

❶ 산사에 피어난 첫 봄소식 **경남 양산 통도사**

통도사는 한국의 삼보사찰 중 하나다. 매화의 개화 소식을 가장 먼저 전하는 통도사 자장매는 통도사 역대 조사의 영정을 모시는 영각의 오른쪽 처마 밑에 있는 홍매화를 가리킨다. 1월 말부터 꽃이 피기 시작하기 때문에 겨울 속 봄소식에 설렘이 커진다. P.50

❷ 겹벚꽃 엔딩의 천년 고찰 **충남 서산 개심사**

겹벚꽃은 벚꽃이 지고 난 뒤 4월에야 주렁주렁 탐스럽게 꽃을 피운다. 심검당은 개심사 내 가장 오래된 건물로 휘어진 나무 형태를 살려 기둥을 세워 자연미가 돋보인다. 겹벚꽃나무 중에서도 명부전 앞, 푸른 꽃이 피는 청벚꽃나무가 가장 인기 있다. P.176

❸ 백일 동안 피고 지는 꽃나무 정원 **전남 담양 명옥헌원림**

조선 중기 민간 정원으로 자연과 조화를 이룬 원림은 소박하면서도 편안한 느낌을 준다. 백일 동안 붉은 꽃이 피고 지는 수십 그루의 배롱나무숲이 있는 동산 안쪽에 명옥헌이 있다. 오래된 배롱나무에서 느껴지는 고태미와 자홍색의 꽃을 감상하며 물 흐르는 소리에 귀 기울여보자. P.290

❹ 도솔천 따라 걷는 꽃무릇 꽃길 **전북 고창 선운사**

선운사, 도솔암은 어느 계절에 가도 좋은 산사 길이지만 특히 꽃무릇이 피는 9월에는 도솔천을 따라 붉은 꽃이 무리지어 피어나 남다른 정취를 그린다. 하천가에 커다란 나무와 자연스럽게 어우러진 꽃무릇 풍경은 고즈넉함 가운데 강렬함으로 대비된다. P.334

❺ 오래된 숲속에서 만난 단풍 미인 **전북 고창 문수사**

고창 문수사 단풍나무숲(천연기념물 제463호)에는 100년에서 400년은 됨직한 500여 그루의 단풍나무 노거수와 고로쇠나무, 개서어나무, 느티나무 등 오래된 거목이 가득하다. 사람의 손을 타지 않아 자유롭게 자란 나무와 은은한 단풍이 눈과 마음을 편안하게 한다. P.442

테마별 추천꽃 여행지 7
산책하듯 쉬엄쉬엄 걷기 좋은 숲과 길

산을 둘레둘레 도는 길이 나 있고 길 옆에는 계절에 따라 다른 꽃이 피어 있다. 산책하듯 가벼운 마음으로 걷다가 봄꽃을 만나고 안개 짙은 숲에서 푸르른 여름과 마주한다. 가을 억새와 눈밭의 하얀 자작나무가 벗이 되어주는 산길을 걸어보자.

❶ 서울의 랜드마크 남산을 따라 걷는 벚꽃 산책로 **서울 남산둘레길**

서울을 상징하는 산이며 제일 큰 공원인 남산, 4월이 되면 연두빛 신록이 차오르기 시작하고 하얀 벚꽃이 꽃망울을 터트려 봄을 알린다. 남산도서관 앞에서 N서울타워까지 이어지는 1.3km는 남산둘레길 가운데 벚꽃이 가장 흐드러지게 피는 구간이다. P.108

❷ 한강 옆 노랗게 칠해진 바위산 **서울 응봉산**

거대한 바윗덩어리가 산체를 이루고 있는 응봉산은 봄이 되면 개나리산이 된다. 산 정상은 전망대이자 야경 포인트로 유명하다. 산 아래, 철로 위로 기차와 전철이 쉼 없이 달린다. 용비교 방향 쪽 계단에는 복숭아나무와 벚나무가 어우러지면서 꽃을 피워 더욱 화사하다. P.118

❸ 안개 속 신비의 숲길 걷기 **제주 사려니숲**

제주 숲길 걷기의 유명세는 사려니숲길에서 시작되었다. 사려니는 신성하다는 의미를 담고 있다. 이름에 걸맞은 숲 풍경은 6월 말부터 7월 초순에 절정을 이룬다. 곧게 자란 삼나무 사이로 안개가 자욱하고 파란색의 산수국꽃이 피어 신비로운 풍경을 보여준다. P.252

❹ 은빛 수염의 땅할아버지 오름 **제주 따라비오름**

6개의 봉우리, 3개의 굼부리에 물결치는 은빛 억새의 파도, 따라비오름의 '따라비'는 땅할아버지를 의미한다. 말굽처럼 한쪽이 터진 굼부리와 원형의 굼부리가 이어져 있어 굽이굽이 능선 따라 오르내리며 굼부리를 따라 걷는 맛이 쏠쏠하다. P.386

❺ 숲속의 귀족 같은 자작나무숲의 겨울 **강원 인제 속삭이는자작나무숲**

자작나무숲은 사계절 근사하지만 눈 쌓인 숲에 하얀 수피를 뽐내며 서 있는 겨울 숲 풍경이 가장 인기다. 자작나무는 파란 하늘을 향해 20m 이상 곧게 자란다. 겨울에 자작나무 숲에 서면 가슴이 시원해짐과 동시에 동화 속에 와 있는 듯한 기분을 느낄 수 있다. P.474

힘든데 왜 그렇게 높은 산을 올라 가냐고 묻는다면 할 말은 없다. 높은 산 위는 도시 또는 낮은 산과는 완전히 다른 풍경을 보여준다. 봄날에도 눈이 내리고 겨울에는 하얀 눈꽃과 상고대가 핀다. 산 위는 다른 세상이다. 엄두가 안 나겠지만 한 번쯤은 시도해 볼만하다.

❶ 암봉과 진달래가 그리는 동양화 **전남 강진 주작산·덕룡산**

덕룡산 소석문에서 시작해 동봉, 서봉을 지나 주작산 덕룡봉, 작천소령(임도)을 지나 암릉지대를 넘어 오소재로 내려오는 코스는 12.7km, 최소 10시간은 걸리는 야생의 산길이다. 암봉 사이에 뿌리내린 진달래가 그려낸 빼어난 풍광이 힘든 산행을 기꺼이 감수하게 한다. P.166

❷ 야생화 산길 트레킹 **강원 태백 태백산**

유일사 주차장에서 시작해 사길령으로 올라 천제단을 지나 정상인 장군봉을 넘어 망경사에서 당골로 내려오는 것이 태백산의 봄꽃을 마중하기 좋은 코스다. 4월 중순 이후 모데미풀이 핀 후에 얼레지, 갈퀴현호색, 한계령풀 등의 야생화들이 어우러져 형형색색의 꽃밭을 이룬다. P.188

❸ 굽이굽이 암릉과 산철쭉 꽃 마중 **전남 장흥 제암산·보성 일림산**

제암산에서 사자산을 거쳐 일림산까지 종주하려면 15km 정도는 걸어야 한다. 제암산은 암릉과 산철쭉이 어우러지고 일림산은 꽃불이 난 듯 산철쭉이 군락으로 핀다. 선객들이 덜 찾는 산철쭉과의 동행길을 유려한 산세와 오붓한 마을, 바다를 바라보며 걸어보자. P.210

❹ 산의 정상이 온통 억새 천지 **강원 정선 민둥산**

민둥산 1,119m 표지석이 있는 전망 포인트에 오르면 눈앞에 20만 평에 달하는 광활한 억새밭과 함께 유려한 강원의 산하가 펼쳐진다. 민둥산의 3개 돌리네 주변으로 억새가 강물처럼 흐르고 억새밭은 산촌 마을의 애환 위에 춤을 춘다. P.368

❺ 남한 최고봉의 은빛 겨울왕국 **제주 한라산 백록담(성판악탐방로)**

겨울 산행에 대한 갈망은 직접 겨울 산을 올라본 이들만이 가질 수 있는 그리움이요, 뜨거움이다. 성판악탐방로는 비교적 평탄한 숲길을 걸으며 상고대와 눈꽃을 감상하고 눈 쌓인 벌판의 이국적인 설경을 지나 백록담까지 만날 수 있는 겨울 산행 코스다. P.486

테마별 추천 꽃 여행지 9

바다와 가까운 꽃 여행지

바다는 계절마다 다른 이야기를 한다. 동쪽 바다는 일출로 희망을 품게 하고 서쪽 바다는 일몰로 안녕을 말한다. 크고 작은 섬과 갯벌이 공존하는 남쪽 바다는 각양각색의 이야기를 풀어놓는다. 바닷가에 핀 꽃에는 바닷바람의 흔적처럼 소금기가 묻어난다.

❶ 맑은 물빛과 어우러진 호수 벚꽃길 강원 강릉 경포호

경포호는 둘레가 4km 남짓한 호수로 바다 쪽으로 경포해변과 이어진다. 벚꽃 놀이를 제대로 즐기려면 수양벚나무와 왕벚나무가 어우러진 호숫가를 따라 한 바퀴를 완전히 돌아야 한다. 습지공원, 경포대, 허난설헌 생가, 가시연습지, 금란정 등 둘러볼 곳이 꽤 많다. P.90

❷ 바닷가에 핀 수백만 송이 튤립 충남 태안 세계튤립꽃박람회

안면도 꽃지해수욕장에 이웃한 축구장 5배 규모의 튤립꽃밭이다. 꽃밭에 들어서면 형형색색으로 빛나는 튤립의 아름다움에 환호성이 터져 나온다. 눈에 익은 튤립부터 희귀한 품종까지 300여 종, 수백만 송이의 튤립이 보는 즐거움을 준다. P.200

❸ 바람과 파도가 빚은 가을 꽃 강원 동해 추암해변

추암해수욕장과 촛대바위 부근에 10월 초부터 해국이 핀다. 추암해수욕장 해변가 바위 위와 촛대바위 부근 석림에 드문드문 피어 있는 해국의 모습이 대견해 보인다. 떠오르는 해와 바위 틈새에서 인고의 시간을 견디고 피는 해국을 함께 감상하며 특별한 해맞이를 해보자. P.408

❹ S자 물길과 바닷가 갈대정원 전남 순천 순천만 습지

순천만의 11월은 갈대밭의 천국이다. 갈대밭 사이로 난 데크 길을 걸은 뒤에 장개산 기슭의 용산전망대로 향해보자. 전망대에서 순천만의 S자형 수로, 원형의 갈대밭과 갯골, 칠면초 군락이 어우러져 가을의 걸작을 완성하는 모습을 한눈에 담을 수 있다. P.448

❺ 파란 바다 위, 붉은 동백섬 경남 거제 지심도

거제 장승포나 지세포에서 배로 20분 거리에 겨우내 동백꽃이 지천으로 피는 동백섬이 있다. 섬은 봄이면 새빨간 동백꽃이 만발해서 동백섬으로도 불린다. 10m 이상 자란 동백나무, 후박나무, 대나무, 소나무가 빽빽하게 자라고 있는 숲은 때 묻지 않았고 숲 향기는 그윽하다. P.508

테마별 추천 꽃 여행지 10

하룻밤 머물고 싶은 꽃 여행지

꽃이 피는 범위가 넓어 짧은 시간 안에 다 돌아볼 수 없어 아쉽거나 주변에 함께 가면 좋은 곳이 많아 오래 머물고 싶은 여행지들을 소개한다. 당일치기보다는 하룻밤 정도 여행지 주변에서 숙박하며 꽃을 오래도록 보고 또 본다.

❶ 섬진강가 꽃구름이 머무는 마을 **전남 광양 매화마을**

겨울이 지나 꽃이 피기 시작하면 사람들은 너도나도 꽃을 보고 싶어 한다. 광양 매화마을은 최고의 봄꽃 여행지로 꼽혀 개화 시즌이면 인산인해를 이룬다. 개화 시기를 잘 맞춰 매화마을 가까운 곳에 숙소를 정해 이른 아침부터 해 질 무렵까지 여유롭게 매화 꽃놀이를 즐겨보자. P.36

❷ 우리나라 벚꽃 1번지, 벚꽃 낭만 도시 **경남 창원 진해**

벚꽃 개화기에는 '난리 벚꽃장'이란 말이 있을 정도로 요란하고 사람들로 바글바글하다. 진해 곳곳에 벚꽃 명소가 많아 1박 2일로 머물며 여좌천, 경화역 등과 군항제 기간에만 개방하는 해군사관학교와 해군기지까지 여유롭게 둘러보도록 한다. 야간 벚꽃놀이도 근사하다. P.80

❸ 시간이 느리게 흐르는 유채꽃 섬 **전남 완도 청산도**

완도항에서 배로 50분 거리에 있는 청산도는 구들장논, 돌담과 해안 풍경 등 볼거리가 많다. 어느 계절에 가도 좋지만 유채꽃이 피는 4월이 가장 색이 곱다. 미항길, 구들장길, 돌담길 등 세계슬로길 코스를 모두 걸어보려면 2박 3일 일정을 잡아야 한다. P.136

❹ 산골에 부는 선선한 바람과 태양의 꽃 **강원 태백 구와우마을**

백두대간 매봉산 아래 작은 마을에 100만 송이 가까이 해바라기가 핀다. 800m 고지의 산골 마을의 정취를 제대로 즐기고 싶다면 마을을 둘러본 후 풍력발전기가 돌아가는 바람의 언덕과 숲 향기 짙은 검룡소도 함께 둘러보며 여름 더위를 날려보자. P.262

❺ 옥정호 물길 따라 **전북 정읍 옥정호 구절초테마공원**

구절초는 가을 감성을 자극한다. 새벽녘 물안개가 필 때면 적송과 함께 선경의 꽃밭이 펼쳐진다. 1박 2일 머물며 새벽녘에 국사봉에 올라보거나 아침에 구절초테마공원을 산책해보자. 안개에 휩싸여 신비로운 느낌이 물씬 나는 붕어섬을 볼 수 있다. P.346

한눈에 보는 우리나라 꽃 여행

① 남산둘레길 벚꽃　　　　　　　P.108
② 서울숲 벚꽃　　　　　　　　　P.112
③ 양재천 벚꽃　　　　　　　　　P.110
④ 여의도 윤중로 벚꽃　　　　　　P.106
⑤ 워커힐 벚꽃길 벚꽃　　　　　　P.114
⑥ 응봉산 개나리　　　　　　　　P.118
⑦ 상암 하늘공원 억새　　　　　　P.378
⑧ 양평 세미원 연꽃　　　　　　　P.272
⑨ 양평 산수유마을 산수유　　　　P.74
⑩ 이천 백사마을 산수유　　　　　P.70
⑪ 시흥 관곡지 연꽃　　　　　　　P.284
⑫ 강화 고려산 진달래　　　　　　P.158
⑬ 고성 허니라벤더팜 라벤더　　　P.242
⑭ 속초 설악산 천불동계곡 단풍　P.420
⑮ 인제 속삭이는자작나무숲 자작나무　P.474
⑯ 인제 방태산 이단폭포 단풍　　P.430
⑰ 홍천 은행나무숲 은행나무　　　P.356
⑱ 강릉 경포호 벚꽃　　　　　　　P.90
⑲ 봉평 메밀밭 메밀꽃　　　　　　P.304
⑳ 동해 추암해변 해국　　　　　　P.408
㉑ 정선 민둥산 억새　　　　　　　P.368
㉒ 태백 구와우마을 해바라기　　　P.262
㉓ 태백 태백산 한계령풀　　　　　P.188
㉔ 아산 곡교천 은행나무　　　　　P.362
㉕ 서산 유기방가옥 수선화　　　　P.148
㉖ 서산 개심사 겹벚꽃　　　　　　P.176
㉗ 태안 세계튤립꽃박람회 튤립　　P.200
㉘ 경주 첨성대 핑크뮬리　　　　　P.398
㉙ 울산 태화강 십리대숲 대나무　P.462
㉚ 양산 통도사 매화　　　　　　　P.50

㉛ 양산 순매원 매화　　　　　　　P.46
㉜ 창원 진해 벚꽃　　　　　　　　P.80
㉝ 거제 지심도 동백　　　　　　　P.508
㉞ 하동 십리벚꽃길 벚꽃　　　　　P.100
㉟ 무주 덕유산 눈꽃　　　　　　　P.498
㊱ 정읍 옥정호 구절초테마공원 구절초　P.346
㊲ 정읍 내장산 단풍　　　　　　　P.434
㊳ 고창 선운사 꽃무릇　　　　　　P.334
㊴ 고창 문수사 단풍　　　　　　　P.442
㊵ 고창 학원농장 메밀꽃　　　　　P.314
㊶ 영광 불갑사 꽃무릇　　　　　　P.324
㊷ 담양 명옥헌원림 배롱나무　　　P.290
㊸ 곡성 섬진강 장미공원 장미　　P.230
㊹ 구례 산수유마을 산수유　　　　P.56
㊺ 광양 매화마을 매화　　　　　　P.36
㊻ 순천 순천만 습지 갈대　　　　P.448
㊼ 무안 회산백련지 연꽃　　　　　P.280
㊽ 장흥 제암산·보성 일림산 산철쭉　P.210
㊾ 강진 주작산·덕룡산 진달래　　P.166
㊿ 완도 청산도 유채　　　　　　　P.136
51 제주 금오름(금악오름) 억새　　P.394
52 제주 새별오름 억새　　　　　　P.392
53 제주 오라동 메밀밭 메밀꽃　　P.318
54 제주 한라산 윗세오름 산철쭉　P.220
55 제주 한라산 백록담(성판악탐방로) 눈꽃　P.486
56 제주 사려니숲 산수국　　　　　P.252
57 제주 산굼부리 억새　　　　　　P.390
58 제주 가시리 녹산로 유채　　　P.126
59 제주 따라비오름 억새　　　　　P.386
60 제주 다랑쉬·아끈다랑쉬오름 억새　P.388

30

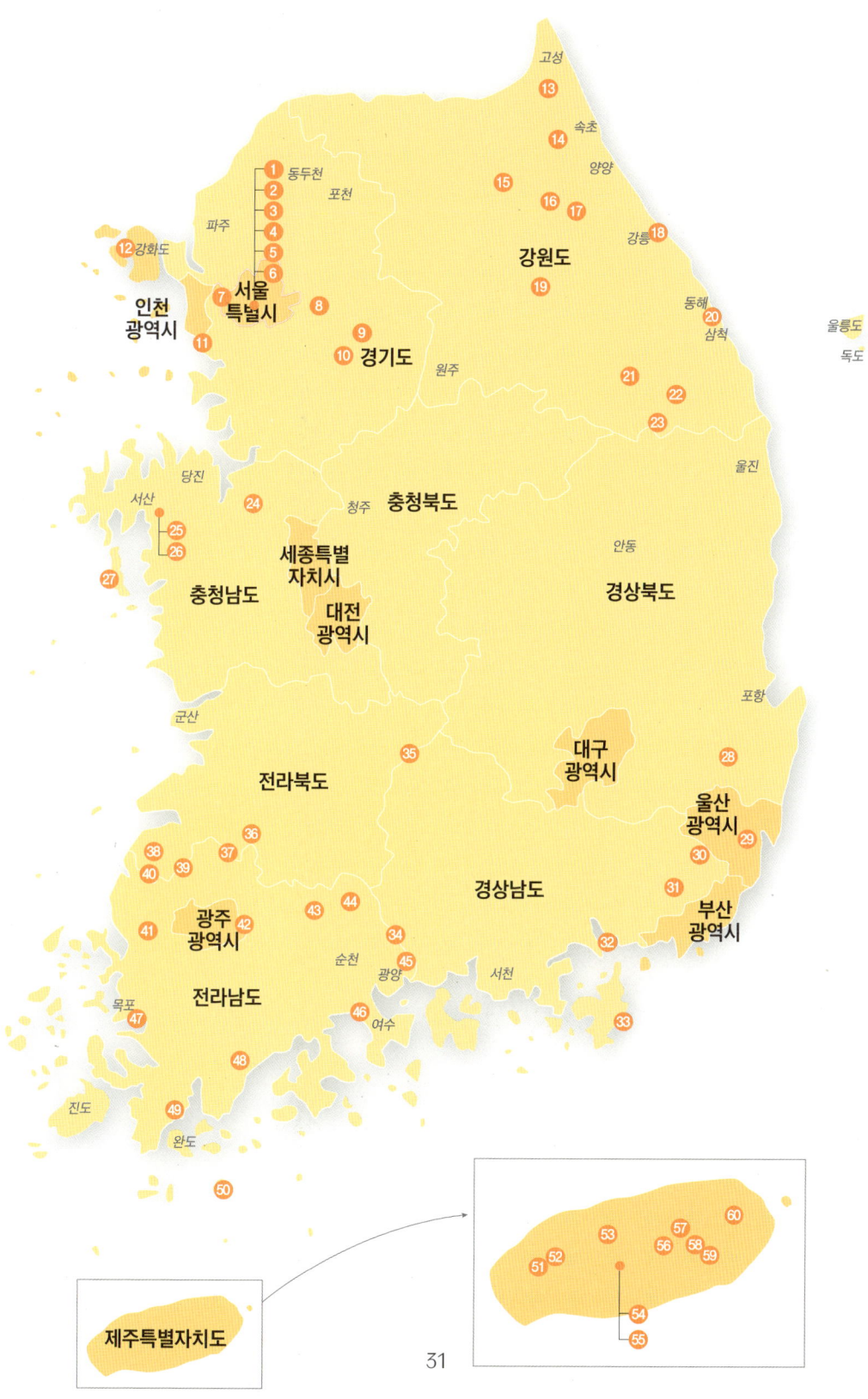

3월

매화	광양 매화마을 | 양산 순매원 | 양산 통도사
산수유	구례 산수유마을 | 이천 백사마을 | 양평 산수유마을
벚꽃	창원 진해 | 강릉 경포호 | 하동 십리벚꽃길 서울 여의도 윤중로 | 서울 남산둘레길 | 서울 양재천 | 서울 서울숲 | 서울 워커힐 벚꽃길
개나리	서울 응봉산

4월

유채	제주 가시리 녹산로 | 완도 청산도
수선화	서산 유기방가옥
진달래	강화 고려산 | 강진 주작산·덕룡산
겹벚꽃	서산 개심사
한계령풀	태백 태백산
튤립	태안 세계튤립꽃박람회

5월

산철쭉	장흥 제암산·보성 일림산 | 제주 한라산 윗세오름
장미	곡성 섬진강 장미공원

봄

봄은 희망의 메시지다

春

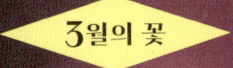

매화
선비들이 사랑한 꽃

매화는 사군자, 매난국죽(梅蘭菊竹)의 첫 번째 군자다. 잔설이 채 녹지 않았는데도 꽃이 피어 봄의 전령사라 부른다. 겨울은 식물에게도, 사람에게도 고난의 시간이다. 어려움을 헤치고 피어난 꽃에 마음이 가지 않을 수 없다. 가난한 집에서 태어났지만 결국 성공한 이들, 어려운 훈련을 이겨내 금메달을 목에 건 스포츠 선수, 자연에서는 겨울이 지나자마자 피어난 매화 한 송이가 그러하다.

매화는 고난이 닥쳐도 절대 굴하지 않는 절개의 상징이다. 조선시대 선비들은 절개와 희망, 고결함을 가슴에 새기기 위해 매화를 주제로 한 시를 쓰고, 매화 그림을 그렸으며 집안에 매화나무를 심었다. "매화는 가난하여도 일생 동안 그 향기를 돈과 바꾸지 않는다(梅花一生寒不賣香)"라는 말은 선비가 지향하고자 한 삶이었다.

선비들 중에 매화에 대한 애정 하면 성리학자 퇴계 이황(退溪 李滉, 1502~1571)을 빼놓을 수 없다. "매화 화분에 물을 주어라"라는 말을 남긴 후 편안히 눈을 감았다는 그의 마지막 모습은 무엇을 말하고 있을까. 이황에게 매화 화분은 단순히 나무가 아니었을 것이다. 사랑이었을까, 선비정신이었을까? 이황은 매화에 대한 시 91수가 담긴 <매화시첩>을 남겼다. 단일 주제, 단행본, 친필 시첩으로는 최초다.

매화 여행지 1

강줄기 따라 꽃구름이 머무는 광양 매화마을

3월　　　　　매화

매화로 수채화를 그리는
봄꽃 여행지

매화가 피었다는 소식이 들리면 가장 먼저 떠오르는 곳은 광양 다압면의 매화마을이다. 섬진강을 앞에 두고 산줄기마다 매화가 지천으로 핀다. 마을 앞으로 흐르는 섬진강의 본래 이름은 모래가람, 다사강, 두치강 등이었다. 하구에 쌓이는 고운 모래 때문에 갖게 된 이름이다. 섬진강(蟾津江)은 두꺼비와 관련이 깊다. 고려 우왕 11년(1385년)에 왜구가 섬진나루터까지 쳐들어왔을 때

두꺼비 떼 수십만 마리가 울어 격퇴시켰다 한다. 이에 강 이름에 두꺼비 섬(蟾) 자와 나루 진(津) 자가 들어가게 되었다.

섬진강의 총 길이는 212.3km에 달한다. 광양시 다압면 매화마을은 남해와 가까운 섬진강의 하류쪽에 자리한다. 매화마을의 본래 이름은 섬진마을이다.

마을에 관련해서는 두 가지 이야기가 전해 온다. 강물에 잠겨 있는 바위가 두꺼비를 닮았다 하여 이름이 붙여졌다는 이야기와 자신을 구해주었던 처녀가 물에 빠지자 그녀를 구하고 힘에 부친 나머지 마을 언덕 아래에서 죽었다는 두꺼비 이야기다. 마을에는 이야기의 주인공인 두꺼비 조각상이 세워져 있다.

청매실농원을 중심으로
매화 꽃놀이

경남 하동에서 섬진교를 건너 매화마을로 가는 코스를 잡았다. 하동의 십리벚꽃길에서 강 너머 광양 쪽을 보면 산허리를 따라 연분홍 꽃물결이 일렁인다.

매화 꽃놀이는 청매실농원으로 올라가는 언덕길에서 시작한다. 매화마을 산책로는 1(사랑으로), 2(낭만으로), 3(소망으로), 4(추억으로), 5(우정으로)의 총 5개 코스가 있다. 매화 주차장 좌측의 1번 또는 2번 산책로를 따라 600m 정도 언덕을 오르면 거대한 바위에 청매실농원이라고 쓰인 표지석이 나타난다. 표지석 위 돌담 너머로 수천 개의 옹기들 머리가 보인다. 3,000여 개의 항아리에는 매실액이 숙성 중에 있고 매실 장아찌와 고추장이 곰삭아 가고 있다. 담장 가까이에는 탐스러운 홍매와 노란 이삭처럼 늘어진 히어리 꽃이 피어 있다.

매화마을의 최고 포인트는
초가집 주변

코스는 두 가지다. 표지석 좌측과 우측. 비교적 사람이 덜 가는 좌측 길을 따라 오르면 영화 '취화선'이 촬영되었던 대숲이 나온다. 푸른 대숲 사이로 간간이 보이는 홍매 풍경이 감질난다. 좌측 길을 계속 따라가면 쫓비산으로 오르는 길이다. 쫓비산 가는 길의 전망대는 비교적 한산하니 번잡함이 싫다면 이 길을 따라 걸어도 좋다.

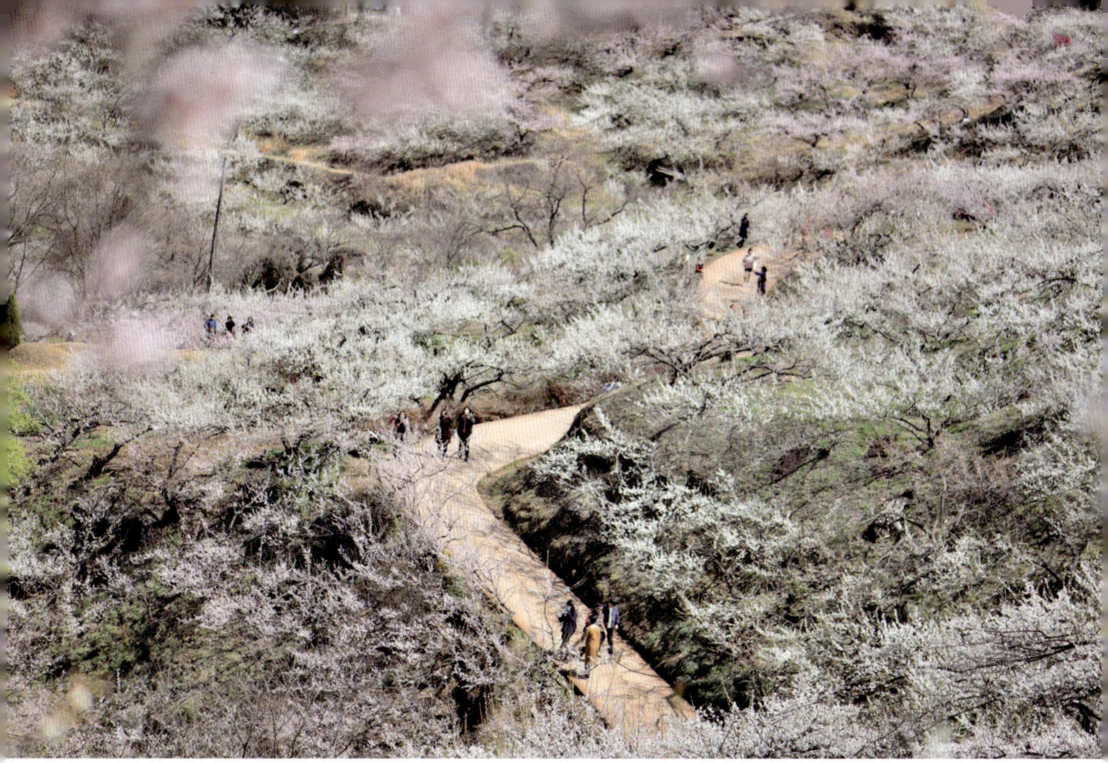

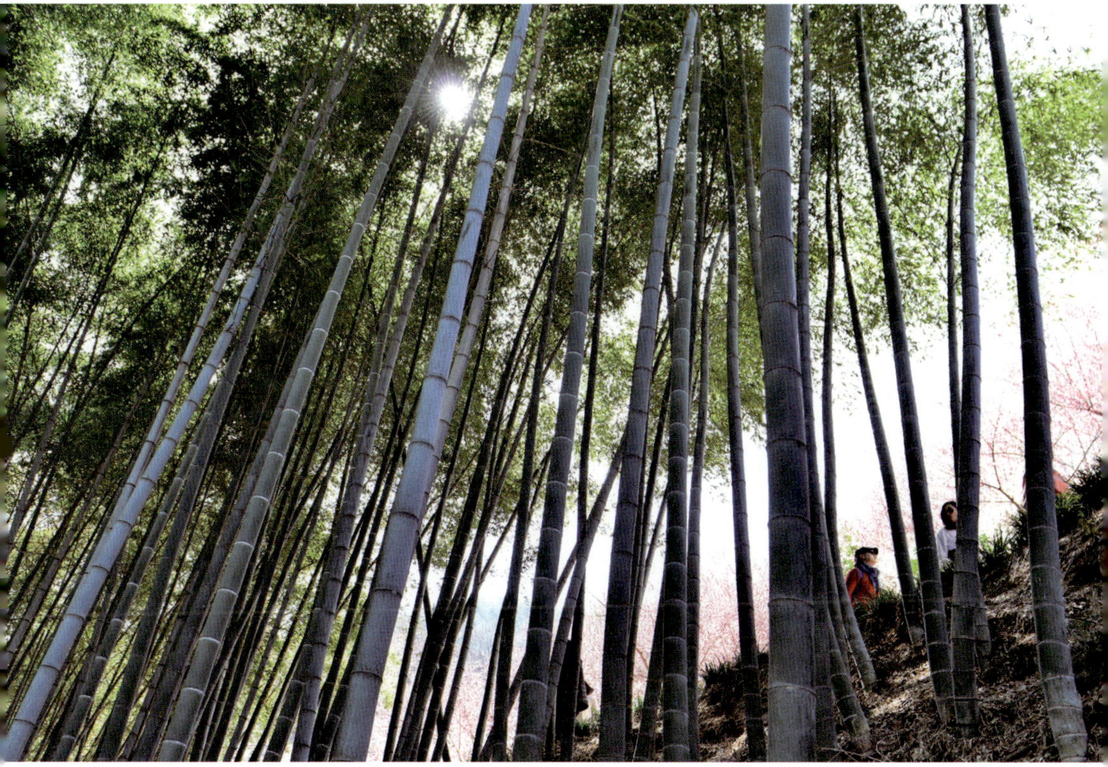

표지석 우측 길을 따라가면 사람들에게 많이 알려진 전망대2와 초가가 있는 청매실농원의 메인 꽃동산이 나온다. 가장 인기 있는 장소답게 매화가 만발하여 꽃구름 속으로 들어가는 것 같다. 꽃 무더기 속에 초가 두 채가 파묻혀 있다. 영화 '천년학'의 촬영 장소다. 초가 앞 노란 산수유와 활짝 핀 백매, 드문드문 핀 홍매가 눈길을 사로잡는다.

매화가 산 능선을 따라 치마의 주름을 타고 흘러내리듯 강으로 쏟아져 내린다. 초가에서 오른쪽 산 능선으로 올라가면 일출 사진을 찍는 전망대가 나온다. 해가 뜰 무렵에는 이른 시간부터 진을 치고 앉아 일출을 기다리는 사람들과 그들이 세워놓은 카메라로 인해 비집고 들어갈 틈조차 없다. 최고의 포토 포인트이긴 하지만 일출에 얽매이지는 말자. 일출이 끝난 후 카메라 장막이 걷힐 때를 기다려도 충분히 아침 햇살 속 매화를 즐길 수 있다.

기와집 아래쪽 작은 연못은 물에 비친 매화의 반영을 찍는 포토 포인트이다. 그렇다고 유명한 포토 포인트에 연연할 필요는 없다. 청매실농원에서 나만의 포토 포인트를 찾아보자. 초가 뒤편 위쪽이나 가파른 언덕 너머 등 숨겨진 포인트가 많다.

매화에는 향기가 있다. 비교적 한적한 나만의 포인트에서 매화 향기를 음미하는 시간을 갖는다. 꽃 멀미에 취할 것 같은 매화 꽃놀이를 충분히 즐긴 뒤 기분 좋은 흥얼거림과 함께 농원을 내려간다.

길가에서는 마을 주민들이 홍매, 백매 묘목과 달래, 머위 등의 나물을 팔고 있다. 집 안에 매화 한그루를 심고 싶다면 이 장터를 이용하면 좋다.

홍쌍리 청매실농원
이야기

광양은 밤나무와 매화나무의 주산지로 알려져 있다. 시작점에는 홍쌍리 여사의 시아버지인 율산(栗山) 김오천(金午千) 옹이 있다. 김 옹은 17세인 1918년 일본으로 건너가 13년간 광부를 하며 죽을 고생을 하여 벌어들인

돈으로 밤나무 1만 그루, 매실나무 5,000그루를 사서 고향 다압면으로 돌아왔다. 이때부터 광양에 밤나무와 매화나무가 자라기 시작하였다.

홍쌍리 여사는 부산에서 이곳 다압면으로 시집와 시아버지로부터 과수 재배기술을 배워 나무를 가꾸었다. 시아버지가 돌아가시고 광산사업이 망해 눈물이 밥이었던 시간을 보내던 차에 남편마저 세상을 떠났다. 남은 것은 돌산 한 자락이었다. 호미가 밥숟가락 크기로 닳아질 때까지 돌산을 일구었다. 노쇠한 밤나무를 베어내고 청매실나무를 심었다. 지금은 17만m^2(약 5만 평) 규모의 농원에 10만 그루의 매실나무가 자라고 있다. 주변 농원에서도 매실나무를 심기 시작하였고 광양은 어느새 전국적으로 유명한 매화마을이 되었다.

여행지 기본 정보

가기 좋은 시기	3월 초순~중순
주소	전남 광양시 다압면 도사리 일대
여행 팁	겨울이 지나 꽃이 피면 사람들이 봇물 터지듯 꽃 여행지로 향한다. 특히 광양 매화마을은 꽃 시즌이 되면 전국에서 많은 사람들이 몰려들어 인산인해를 이룬다. 매화가 절정일 때에는 사람 수도 절정에 달한다. 청매실농원 아래 매화주차장에 주차를 하려면 도로에서 많은 시간을 허비할 수 있다. 도로에서 자동차가 움직일 기미가 보이지 않으면 1km 떨어진 신원둔치주차장에 주차를 하고 걸어서 가는 것이 낫다. 사람들에게 덜 치이는 시간은 평일 저녁이나 해가 뜰 무렵이다. 매화마을 가까운 곳에 숙소를 정하고 일몰, 일출과 함께 감상하는 1박 2일 매화여행을 추천한다. 새벽녘에 가면 청매실농원 주차장에 차를 세울 수 있는 행운을 만나기도 한다. 청매실농원은 오르막과 걷는 시간이 꽤 되니 운동화를 신는 것이 좋다.

함께 가볼 만한 곳

하동 최참판댁

하동 악양면에 위치한 최참판댁은 박경리의 대하소설 <토지>의 무대가 되었던 전통가옥을 재현해 만들었다. 조선 후기 가옥과 드라마 '토지'의 세트장이 있으며, 매년 가을, 토지문학제가 열린다. 드라마 '토지' 외에도 다수의 드라마나 영화에서 배경지로 등장하였다.

주소 경남 하동군 악양면 평사리길 66-7 **전화** 055-880-2960 **운영** 09:00~18:00 **입장료** 성인 2,000원, 어린이 1,000원 **가는 방법** 매화마을에서 17km, 자동차로 20분 정도 소요.

재첩국 맛집

민물조개인 재첩은 낙동강 하류, 부산 수영강, 섬진강에서 주로 잡히는 경상도 지방의 대표음식 재료다. 이 때문에 섬진강 주변에는 재첩국 맛집들이 많이 있다. 해감한 재첩에 부추와 실파를 넣어 담백하게 끓인 재첩국이 별미 중의 별미다. 타우린 성분이 풍부하여 속풀이용 해장 음식으로 효과가 좋다.

[섬진강뚝배기재첩식당 광양점] **주소** 전남 광양시 다압면 백운3로 715 **전화** 055-883-2633 **영업** 10:00~20:00

3월   매화

매화
여행지 2

기차 타고 낙동강변 꽃 여행 양산 순매원

기찻길 옆 매화농원

순매원은 개인이 운영하는 농원이다 보니 마을 차원에서 매화를 심는 광양과는 규모 면에서 차이가 많다. 하지만 낙동강변을 지나는 기찻길 옆 매화농원이라는 점이 매력으로 작용해 많은 사람들이 찾는 매화 여행지다. 기차 여행의 낭만을 꽃과 함께 즐길 수 있어 남녀노소 모두에게 인기가 높다.

입장료(성인 2,000원)를 내고 순매원 안으로 들어가 수령 20년 정도 된 2만 그루의 매화 속에서 꽃놀이를 즐긴다. 놓치지 말아야 할 것은 농원이 한눈에 내려다보이는 전망데크에서 경부선 철길 위를 달리는 기차와 흐드러진 매화가 오버랩되는 시간이다. 낯선 곳으로 데려가 줄 것 같은 기찻길이 낙동강변을 따라 이어져있다. 기차가 농원 옆으로 빠르게 지나가더니 사라진다. 매화

꽃 화사한 풍경과 어우러져 엽서 속에 나올 법한 사진을 찍고 싶다면 기차가 지나갈 때 타이밍을 놓치지 말고 카메라에 담아야 한다. 10여 분 간격으로 기차가 통과하니 준비하고 있다가 빠른 속도로 찰칵! 낙동강과 기차, 매화농원을 한 프레임 안에 담아보자.

여행지 기본 정보

가기 좋은 시기   3월 초순~10일 경
주소   경남 양산시 원동면 원동로 1421
전화   055-383-3644
여행 팁   전남에 광양 매화마을이 있다면 경남에는 양산 순매원이 매화꽃 여행지로 이름이 높다. KTX를 이용해 밀양역에서 무궁화호로 환승하여 원동역에서 하차한 후 15분 정도 걸으면 순매원이 나온다. 축제 기간에는 원동시에서 마련한 주차 공간을 이용한다. 그렇지 않을 때는 주차 공간이 협소하므로 사람이 붐비는 시간을 피해서 가거나 꽤 떨어진 곳에 주차를 하고 걸어가도록 한다. 주변 도로에 무단주차 시 단속 대상이 된다. 인근 카페(할리스커피)에서 커피 한 잔과 함께 전망을 즐겨도 좋다.

매화
여행지 3

고즈넉한 산사에 전해진 매화 첫 소식 **양산 통도사**

3월 매화

첫 봄소식을 전하는
통도사 자장매

경남 양산 통도사는 경남 합천 해인사, 전남 순천 송광사와 함께 한국의 삼보사찰(三寶寺刹)로 불린다. 삼보는 불자가 귀의해야 하는 불(佛), 법(法), 승(僧)의 세 가지 불교 교리다. 통도사에는 석가모니의 진신사리가 모셔져 있다. 진신사리를 안치한 후 금강계단을 쌓았고 계단을 중심으로 법당이 세워졌으며 불상을 모시지 않은 대웅전이 국보 제290호로 지정되어 있다.

매화의 개화 소식을 가장 먼저 전하는 통도사 자장매는 통도사 역대 조사의 영정을 모시는 영각의 오른쪽 처마 밑에 있는 홍매화를 가리킨다. 자장매는 절을 세운 율사의 호를 따른 것이다. 수령이 350여 년이 넘었음에도 여전히 나무가 풍성하고 다른 매화보다 붉은 색감이 유난히 진해 사랑을 받는다. 사찰 초입에는 만

첩홍매와 분홍매가 있다. 오래된 자장매가 노쇠한 가지에서 꽃망울을 터뜨리기 시작하면 봄이 기지개를 켜려 함이다. 통도사 매화는 이르면 1월 말부터 피기 시작한다. 마음에 봄의 빗장을 톡 건드려주는 여행지, 통도사는 한겨울에도 봄의 태동을 느끼게 해주는 첫 봄꽃 여행지다.

여행지 기본 정보

가기 좋은 시기	1월 하순~2월 하순
주소	경남 양산시 하북면 통도사로 108
전화	055-382-7182
여행 팁	이른 봄 가장 먼저 피는 홍매를 사진에 담기 위해 많은 사진가들이 찾는 매화 여행지다. 매화가 만개한 꽃 풍경도 좋지만 매화 가지에 하나씩 꽃봉오리를 열기 시작하는 모습이 더 매혹적이다. 첫눈이라도 내리면 눈 쌓인 홍매를 담을 수 있는 행운을 만날 수 있다. 이런 모습을 담기 위해서는 꽃의 개화가 막 시작되는 시점에 방문하는 것이 좋다. 첫 햇살이 올라오는 시간에는 홍매에 붉은빛이 진해져 더 고혹적으로 보인다. 이른 아침이 최고의 사진을 얻을 수 있는 타이밍이다. 입장료(성인 2,000원)와 주차료(2,000원)가 있다.

3월의 꽃

산수유
처자들의 이를 붉게 만든 산수유

중국에서 우리나라로 넘어온 산수유는 요긴한 한약재 중 하나다. 기운을 보충하는 나무라 하여 조선시대에는 마을 단위로 재배되었고 현대에는 가로수로 많이 심어져 한강변이나 공원 등에서 흔히 볼 수 있다. 겨울철 눈이 내릴 때 봐두었던 산수유나무에 가까이 가보면 붉은 열매에 눈꽃이 내려 앉아 '어찌 이렇게 예쁜가'라는 감탄을 하게 된다. 한겨울에도 즐거움을 주는 산수유가 여인네들의 이를 붉게 만들었다니 어떤 사연이 있는 것일까?

산수유 씨앗에는 렉틴이라는 독성이 있다. 식물이 자신을 보호하기 위해 씨앗에 심어 놓은 성분이다. 렉틴이 몸에 들어가면 구토와 소화불량, 설사 등을 일으킬 뿐만 아니라 정기를 빼앗는다. 산수유를 이용할 때는 반드시 씨를 뺀 과육만 쓴다. 산수유 과육은 간과 신장을 보호하여 좋게 만들고 정기를 축적하는 효과가 있다.

지금은 산수유 씨앗을 빼내는 기계가 있지만 그런 기계가 있기 전에는 산수유를 키우는 마을의 처자들이 이 작업을 대신하였다. 어릴 때부터 입에 열매를 넣고 이 사이로 씨를 뱉어냈다. 오랜 세월 이 작업을 하다 보니 앞니는 닳고 이는 붉어졌다. 앞니 끝자락이 붉게 물들어 있으면 보나마나 산수유 마을의 처자였다.

산수유
여행지 1

노란 터치로 꽃망울이 터지는 수채화 마을
구례 산수유마을

3월 산수유

지리산 산골인 구례와 산수유의 인연

구례는 천 번 변하고 만 번 바뀐다는 천변만화의 고장이다. 구례의 봄 하면 떠오르는 산수유는 봄에는 꽃으로, 여름에는 푸른 잎으로, 가을에는 루비처럼 예쁜 열매로, 겨울에는 빨간 열매 위에 내려앉은 눈으로 구례를 대변한다.

구례와 산수유의 인연은 1,000년의 세월이 넘었다. 중국의 산수

3월   산수유

유 유명 산지인 산둥(山東)성에서 이곳 산동(山洞)마을로 시집온 처녀가 제 고향을 잊지 않기 위해 가져온 산수유 묘목을 심으면서부터다. 전설 같은 이야기는 구례 계척마을의 할머니나무라 부르는 수령 1,000년 된 산수유나무를 통해 더욱 현실적으로 느껴진다. 구례가 본격적으로 산수유마을이 된 것은 조선시대부터다. 감초처럼 널리 쓰이는 산수유를 공납하기 위해 구례를 중심으로 재배가 본격화되었다. 산수유 열매는 식은땀을 흘리거나 오줌싸개에게 좋고 보신·강장 효과까지 있는 한약재다.
산동면은 지리산 만복대 서남쪽에 위치한 산간분지다. 영양이 풍부한 토양,

혹한이 없는 겨울, 긴 일조시간, 강수량이 적은 가을 등 산수유를 재배하기에 최적의 조건을 가진 마을이다. 현재 산동면 일대에 자라는 산수유는 10만여 그루가 넘는다.

산골짜기를 산수유로 가득 메운 마을들

산동(山洞)은 지리산 깊은 골짜기를 뜻한다. 3월의 산동마을은 산과 계곡 주변, 담장, 집 안마당까지 샛노랗게 물이 든다. 산수유꽃이 그려내는 수채화 같은 풍경은 비슷한 듯하지만 올망졸망 모여 있는 집들, 돌담, 하천 등 주변에 따라 느낌이 달라진다.

보는 즐거움과 수확의 기쁨을 안기는 산수유, 전국 생산량 가운데 70% 이상이 구례 산수유마을에서 난다. 이 때문에 마을 어디를 가나 산수유가 지천에 널렸다. 요즘에는 산수유를 조경수로도 많이 심는다. 한강둔치만 가 봐도 산수유가 꽤 많이 보인다. 흔히 볼 수 있는 나무가 되었지만 구례의 산수유는 조경수로 심는 산수유와는 느낌이 확연히 다르다. 산수유 세 그루만 있으면 자식을 대학까지 보낼 수 있어 대학나무라 불렸던 산수유는 산동마을 사람들에게 단순히 나무가 아니라 보물이었다. 보물을 대하듯 나무 한 그루, 한 그루마다 정성스레 가꾼 흔적이 역력하다.

서시천 따라
산수유 꽃길 걷기

마을 탐방의 시작은 대음교 주변이다. 서시천을 가로지르는 대음교를 건너기 전 우측에 1코스 꽃담길이 있다. 데크에 올라서자마자 꽃 터널이 나온다. 앞선 이가 노란 안개꽃 같은 산수유 꽃길 사이로 걸어가더니 휘어진 길 끝에서 사라진다. 100년은 족히 됨직한 나무들이 가지를 늘어뜨리고 있고 그 옆으로 지리산 맑은 물이 흘러내린다. 상위마을까지 이어지는 산책로는 서시천과 함께 걷는 길이다. 길이 넓지 않아서 더 정이 간다. 산수유는 꽃의 모양이나 색이 선명하지 않아 맹숭맹숭하다고 하는 이들도 있다. 은은한 색감 덕분에 맑게 그린 수채화 속을 걷는 듯하다.

징검다리를 건너 담벼락에 적혀 있는 시구를 읽는다. 대음마을에는 산수유를 노래한 홍준경 시인의 집이 있다. 그의 시 <산수유 꽃담>에 산동마을 산수유와 함석지붕 아래 참새 떼 날아다니는 봄날의 풍경이 담겨있다. 시어로 그린 그림이다.

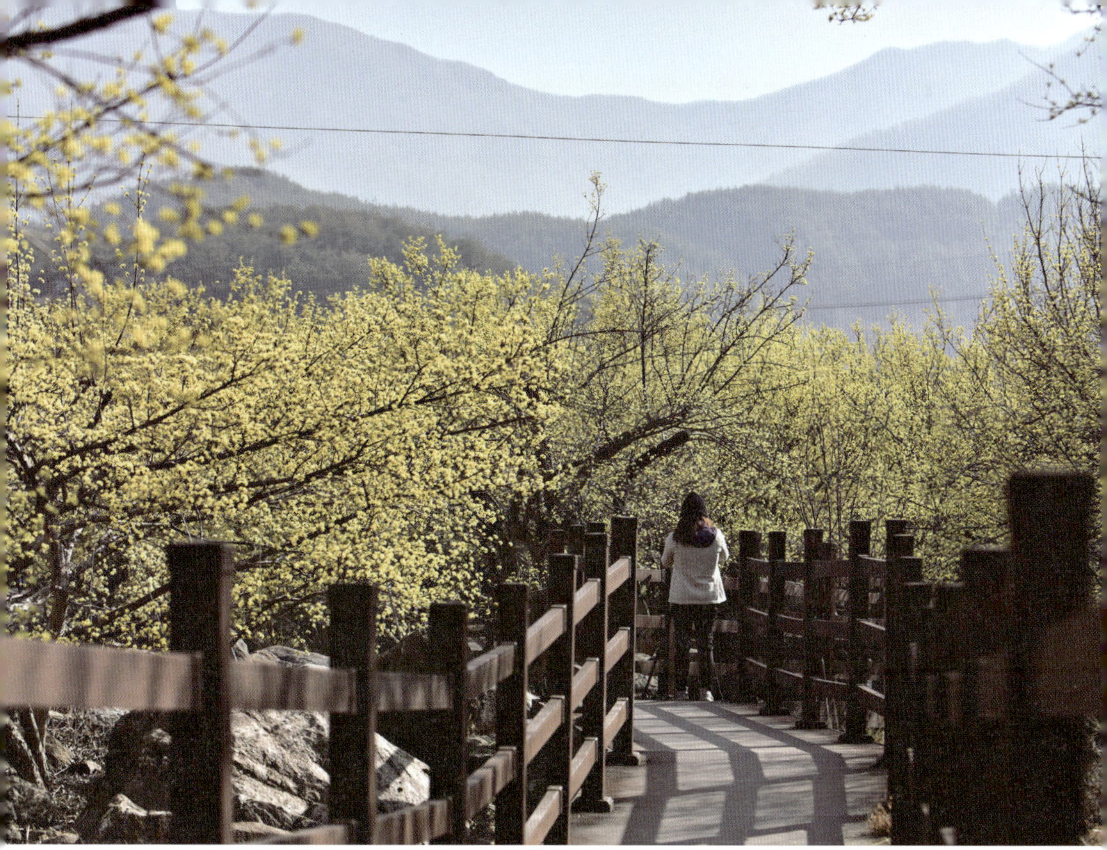

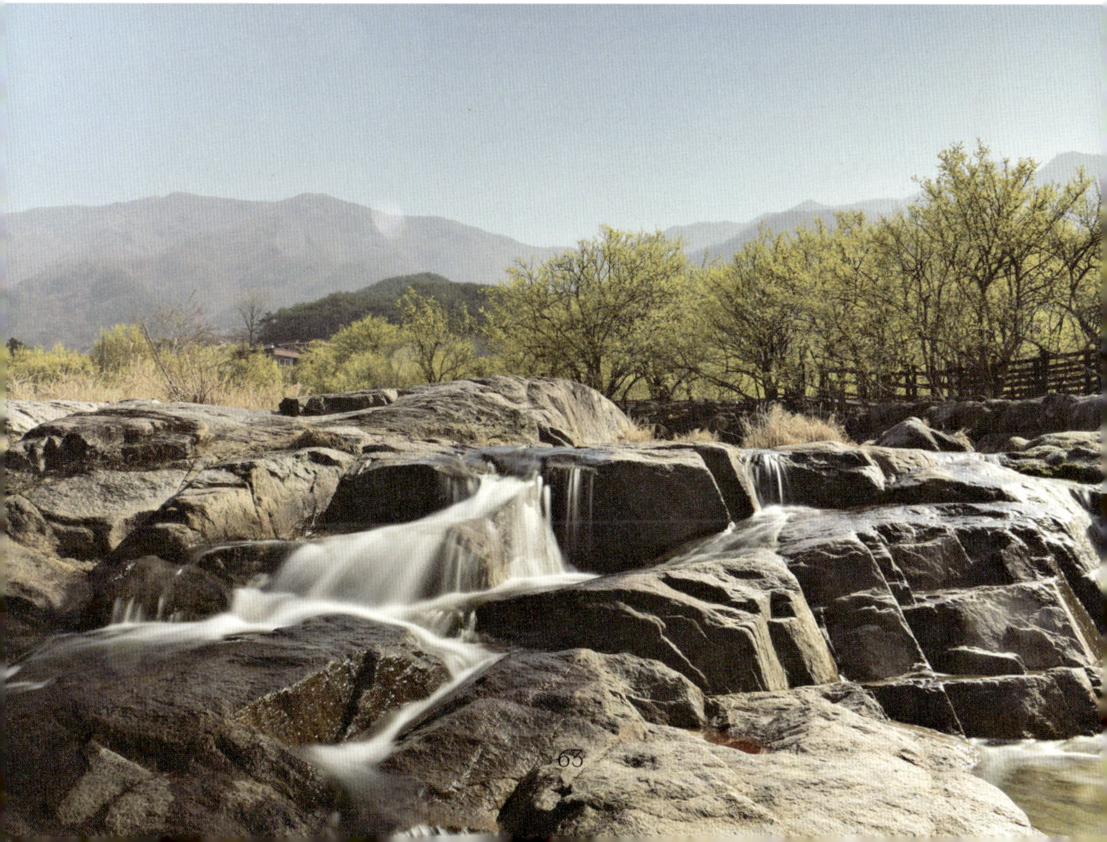

반곡마을에서는 켜켜이 쌓인 돌담과 노란 산수유꽃이 어우러진 정겨운 풍경을 만난다. 깊게 뿌리 내리지 못하는 산수유를 꾹 눌러주어 태풍에도 흔들리지 않도록 지탱해주는 것이 돌담이다. 최고의 포토 포인트는 반곡마을 옆 하천의 널따란 반석 주변이다. 매년 사진가들이 지리산 정상부의 잔설과 노란 산수유, 하천을 몽환적으로 담기 위해 오랜 시간 머무는 곳이기도 하다.

1,000년 된
산수유 할머니나무

상위마을 외에도 현천마을과 산수유 시목이 있는 계척마을은 꼭 둘러보도록 한다. 현천마을은 돌담이 예쁜 마을이다. 사람이 적은 편이어서 한산하다. 마을을 한눈에 내려다 볼 수 있는 전망대는 마을 왼편 끝에 있다. 마을 입구에 있는 저수지에 반영된 산수유 풍경이 아름답기로 유명하다. 현천제 저수지는 2021년 새 단장을 하였다.

현천마을 위쪽의 계척마을에는 보호수로 지정된 1,000년 된 산수유나무가 있다. 할머니나무로도 불린다. 수피는 얼룩덜룩 벗겨짐이 심하고 오래된 가지는 금방이라도 부러질 것만 같다. 하지만 여전히 노란 꽃을 피우고 빨간 열매가 풍성하게 달린다. 고목 앞에서 마을의 안녕을 위한 제가 열린다. 산수유 마을 전체가 귀하게 여기는 나무다.

하루 종일 산수유를 찾아 이 마을 저 마을을 돌아다녀도 좋다. 시인이 있고 역사의 아픔이 녹아 있고 나무에 대한 고마움이 가득하다. 마을마다 다른 정취와 스토리가 있어 흥미롭다. 달달한 맛이 나는 산수유 막걸리 한잔을 들이켜고 마을 주민들이 파는 산수유 열매를 사서 돌아오는 길은 무거운 손만큼 마음도 노란 산수유꽃으로 가득 차있다.

산동마을의 아픈 역사가 담겨 있는
산동애가

산동은 6·25전쟁 때 빨치산과 군경이 첨예하게 대립했던 곳이다. 1948년 11월 19세의 백순례(백부자)가 오빠를 대신해 죽으러 가는 길에 불렀다는 '산동애가'라는 구슬픈 노래가 있다. 그녀의 첫째 오빠는 일제시대 때 징용으로 죽고 둘째 오빠는 여순사건 때 진압군에 의해 처형당했다. 언니는 6·25 때 행방불명되었고 막내 오빠와 자신만 남았다. '산동애가'는 집안의 대를 이을 오빠를 대신해 자청하여 처형장으로 향하는 꽃다운 처녀가 부른 노래다.

열아홉 꽃봉오리 피어보지고 못하고…
잘 있거라 산동아 산을 안고 나는 간다.
산수유 꽃잎마다 설운 정을 맺어놓고…

담벼락 아래 노랗게 핀 산수유는 산동마을의 아픈 역사이자 우리나라가 지나온 통곡의 시간을 지켜보았다.

3월　　　　　　산수유

여행지 기본 정보

가기 좋은 시기　3월 중순~하순
주소　전남 구례군 산동면 위안리
여행 팁　상위마을과 그 아래쪽 마을이 중심이긴 하지만 산동면 곳곳에는 산수유를 키우고 있는 마을이 꽤 많이 있다. 지리산에서 흘러내리는 서시천을 따라 구례군 산동면 상위마을, 하위마을, 반곡마을, 대음마을, 평촌마을이 붙어 있고 다른 산자락에는 현천마을, 계척마을 등에 산수유 군락지가 있다. 반곡마을과 대음마을은 반드시 둘러보도록 하고 좀 더 발품을 팔아 반곡마을에서 6km 거리인 현천마을과 산수유 시목이 있는 계척마을까지 가보도록 한다. 축제기간에는 지리산 온천랜드 앞에 주행사장이 마련된다. 산동마을을 가려면 산수유사랑공원 주변 제2주차장을 이용하는 것이 좋다. 현천마을은 주차장이 협소하다. 행사 때는 셔틀버스를 타고 가도록 하고 부득이 차를 이용할 때는 현천마을 주민의 주차 안내에 철저히 따르도록 한다.

함께 가볼 만한 곳

구례 사성암

오산 정상 부근 바위 절벽 위에 세워진 암자로, 원효대사, 의상대사, 진각선사, 도선국사가 이곳에서 수도하였다. 대웅전 옆 돌계단 위 약사전에 서면 곡성평야와 지리산 줄기가 한눈에 들어온다. 개인 차량은 통제를 하므로 죽연마을에서 마을버스를 타고 사성암 입구까지 간다.

주소 전남 구례군 문척면 사성암길 303 **전화** 061-781-4544 **가는 방법** 산수유사랑공원에서 26km, 자동차로 30분 소요. ※ 마을버스: 이용 죽연마을 ↔ 사성암 마을버스(왕복 성인 3,400원, 어린이 2,800원), 상행 첫 차 08:30, 하행 막차 17:30(10분 간격)

구례 운조루 고택

1776년에 조선시대 낙안군수를 지낸 류이주가 99칸의 한옥으로 지었다. 사랑채 부엌에 '타인능해(他人能解 ; 누구나 열 수 있다)'라고 적은 뒤주를 두어 마을의 배고픈 이들이 언제든지 필요한 만큼 가져갈 수 있게 하였다. 운조루에서 걸어서 3분 거리에 있는 곡전재도 들러보면 좋다. 곡전재는 가락지 모양의 돌담과 정성스럽게 가꾼 정원이 예쁜 조선시대 후기 목조가옥이다.

주소 전남 구례군 토지면 운조루길 59 **전화** 061-781-2644 **운영** 09:00~18:00, 매주 월요일 휴관 **입장료** 성인 1,000원, 어린이(10세 미만) 무료 **가는 방법** 산수유사랑공원에서 22km, 자동차로 25분 소요.

구례 화엄사

지리산 노고단 서남쪽에 위치한 백제 성왕 22년(544년)에 지어진 천년고찰이다. 대웅전이 아닌 각황전에 모셔진 비로자나불이 주불이다. 조선 숙종 때 각황전을 중건하고 이를 기념하여 홍매화가 심어졌으며 매년 3월 하순에는 홍매화, 들매화 관련 사진 콘테스트가 열린다.

주소 전남 구례군 마산면 화엄사로 539 **전화** 061-783-7600 **운영** 07:00~19:30 **입장료** 성인 3,500원, 어린이 1.300원 **가는 방법** 산수유사랑공원에서 17.5km, 자동차로 25분 소요.

다슬기 맛집

청정 1급수에만 사는 다슬기는 섬진강을 낀 구례의 대표적 음식 재료다. 저지방, 고단백 식품이며 간 기능 회복을 도와주어 해장음식으로도 인기가 높다. 부부식당은 다슬기수제비와 다슬기무침이 주메뉴다. 재료가 소진되면 영업이 끝난다. 30분 이상 기다려야 자리가 나는 경우가 허다하고 주말에는 영업시간이 끝나기도 전에 마지막 손님을 호명하는 일이 잦다.

[부부식당] 주소 전남 구례군 구례읍 구례2길 30 **전화** 062-782-9113 **영업** 11:00~14:00, 월요일 휴무

산수유
여행지 2

월적산 아래 노랗게 물든 이천 백사마을

3월 　　　　산수유

이천에 은거한 선비가 심은
산수유가 시초

이천 백사면 도립리는 100년 이상 된 산수유가 군락을 이루고 있는 산수유마을이다. 원적산 아래 자리한 산수유마을까지 가기 위해서는 시골길을 걸어야 한다. 산수유 군락지까지 가는 길에 지나는 육괴정은 특별한 의미가 있다. 중종 14년(1519년) 기묘사화로 인해 이곳으로 낙향해 온 엄용순이 초당을 짓고 같은 처지로 내려와 있던 김안국, 강은, 오경, 임내신, 성담령과 함께 학문을 논하고 우의를 다졌다. 여섯 선비는 느티나무 여섯 그루를 심

육괴정

고 연못을 파 연꽃을 심은 뒤 초당을 육괴정(六槐亭)이라 하였다. 초당은 수차례 중건돼 지금에 이르렀고 느티나무와 함께 그때 심었던 산수유는 산수유마을을 이루는 시초가 되었다. 오래된 산수유 고목을 비롯해 1만 8,000여 그루의 산수유가 자라는 백사마을은 곳곳에 아기자기한 시설물들이 있어 정겹다. 산수유 농원에서 시골 마을의 향취를 느끼며 한가롭게 봄소풍을 즐기거나 파릇파릇 연하게 돋아난 쑥을 캐며 봄을 느껴보자.

여행지 기본 정보

가기 좋은 시기 3월 하순~4월 초순
주소 경기 이천시 백사면 원적로 775번길 17
여행 팁 산수유사랑채 앞에 대규모 주차장이 마련되어 있다. 산수유사랑채는 체험, 전시, 공연, 숙박 등 복합문화공원으로 산수유 관련 제품의 쇼핑도 가능하다. 토요일에는 이곳 주차장에서 자동차 트렁크를 활용한 프리마켓이 열린다. 주차장에서 산수유마을까지는 왕복 1km 거리의 시골길이다. 산수유마을 둘레길 가운데 산수유꽃이 제일 고운 길은 '연인의 길'이다.

3월 산수유

산수유 여행지 3

노란 봄감을 뿌려놓는 소원 **양평 산수유마을**

추읍산 아래 소박한
산수유마을

양평 추읍산 아래 개군면 일대 주읍리, 내리, 향리는 봄이면 산수유가 만발한다. 전형적인 농촌 마을로 이 중 주읍리가 대표적인 산수유마을로 꼽힌다. 규모 면에서 구례 산수유마을에 비할 수가 없고 이천 백사마을에 비해서도 작다. 100년 이상 된 산수유나무 7,000여 그루가 있다지만 드문드문 자라고 있다. 산수유가 산발적으로 보여 화려한 산수유마을을 기대하고 갔다가는 실망감을 느낄지도 모른다. 양평 산수유마을에서는 소박함이 느껴진다. 집 앞 개울가에 산수유와 노란 개나리가 어우러져 피어 있고 담장 아래엔 오래된 산수유 나무가 앞서거니 뒤서거니 꽃을 피우고 있다. 한꺼번에 밀려드는 감동은 아니지만 정겹게 다가오는 봄꽃에 잔잔한 미소가 지어진다. 양평 산수유마을의 시작은 세조 때부터다. 1466년 세조가 약용으로 귀하게 여겨졌던 산수유나무를 마을에 내린 것이 시초다. 2013년 수령 520년 정도 된 산수유나무를 몇 그루 찾아내어 시조목으로 정하여 보호하고 있다.

여행지 기본 정보

가기 좋은 시기	3월 하순~4월 초순
주소	경기 양평군 개군면 산수유1길 1
여행 팁	산수유마을 정보센터 앞에 주차를 한다. 주차 공간이 그리 넓지는 않다. 산수유마을을 관광지 차원에서 체계적으로 관리하는 것이 아니어서 편의시설이 잘 구비되어 있지 않다. 특히 산수유마을을 안내하는 표지판이 거의 없다. 정보센터를 기점으로 주변을 둘러보며 시골집 안팎에 심어진 산수유를 보는 것을 목표로 해야 한다.

3월의 꽃

벚꽃
아름다운 존재로서의 벚나무

'벚꽃을 그냥 좋아해도 되나'라는 고민을 가져본 적이 있을 것이다. 벚꽃 하면 일본이 자연스럽게 떠오르기 때문이다. 일제 강점기, 일본은 그들이 좋아하는 벚꽃을 우리나라 이곳저곳에 잔뜩 심었다. 일본인들이 주로 거주했던 곳뿐만 아니라 왕이 살았던 궁궐에까지 벚나무를 심어댔다. 덩달아 일본의 전통 꽃놀이인 하나미(花 하나; 꽃, 見 미; 보다·구경하다)가 성행하였다. 창경원 밤 벚꽃놀이는 해마다 수십만 명이 찾는 서울 최고의 유흥거리였다. 이 놀이는 1984년 창경궁 복원이 시작되기 전까지 이어졌다. 해방 후 진해를 비롯한 많은 도시에서 일본이 심었던 벚나무가 베어졌다. 그런데도 봄이면 전국적으로 벚꽃놀이 명소에 사람들이 몰려든다.

꽃이 크고 화사한 데다 잘 자라 가로수로 심기에 적합한 벚나무는 가성비 대비 효자 노릇을 톡톡히 하는 나무다. 이 때문에 전국 곳곳에 많이 심었고 벚꽃 명소가 많아졌다.

꽃만 예쁜 것이 아니라 목재로서의 쓰임새 또한 크다. 잘 썩지 않아 가구, 공예 재료로 적합하다. 목판 인쇄 하면 떠오르는 고려시대 '팔만대장경' 경판의 64%인 135장이 산벚나무로 만들어졌다. 활을 만드는 데 벚나무 껍질(화피)이 쓰이기도 하였다. 제주에 자생하는 왕벚나무 등 우리나라에는 본래 벚나무가 자라고 있었다.

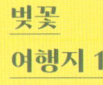

벚꽃
여행지 1

우리나라 벚꽃 1번지 **창원 진해**

3월   벚꽃

전국 최고의 벚꽃 도시

진해 하면 벚꽃과 군항제가 떠오른다. 해군의 도시 진해는 충무공 이순신과 인연이 깊다. 이순신 장군이 임진왜란에서 '옥포해전'으로 첫 승리를 거두었다. 단 한 명도 전사자가 없는 완벽한 승리였다. 격전지였던 옥포만이 진해 앞바다이다. 이를 기억하기 위해 1952년 4월 13일, 전국 최초로 지금의 북원로터리에 충무공 이순신 장군 동상이 세워졌고 추모제를 열기 시작했다. 처음

에는 충무공 동상 앞에서 제를 지내기만 했으나 1963년부터 벚꽃의 도시 진해에서 열리는 군항제로 축제화하였다.

진해는 일본이 대륙 진출의 교두보로 삼으려 했던 최초의 계획도시로, 로터리와 도로 등 도시 조성에 공을 많이 들였다. 일제강점기 때 진해에는 10만여 그루의 벚나무가 있었을 정도로 유독 벚나무를 많이 심었다. 해방 후 사람들은 벚나무가 일제의 잔재라 여겨 대부분을 베어내기에 이른다. 이후 왕벚나무의 원산지가 제주라는 연구 결과가 나옴에 따라 1960년대부터 벚나무를 다시 심기 시작해서 마침내 '벚꽃 도시 진해'라는 본래의 명성을 되찾게 되었다. 현재 진해에는 36만 그루의 벚나무가 자라고 있다. 벚꽃 시즌이면 진해 어디를 가나 벚꽃이 흐드러지게 피어있지만 특히 여좌천, 경화역, 안민고개길이 벚꽃 명소로 이름이 높다.

벚꽃 낭만이 흐르는
여좌천 로망스다리

여좌천은 진해에서 가장 핫한 벚꽃 명소다. 왕벚나무가 호위하듯 양옆에 도열해 있는 여좌천은 장복산에서 내려오는 약 1.5km의 실개천이다. 하천을 흐르는 물은 여좌동을 지나 충무동에서 바다로 흘러간다. 물이 흐르는 천을 사이에 두고 벚나무가 양옆으로 가지를 벌려 하늘을 가릴 듯 꽃을 피우고 있다. 다리 주변에는 천으로 내려갈 수 있는 계단이 있다. 하천 아래쪽에서 하늘을 올려다보면 벚꽃 사이로 파란 하늘길이 난 것처럼 보인다.

여좌천을 건너는 12개의 작은 다리 가운데 유명한 다리는 세 번째 다리인 '로망스다리'다. 2002년 MBC 드라마 '로망스' 촬영 이후 자연스럽게 붙여진 이름이다. 여좌천은 가슴속에 잠자고 있는 낭만적 감성을 살아나게 하는 힘이 있다. 벚꽃의 찰나적 아름다움, 꽃비가 되어 떨어지는 모습에 '이 순간이 다시 올까' 라는 생

각이 들게 하는 등 마음을 말랑말랑하게 만든다. 하천에는 아기자기한 조형물들이 곳곳에 있어 벚꽃 놀이를 하며 짬짬이 보는 재미도 느낄 수 있다. 밤이면 조형물에 조명이 들어와 환상적인 느낌을 준다.

벚꽃 비 내리는 경화역

경화역은 경남 창원시 진해구 경화동에 있는 철도역이다. 1926년에 개통된 경화역은 61년의 세월이 흐른 1987년 간이역으로 바뀌었다가 2006년에 역으로서의 기능이 멈추었다. 철길을 따라 벚나무가 즐비해 여좌천과 함께 진해 벚꽃의 쌍두마차로 꼽힌다. 여좌천에서 3.7km, 자동차로 7분 거리다. 엄청난 인파에 자동차나 버스를 타고 이동하는 것이 엄두가 안 난다면 철길을 따라 걸어보자. 여좌천 남쪽 진해역에서 철길을 따라 45분 정도 걸으면 경화역에 다다른다.

경화역은 CNN 선정 '우리나라에서 꼭 가볼 만한 여행지 50'에 소개된 바

있다. 벚꽃 피는 봄날 모습 때문이다. 벚꽃의 개화기간은 일주일이 채 못 된다. 실바람만 불어도 벚꽃이 사르르 꽃비처럼 떨어진다. 비가 온 다음 날이면 바닥은 온통 벚꽃 잎으로 뒤덮여있다. 멈춰선 새마을호 열차에 꽃잎이 떨어지자 터져 나오는 사람들의 탄성이 함성처럼 들린다. 그 순간은 시간이 천천히 흐르거나 멈춰진 것처럼 느껴진다. 기차 앞은 줄 서서 꽤 오랜 시간을 기다려야 할 정도로 인기 높은 포토 포인트다.

벚꽃 터널을 만드는 철길을 따라 걸으며 꽃으로 뒤덮인 하늘을 올려다본다. 경화역에서 세화여고까지 이어지는 약 800m 철로변 꽃길은 메인 벚꽃 구간을 벗어나서인지 비교적 사람이 적다. 벚꽃이 만개한 철길을 따라 걸으면 봄의 환상으로 데려다 줄 것만 같다.

여행지 기본 정보

가기 좋은 시기 3월 하순~4월 초순
주소 경남 창원시 진해구 일대
여행 팁 벚꽃이 만개한 때에는 진해 어디를 가나 차와 사람으로 바글바글 시끌벅적하다. '난리 벚꽃장'이란 말이 있을 정도로 요란하고 시끄럽고 뭔가 통제 불능이라는 느낌마저 든다. 여좌천 로망스다리와 경화역, 제황산공원 등 둘러볼 곳은 많은데 자동차나 대중교통을 이용해 이동하는 것이 만만치 않다. 주차 전쟁을 치러야 한다는 생각에 시내버스나 셔틀버스 같은 대중교통으로 이동하려고 해도 이 또한 쉽지 않다. 버스를 기다려도 정류장을 지나쳐 가버리기 일쑤다. 버스에 더 이상 사람을 태울 수 없을 정도로 만원이기 때문이다. 벚꽃 명소 전 정류장으로 가거나 걷는 것이 나을 수도 있다. 진해 군항제 기간에는 교통대란을 피할 수 없다. 당일치기보다는 1박 2일로 여행을 떠나는 것이 좋다. 이른 아침에는 상대적으로 사람이 적고, 야간에는 화려한 조명이 설치된 벚꽃놀이를 즐길 수도 있다.

3월 벚꽃

함께 가볼 만한 곳

진해 내수면 환경생태공원

1929년 양어장으로 시작해 이후 민물고기를 보호하고 육성하는 연구소로 이용되었다. 현재는 시민들의 휴식처이자 자연학습장인 생태공원이다. 실개천과 징검다리가 있고 푸른 나무들과 벚꽃이 수를 놓아 사진작가들이 뽑은 '국내의 아름다운 사진 명소'로 선정된 바 있다.

주소 경남 창원시 진해구 여명로25번길 55 **전화** 055-548-2766 **운영** 6월 1일~8월 31일 06:00~19:00, 11월 1일~다음 해 2월 말 07:00~17:00 **가는 방법** 여좌천 11교인 하늘마루다리 부근에 위치.

곱창전골 맛집

진해에 40년 전통을 자랑하는 곱창전골 전문점이 있다. 진해구에 매장은 세 곳(중앙점, 석동점, 용원점)이 있는데, 중앙점이 진해역과 가깝다. 모둠곱창철판과 모둠곱창전골이 대표 메뉴다. 48시간 우려낸 뽀얀 육수에 곱창과 새우, 버섯 등 다양한 재료가 들어가 맛을 풍성하게 한다. 후식으로 아이스크림과 식혜가 나온다.

[곱돌이곱창 중앙점] 주소 경남 창원시 진해구 중원서로 58 **전화** 055-547-9792 **영업** 11:00~23:00, 매주 월요일 휴무

경화시장

매월 3일, 8일에 열리는 경화 전통 오일장이다. 시장 남쪽 끝은 평상시는 도심 속 길이었다가 장날이면 북적이는 시장으로 바뀐다. 남쪽 입구에 비해 경화역 쪽은 상대적으로 한산하다. 보통 10:00에 열려 18:00 무렵이면 파장 분위기다. 시장에서 간단히 국수로 출출함을 달래기 좋다.

주소 경남 창원시 진해구 진해대로 경화동 1758-75 **전화** 055-544-1112 **운영** 10:00~18:00 **가는 방법** 경화역에서 400m 거리. 도보로 7분 소요.

진해보타닉뮤지엄

장복산 중턱에 자리한 경상남도 제1호 사립 수목원이다. 뮤지엄 앞에는 도시와 바다, 하늘이 맞닿는 시원한 전망이 펼쳐진다. 입장료에 아메리카노 한 잔 요금이 포함되어 있다. 카페 옆 이끼정원은 이끼왕국을 옮겨 놓은 동화 속 한 페이지를 연상케 한다. 벚꽃 필 때 가도 좋지만 계절마다 야생화가 피어 있어 언제 가도 힐링하기 좋다.

주소 경남 창원시 진해구 진해대로1137번길 89 **전화** 055-543-4337 **운영** 10:00~22:00 **입장료** 성인 6,000원, 어린이 3,000원 **가는 방법** 여좌천에서 8.3km거리, 자동차로 20분 소요.

벚꽃 여행지 2

맑은 봄빛과 어우러진 호수 벚꽃길
강릉 경포호

3월 벚꽃

조선시대 선비들의 로망
경포대

경포호는 둘레가 4km 남짓한 호수로, 바다 쪽으로 경포해변과 이어진다. 경포 안에는 호수가 있고 바다가 있고 민초들의 삶이 있다. 호수를 굽어보고 멀리 바다가 보이는 곳에 세워진 경포대는 송강 정철이 <관동별곡>에서 읊은 '관동팔경' 중 하나다. 방해정 뒷산 인월사터에 있던 것을 1508년(중종 3년) 지금의 자리로 옮겼고 현재의 건물은 1745년(영조 21년)에 새로 지었다. 경포대는 풍류를 안다 하는 선비들이 선망하는 유람지였다. 풍류객들은 이곳에서 시를 짓고 그림을 그렸으며 풍악을 울렸다. 선비들에게는 가고 싶은 곳이었고 강릉 사람들에겐 마음의 안식처다.

옛 선조들은 경포호(鏡浦湖)를 군자호(君子湖), 어진개라고도 불렀다. 거울처럼 맑고 고요한 호수를 사람의 품성에 빗대어 부른 것이다. 파도가 아무리 세차도 경포호는 잔물결만 일 뿐이다. 세파가 몰아쳐도 휘둘리지 않는 고고한 선비의 모습을 투영하여 군자라 불렀고, 깊지 않아 빠져도 죽지 않는다 하여 마음이 어진 호수를 뜻하는 어진개라고 하였다. 경포대에서 호수를 내려다보면 하늘, 호수, 바다, 술잔, 눈동자까지 5개의 달이 뜬다고 한다. 달의 개수를 셀 수 있는 밤에는 분위기가 고혹적으로 변한다.

경포호 4km 둘레길 따라
벚꽃 놀이

경포호는 석호다. 하천과 바다가 만나 오목하게 들어가 있는 지형에 파도에 쓸려온 모래톱이 점차 높아지더니 결국에는 바다와 연결되는 입구를 막아 호수를 만들었다. 수심이 얕은 것이 특징이다. 1960년대엔 호수 둘레가 12km에 가까웠으나 지금은 4km 정도로 줄었다. 모래톱이 더 넓어진 것도 있지만 농경지 개발에 따라 호수 면적이 작아진 것이 더 큰 요인이다.

경포호 벚꽃 놀이를 제대로 즐기려면 호수 둘레를 따라 한 바퀴를 완전히 돌도록 한다. 보통 걷는 속도라면 1시간 정도 걸릴 거리지만 최소 2시간 이상은 잡고 걸어야 여유롭다. 벚꽃 시즌에는 호수 둘레길에 차량 통행이 제한되므로 걷거나 자전거를 타고 한 바퀴 돌아보게 된다. 연인들이 2인용 자전거를 타고 호수 둘레를 도는 모습을 심심치 않게 볼 수 있다. 경포호의 벚꽃 백미 구간은 경포호의 랜드마크인 스카이베이 경포호텔을 바라보는 우측 산책로와 경포대 주변이다. 호수 동쪽 산책로는 멀리서 봐도 연분홍 솜사탕이 몽글몽글 뭉쳐져 있는 것처럼, 길을 따라 벚나무가 밀집되어 있어 보는 이를 설레게 한다.

생태습지공원, 경포대, 볼거리 많은 호수

호수 둘레를 따라 습지공원, 경포대가 가까이 있고 조금 벗어나면 허난설헌 생가, 가시연습지, 금란정 등 둘러볼 곳이 꽤 많다. 시작점은 스카이베이 경포호텔에서 좌측, 호수 동쪽이 적당하다. 가장 먼저 바다로 연결되는 경포천 주위의 생태습지공원이 반긴다. 호수 둘레길에서 조금 벗어나 있지만 가 볼 만하다. 하천 수면에 닿을 듯 가지를 뻗은 벚나무와 작은 숲길 주변에 벚꽃이 피어 있어 자연에 가까운 봄 풍경을 보여준다.

생태습지공원을 지나면 직선의 산책로가 나온다. 늘어진 수양벚나무와 벚나무가 터널을 만드는 길이 이어지는데, 멀리서 보면 솜사탕처럼 보인다. 수양벚나무는 가지를 늘어뜨리고 꽃색이 분홍색을 진하게 띠어 화려한 느낌이다. 풍성한 꽃그늘 아래를 걸

3월　　　　　벚꽃

으며 경포호와 하늘, 강원도의 산이 벚꽃과 어우러진 풍경을 감상한다. 호숫가를 따라 홍길동을 주제로 한 조각품들이 있어 보는 재미를 더한다.

호수 한가운데 바위섬에 월파정이 있다. 경포호에 비친 달빛이 물결에 흔들리는 것에 비유해 이름 붙여진 정자다. 정자 주변에서 가마우지와 오리 등이 날개를 접은 채 쉬고 있다.

경포대는 호수 서쪽 언덕 위에 있다. 주변에는 벚나무 거목이 자라고 있다. 수령 100년이 넘는 10여 그루의 벚나무가 흐드러지

게 꽃을 피우면 정자와 어우러져 멋스럽다.

경포호는 강릉 시내에 비해 벚꽃 개화 시기가 늦은 편이다. 5개의 달이 뜬다는 경포호, 밤 벚꽃놀이를 즐기기에도 좋다.

여행지 기본 정보

가기 좋은 시기 4월 초순

주소 강원 강릉시 경포로 365(경포대)

여행 팁 강릉이 가까워졌고 가는 길이 쉬워졌다. 2018년 평창 동계올림픽 개최를 위해 서울~강릉 KTX가 개통되면서 1시간 55분 만에 서울과 강릉이 연결되었기 때문이다. 오직 강릉 경포호 벚꽃놀이가 목적이라면 KTX를 타고 강릉역에서 내리거나 강릉시외버스터미널을 이용하는 것을 추천한다. 역에서 택시로 10분이면 경포호에 도착한다. 자동차를 이용하면 안목항, 송정해변 등 동해 바다와 함께 강릉 여행을 즐길 수 있다는 이점이 있다. 주차는 경포호수 공영주차장이나 해변 주차장을 이용하도록 한다. 자전거대여소는 경포호의 랜드마크인 스카이베이 경포호텔을 마주 보고 호수 좌측에 밀집해 있다. 공영주차장 부근이다.

함께 가볼 만한 곳

선교장

경포호가 넓었을 때는 '배를 타고 건넌다' 하여 배다리마을이라 불렸다. 선교장은 효령대군의 10대손인 이내번이 지은 300년 된 한옥이다. 서민적인 느낌이 남아 있는 안채, 사랑채인 열화당, 동별당과 연못 위에 세워진 활래정 등 사람을 맞는 공간이 넉넉하고 풍치가 있다. 그래서인지 조선의 풍류객들이 문이 닳도록 찾았다고 한다. 배다리 만들기 체험, 목공예·한복 체험 등 다양한 체험과 한옥스테이를 운영하고 있다.

주소 강원 강릉시 운정길 63 **전화** 033-648-5303
운영 하절기 09:00~18:00, 동절기 09:00~17:00
입장료 성인 5,000원, 어린이 2,000원 **가는 방법** 경포호에서 4km, 자동차로 10분 소요.

안목해변

가을에는 커피축제가 열리는 등 커피숍과 카페가 즐비한 강릉 커피의 메카로 유명해진 해변이다. 사시사철 사람들이 많이 찾는 곳이지만 특히 연인들에게 인기 높은 장소다. 바다를 바라보며 취향에 맞게 커피와 디저트를 맛보는 여유를 즐길 수 있다.

주소 강원 강릉시 창해로14번길 20-1 **가는 방법** 경포호에서 7.5km, 자동차로 15분 소요.

하슬라아트월드

고구려 때 강릉을 부르던 이름, 하슬라 또는 아슬라(阿瑟羅)에서 따온 하슬라아트월드는 동해 바다를 내려다보는 언덕에 자리한 아트뮤지엄이다. 뮤지엄 호텔, 현대미술관, 피노키오&마리오네트 박물관, 20's 카페가 있고 외부에는 야외 조각공원과 바다카페가 있다.

주소 강원 강릉시 강동면 율곡로 1441 **전화** 033-644-9411 **운영** 09:00~18:00 **입장료** 성인 1만 2,000원, 어린이 1만 1,000원 **가는 방법** 경포호에서 22.2km 거리, 자동차로 30분 소요.

초당순두부 맛집

강릉부사로 좌천되어 내려온 허균의 아버지 허엽이 마음을 달래기 위해 바닷물을 간수로 써서 두부를 만들기 시작했고 이를 초당두부라 불렀다. '초당'은 허엽의 호다. 초당의 방식을 따른 두부 음식점이 생겨나면서 초당마을은 두부마을로 알려졌다. 초당동을 중심으로 초당순두부 맛집들이 모여 있다. 초당순두부는 맛이 담백하고 고소한 맛이 강하고 뒷맛이 깔끔한 것이 특징이다.

[토담순두부] **주소** 강원 강릉시 난설헌로193번길 1-19 **전화** 033-652-0336 **영업** 07:30~19:00, 월요일 휴무

[초당애] **주소** 강원 강릉시 해안로 388 **전화** 033-653-2229 **영업** 07:00~21:00

3월 벚꽃

벚꽃 여행지 3

꽃비 내리는 섬진강 벚꽃길
하동 십리벚꽃길

5km의
환상 벚꽃 드라이브

십리벚꽃길은 화개장터에서 화개천을 따라 쌍계사까지 이어지는 십리(5km) 벚꽃길이다. 1930년부터 벚나무가 심어져 50년~90년 수령을 자랑하는 1,200여 그루의 벚나무들이 도로 양편을 빼곡하게 채우고 있다. 벚꽃이 만개해 꽃잎을 떨구기 시작하면 도로 위로 벚꽃잎이 비처럼 내리면서 환상적인 봄 그림을 완성한다. 십리벚꽃길에 빨리 도착해서 벚꽃 풍경을 보고 싶다는 마음이 앞서 서두르지는 말자. 하동 섬진강변의 봄 풍경을 만끽하며 십리벚꽃길까지 드라이브 여행을 즐기는 것이 좋다. 차창 밖으로 아기자기한 풍경이 펼쳐지고 봄내음이 물씬 풍겨온다. 섬진강가의 봄은 유난히 살갑다. 개화 시즌에는 차량이 도로를 가득 메우고 있어 진행 속도가 느린 탓에 벚꽃을 꽤 보긴 하지만 차 안에서만 보고 지나가기엔 아쉬움이 남는다.

손을 꼭 잡고 걷는
사랑의 꽃길

제대로 벚꽃을 감상하려면 걸어야 한다. 십리벚꽃길은 사랑하는 남녀가 함께 걸으면 부부로 맺어져 백년해로 한다고 하여 '혼례길'이라고도 불린다. 곁에 있는 소중한 누군가와 함께 걷고 싶은 꽃길이다. 사랑하는 이와 앞으로도 오래 손잡고 가고 싶다면 꼭 한번 걸어보자.

차는 화개장터 주차장에 세운다. 시끌벅적한 장터를 지나 화개교를 건넌

다음 우측으로 꺾어져 몇 개의 음식점을 지나면 십리벚꽃길 입구가 나온다. 데크길과 하천 아래로 내려가서 걷는 두 길 중에 원하는 길을 선택해서 걸을 수 있다. 설렘을 안고 걷다가 파릇하게 새 잎이 돋은 녹차밭을 만나 싱그러운 봄의 향기를 들이켠다. 꽃에 취해서 쌍계사 가까이 가게 되었다면 화개장터 또는 화개공용버스터미널까지 가는 버스를 타고 돌아오도록 한다. 단, 시골 버스이다 보니 운행시간을 미리 확인하고 이동해야 한다.

여행지 기본 정보

가기 좋은 시기	3월 하순
주소	경남 하동군 화개면 화개로 142
여행 팁	막상 십리벚꽃길에 도착해서는 사람과 차로 뒤엉킨 풍경에 여유가 사라져 제대로 벚꽃을 즐기지 못할 수도 있다. 하동 십리벚꽃길만 보겠다는 것이 아니라면 섬진강변을 따라 드라이브를 즐긴다는 느긋한 마음이 필요하다. 주말에는 도로가 주차장이란 말이 나올 정도로 정체가 심하다. 갓길 주차는 금물이며, 차에서 내려 사진을 찍는 이들이 많은데, 차량 정체가 발생할 수 있으니 주의해야 한다. 평일에는 차를 세울 수 있도록 해놓은 구간에 잠깐씩 차를 세우고 사진을 찍는 것이 가능하다. 주차는 화개장터 주차장을 이용한다. 십리벚꽃길 중간에 있는 카페(꽃피는 산골)에 차를 세우고 차 한 잔과 함께 여유롭게 벚꽃놀이를 즐겨도 좋다.

함께 가볼 만한 곳

하동 화개장터

전라남도 구례와 경상남도 하동이 만나는 섬진강변 화개천 옆에 들어선 장터다. 지리산 산나물, 내륙의 쌀과 보리, 뱃길로 가져오는 소금과 수산물 등 해방 전까지 전국에서 손꼽히는 오일시장이었으나 지금은 상설화됐다.

주소 경남 하동군 화개면 탑리 15 **전화** 055-883-5722 **가는 방법** 십리벚꽃길에서 2km, 자동차로 5분 소요.

하동 쌍계사

신라 성덕왕 23년(724년) 의상의 제자 삼법이 창건한 절로 문성왕 2년(840년) 진감선사가 중창하였다. 절 양옆으로 두 개의 계곡이 흐르다 절의 입구에서 합쳐져 쌍계란 이름을 얻었다. 고려시대의 마애불, 효성각을 둘러싼 꽃담장이 유명하고 고운 최치원이 쓴 우리나라 4대 금석문의 하나인 진감선사부도비가 있다.

주소 경남 하동군 화개면 쌍계사길 59 **전화** 055-883-1901 **운영** 08:00~17:30 **가는 방법** 십리벚꽃길에서 7.7km, 자동차로 15분 소요.

벚굴 맛집

벚꽃이 피는 시기에 가장 맛이 좋고 강바닥에 붙어 있는 굴 모양이 벚꽃처럼 보인다 하여 벚굴이라 불린다. 섬진강에서 나며 바다에서 나는 굴보다 훨씬 크고 비린 맛이 적으며 짜지 않다. 벚굴은 3~4월이 제철이다. 섬진강 봄꽃놀이의 별미인 셈이다. 화개장터 내 음식점과 십리벚꽃길 주변에서 맛볼 수 있다.

SPECIAL PAGE

멀리 가지 않고도 즐길 수 있는 도심 벚꽃 놀이
서울 벚꽃 명소 5

멀리 가지 않아도 벚꽃 놀이는 얼마든지 가능하다. 도심 속 벚나무 한 그루로도 봄을 느낄 수 있다. 점심시간에 짬을 내어 걷는 길, 아침마다 조깅하는 도로, 길을 걷다가 어디선가 흩날리는 벚꽃… 나의 생활 속에도 벚꽃은 이미 피었다. 봄을 맞을 준비가 되었다면 지금 당장 나서보자.

1,800여 그루의 벚나무가 만드는 봄
여의도 윤중로

비행장으로 이용되었을 정도로 평평한 지형인 여의도는 홍수의 피해를 상당히 받았던 곳이다. 대대적으로 제방 공사를 한 후 1970년대 초반, 대규모 아파트 단지가 들어섰고 1975년 8월 15일에는 국회의사당이 완공되었다. 국회의사당 때문에 정치 중심지로서의 상징성이 크고 증권가와 금융가가 밀집해 있어 경제 중심지이기도 하다. 이런 여의도가 3월 말이면 화사한 색으로 치장을 한다.

여의도 벚나무는 1,800여 그루에 달한다. 수령이 80년이 넘은 벚나무가 80여 그루 남아 있는데 대부분 국회의사당 주변에 있다. 여의도 1.7km에 이르는 길에 벚꽃이 만발하면 서울 시민과 전국에서 몰려든 사람들로 발 디딜 틈이 없어진다. 저녁 이후에도 직장인들과 밤 벚꽃놀이를 즐기러 온 이들로 북새통을 이룬다. 여의도 벚꽃길(여의서로)이 너무 붐빈다 싶으면 여의도 샛강 생태공원 쪽으로 가보자. 수령이 오래되진 않았지만 꽤 많은 수의 벚나무가 심어져 있어 벚꽃길의 매력은 충분한 데다 비교적 한산하다. 벚꽃놀이를 나온 시민들은 한강 둔치로 내려가 소풍을 즐기거나 모임을 갖곤 한다. 벚꽃 핀 여의도의 밤은 사람들의 웃음소리로 가득하다.

가기 좋은 시기 4월 초순

주소 서울 영등포구 여의도동 여의서로

여행 팁 자동차보다는 지하철을 이용하는 것이 낫다. 지하철 9호선 국회의사당역 1번 출구가 가장 가깝고, 5호선 여의나루역 1번 출구로 나와 20분 정도 걸으면 벚꽃길이다. 차량통제 구간을 확인하고 자동차를 이용한다면 여의도 한강공원 주차장을 이용하도록 한다. 새벽 시간을 이용하면 그나마 한가하지만 저녁에는 더 붐빈다.

서울의 중심에서 즐기는 벚꽃 삼매경
남산둘레길

남산은 서울을 상징하는 산이며 제일 큰 공원이다. 해발 265m의 남산에 서 있는 135.7m의 N서울타워는 서울의 랜드마크다. 남산은 궁의 남쪽에 있는 산, 또는 앞에 있는 산이란 뜻이다. 남(南)을 앞, 북(北)을 뒤라고 여겼다. 태조가 조선을 세우고 한양으로 도읍을 정할 때 남산을 안산(案山)으로 하였고 남쪽의 남산, 북쪽의 북악산, 동쪽의 낙산, 서쪽의 인왕산 능선에 성곽을 쌓았다. 서울 개발에 밀려 많이 사라졌지만 곳곳에 성곽의 흔적이 남아 있다.

남산 둘레길에 봄의 신록이 어느 정도 올라오고 벚꽃이 피기 시작하는 4월 10일 경 부터는 봄 산책이나 꽃놀이를 나온 이들이 현저히 늘어난다.

남산 둘레길 가운데 벚꽃이 가장 화려한 길은 크고 높이 자란 벚나무가 터널을 이루는 남산도서관 앞부터 N서울타워까지 이어지는 1.3km 구간이다. 약간 오르막길로, 30분 정도 걸린다. 국립극장에서 남산성곽공원까지 완만하게 이어지는 3.4km 길은 벚나무와 다른 가로수가 함께 심어져 있어 다양한 봄의 색을 만날 수 있다는 장점이 있다. 북측 순환로에 인접해 있는 2만여 그루의 소나무가 자라는 소나무 힐링숲은 예약을 해야만 관람이 가능하다. 남산 둘레길 코스 7.6km를 다 돌려면 2시간 반 정도 소요된다.

가기 좋은 시기 4월 초순

주소 서울 중구 남산공원길 125-54(남산공원)

여행 팁 남산둘레길은 진입로가 여러 군데 있다. 남산케이블카를 타려면 지하철 4호선 회현역, 명동역이 가깝다. 남산한옥마을을 둘러보려면 4호선 충무로역, 3호선 동대입구역에서 내려 남산순환버스를 타면 된다. 차량 이용 시에는 남산공원 주자창(주차료 1시간당 1,800원)을 이용하도록 한다. 안중근의사기념관, 남산도서관이 근처에 있다. 산이어서 아래쪽과 위쪽의 벚꽃 개화 정도가 약간 차이가 있다. 벚꽃 사이로 N서울타워를 넣어서 사진을 찍는 것이 포인트다.

3월   벚꽃

자연과 예술이 만나는 하천길
양재천

양재천의 총 길이는 18.5km, 관악산 남동쪽 기슭에서 시작되어 탄천을 만나 한강으로 흘러든다. 한때 물고기 한 마리 살지 않는, 오염된 하천이었으나 현재는 250여 종의 동식물이 살고 있으며 하루 평균 1만여 명의 시민이 찾는 서울 강남의 대표 녹지 공간이다.

하천 가까이는 버드나무가 자라고 하천 위쪽 길에는 왕벚나무와 은행나무가 많이 심어져 있다. 하천 경사면을 따라 3개의 길이 층을 이루고 있는데 제일 아래 길은 씽씽 달리는 자전거길이고 그 위 두 개의 길은 보행자를 위한 길이다. 이용자에 따라 길 높이를 달리해 사고 위험을 낮췄다.

양재천은 생활과 가까운 길이다. 동네 주민들이 하천변을 따라 걸으며 운동하고 서울 외곽에서 강남의 직장까지 자전거를 타고 출퇴근하는 이들이 애용한다. 벚꽃이 활짝 피는 계절에는 점심시간에 사람들이 가장 붐빈다. 가까운 빌딩숲에 근무하는 직장인들이 사무복 차림으로 점심식사 후 짬을 내어 찰나의 봄을 느끼려고 산책을 나온다. 벚꽃이 만개한 제일 윗길에서 하천 쪽으로 내려와 연두색으로 물이 오른 버드나무 사이 하천에 놓인 징검다리를 건너보자. 길가에 노란 개나리와 연두색 새순이 돋은 나무가 양재천의 봄 색깔에 상큼함을 더한다.

가기 좋은 시기 4월 초순

주소 서울 서초구 매헌로99(양재시민의숲)

여행 팁 지하철 신분당선 양재시민의숲역 5번 출구에서 5분만 걸으면 양재천이 나온다. 여기에서 대치중학교 부근까지가 양재천 벚꽃의 하이라이트다. 3호선 매봉역 4번 출구에서 나와 5분 정도 걸으면 양재천에 도착하므로 여기에서 벚꽃놀이를 시작해도 좋다. 지하철이 편리하지만 자동차를 이용한다면 양재시민의숲 공영주차장이나 윤봉길의사기념관 주차장을 이용한다(주차료 5분당 150원). 흐드러진 벚꽃 위로 고층 빌딩이 서 있는 도시만의 느낌을 살려 벚꽃 사진을 담아보자.

서울의 센트럴파크
서울숲

서울숲은 영국의 하이드파크나 뉴욕의 센트럴파크에 비교되는 서울 속 대표 녹지 공간이다. 공원이 아니라 숲으로 불릴 정도로 많은 나무가 자라고 있다. 서울숲이 되기 전 이곳은 뚝섬경마장이었다. 한때는 골프장으로 이용되기도 했다. 1922년 생겨난 조선경마구락부가 해방 후 한국마사회로 이름을 바꾼 뒤 뚝섬경마장을 열었다. 초기에는 경마장 한가운데에 배추밭이 있을 정도로 열악하였다. 지금은 휴식처이자 자연학습장으로 변신한 시민 공원이다. 2005년 조성 작업에 들어가 지금의 모습으로 바뀌기까지 시민의 참여가 큰 역할을 하였다.

서울숲은 생태숲, 자연 체험 학습원, 습지 생태원, 한강수변공원, 문화예술공원 등 5개 테마로 나뉘어 있다. 33만 평 규모를 다 돌아보려면 최소 4시간은 필요하다.

서울숲의 왕벚나무는 파크3에서 파크2로 연결되는 길가에 많이 모여 있다. 사슴 우리가 있는 생태숲, 보행가교 부근이 가장 핫한 벚꽃 명소다. 공원 1구역인 가족마당에서는 돗자리를 깔고 소풍을 즐기는 이들과 강아지 산책을 나온 사람들이 한가

로운 시간을 보내고 있다. 서울숲 주변 오래된 주택가에는 특색 있는 카페들이 모여 있다. 벚꽃 시즌엔 유명한 음식점은 1시간 이상 기다려도 식사를 하기 어려울 정도로 많은 사람으로 붐빈다. 서울숲 부근은 최근 젊은이들의 데이트 장소로 인기가 높은 핫플레이스다.

가기 좋은 시기　4월 초순

주소　　　　　서울 성동구 뚝섬로 273

여행 팁　　　지하철 분당선 서울숲역 3번 출구에서 걸어서 5분, 2호선 뚝섬역 8번 출구에서 걸어서 10분 거리로, 지하철을 이용해 쉽게 갈 수 있다. 주차는 공영주차장(주차료 1시간당 1,800원)에 할 수 있지만 주차 대수가 200대가 안 된다는 것을 감안하자. 서울숲의 규모는 약 33만 평이다. 하루에 다 돌아본다는 생각은 버리고, 가고 싶은 곳만 한 곳씩 골라 공원 나들이를 즐겨보자.

산허리 벚꽃 만개한 길 따라
워커힐 벚꽃길

워커힐 호텔은 1962년 UN군의 주말 휴양을 위해 아차산 남쪽 능선에 지어졌다. 이곳에서 자라는 왕벚나무의 평균 수명은 50~60년으로, 이즈음의 나무가 꽃이 가장 탐스럽고 많이 핀다.

아차산생태공원에서 워커힐 호텔까지 이어지는 2차선 도로 양옆에 왕벚나무가 빼곡하다. 벚꽃을 감상하며 차로 달려보자. 걸어서 갈 수도 있으나 인도 폭이 좁고 차도와 같은 높이로 되어 있어 각별히 주의해야 한다. 드라이브로 이 길을 지날 때는 경사와 커브가 많아 속도 제한을 철저히 지켜야 하며 벚꽃 나들이 나온 사람들을 잘 살펴야 한다. 특히 벚꽃 시즌에는 차가 많이 막힌다. 앞 차가 빠질 동안 벚꽃을 감상할 수 있는 시간이 늘어났다는 느긋한 마음을 가져보자.

호텔까지 이어지는 길은 그리 길진 않다. 산길의 낭만과 벚꽃의 화사함으로 짧지만 강렬한 감동을 준다. 벚꽃은 워커힐아파트 안에도 많이 심어져 있지만 아파트 내로 들어가는 것은 자제하도록 한다. 벚꽃 시즌에는 호텔에서 노천카페를 운영하기도 한다. 벚꽃길 드라이브 후 야간까지 즐거운 시간을 보낼 수 있는 벚꽃 나들이 장소다.

가기 좋은 시기 4월 초순

주소 서울 광진구 워커힐로 177(워커힐호텔)

여행 팁 지하철 5호선 광나루역 1번 출구로 나와 광장중학교 옆길로 올라가면 차량이 다니는 길이 나온다. 우측으로 꺾어지면 워커힐 호텔로 이어지는 길이다. 길을 건너 산 쪽으로 올라가면 아차산 등산로 입구다. 벚꽃이 피는 시즌에는 호텔에서 벚꽃 테마의 행사를 하는 경우가 많다. 야외에 테이블을 놓고 맥주, 와인 행사 등 봄날을 분위기 있게 즐기는 작은 축제가 열린다. 워커힐 벚꽃 축제에 참여해도 좋고, 벚꽃 나들이를 한 후에 아차산 등산을 즐겨도 좋다.

3월의 꽃

개나리
동요에 자주 나오는 꽃

개나리는 동요에 자주 나오는 나무 꽃이다. '개나리 노란 꽃그늘 아래 가지런히 놓여있는 꼬까신 하나…' 최계락 시인의 시 <꼬까신>은 개나리가 노랗게 피면 저도 모르게 흥얼거리곤 하는 동요다. 또 하나 '나리 나리 개나리 입에 따다 물고요. 병아리 떼 종종종 봄나들이 갑니다.' 윤석중 시인의 <봄나들이>는 권태호 동요작곡가를 만나 그림책을 펼치는 듯한 풍경을 노래로 들려준다. <봄나들이>는 1930년대에 발표되어 90년 가까운 시간을 우리와 함께 했다. 두 시는 귀엽고 사랑스러우며 희망적이다.

흙 마당에 병아리들이 엄마 닭을 따라 종종 거리듯 엄마 품에서 마냥 좋기만 했던 어린 시절이 그립다. 개나리는 섬돌 위에 놓인 꼬까신의 주인이 훗날 어른이 되어 싸리문을 열고 들어오면 어린 날의 그를 기억하며 웃어줄 것 같다.

개나리는 소박하지만 순박한 웃음을 닮은 한국적인 정이 느껴지는 꽃이다. 꽃색은 병아리 색보다 진하고 산수유꽃보다 채도가 높다. 예나 지금이나 야트막한 싸리담장을 따라 샛노란 꽃을 피워 우리네 정서와 닮은 느낌을 전하며 희망을 노래한다.

**개나리
여행지 1**

마음이 노랗게 물드는 개나리산 **서울 응봉산**

3월   개나리

매사냥을 즐겼던 산, 개나리산이 되다

개나리는 봄이면 흔하게 보는 나무다. 정원이나 공원, 울타리에 조경수로 많이 심는 나무여서 전국 어디를 가나 쉽게 볼 수 있다. 흔하기 때문에 무심히 지나치는 경향이 있다. 서울 한복판의 개나리산이라 불리는 응봉산 또한 관심을 기울이지 않으면 꽃이 피고 지는 것도 모르고 지나쳐 버린다.

응봉(鷹峯)은 매 봉우리란 뜻이다. 매사냥은 고려시대부터 왕과 왕족이 좋아했던 놀이였다. 조선을 건국한 이성계는 왕이 되기 전부터 이곳에서 매사냥을 즐겼으며 조선을 건국한 후 이곳에 매를 기르는 관청인 '응방'을 두었다. 궁궐과 가깝고 꿩, 산새, 토끼 등 매사냥하기 좋은 들짐승이 많아 매 사냥터로 제격이었고 그 때문에 '응봉산' 또는 '매봉산'이라 불리게 되었다.

매사냥터였고 선비들의 학습을 위한 독서당이 있었던 응봉산 주변이 지역 개발로 인해 암봉의 한쪽이 절단되다시피 하였다. 산을 동강 내고 나니 자꾸만 모래흙이 흘러내렸다. 이를 막기 위한 대책으로 심어진 것이 개나리다. 흙을 잡아채는 능력이 탁월하고 생명력이 강한 개나리를 심기 시작한 후 현재 응봉산에는 20만 그루의 개나리가 자라고 있다. 바위가 많은 산에 개나리가 지천으로 자라 개나리산이라는 별명을 얻었다.

노란 개나리 옷을 입고
한강의 봄을 알리다

응봉산은 한강 북단을 달리는 강변북로와 동부간선도로가 만나는 지점에 위치한 야트막한 산이다. 중랑천과 한강이 만나는 지점이다. 산은 해발 81m로 낮지만 거대한 바윗덩어리가 산체를 이루고 있어 듬직해 보인다.

정상까지 오르면서 만나는 개나리에 대한 감상은 방향에 따라 달라진다. 북쪽인 독서당 공원 쪽에서 철교를 건너 응봉산을 오르다 보면 개발의 칼날에 잘려나간 산허리에 붙어서 자라는 개나리를 만나게 된다. 끈질긴 생존력이 놀라울 따름이다. 응봉역 쪽에서 올라올 때는 마을 안 골목길을 걷는 맛이 있다. 어느 방향에서 올라도 전망은 빼어나다.

최고의 전망대는 정상의 팔각정 부근이다. 산 아래쪽으로 철로가 있고 기차와 전철이 쉼 없이 달린다. 서울숲과 한강, 강남쪽 시가지가 펼쳐진다. 개나리가 지는 시기다 싶으면 응봉산 남쪽 용비교 방향으로 내려가는 계단을 이용해보자. 선홍색의 복숭아나무, 벚나무가 흐드러지게 피고 암릉에는 개나리의 노란색과 새잎의 연두색이 공존한다. 계단을 내려와 용비교를 건너 서울숲까지 걸어본다. 용비교 끝에서 보는 응봉산이 고운 색으로 물들어 수채화 같다.

여행지 기본 정보

가기 좋은 시기	3월 하순
주소	서울 성동구 금호동4가 1540
여행 팁	오르막 골목길에 있는 응봉산 암벽등반공원주차장이 가깝긴 하지만 협소하다. 자동차보다는 전철이나 버스를 이용하는 것이 좋다. 경의중앙선 응봉역 1번 출구로 나오면 정상까지 20~30분 정도 걸린다. 용비교 방면에서 접근하거나 독서당로 신동아아파트 맞은편 계단을 통해 오를 수도 있다. 제대로 개나리 구경을 하려면 천천히 걷는 것이 좋다. 실제로 개나리는 정상부보다 사면에 더 많다. 팔각정이 있는 정상 부근은 전망이 좋기로 유명하다. 한강과 도심의 불빛이 어우러진 멋진 야경을 볼 수 있다.

함께 가볼 만한 곳

창덕궁 후원

서울에는 4개의 궁궐(경복궁, 창덕궁, 창경궁, 경운궁(덕수궁))과 1개의 궁터(경희궁)가 있다. 그 중 계절마다 색이 달라지는 창덕궁 후원은 자연미와 고풍스러움이 어우러진 왕실 정원이다. 부용지, 애련지, 연경당 등이 봄꽃과 어우러져 도심 속에 찾아온 봄이 반갑다. 후원은 전각과 달리, 한정 인원만 입장할 수 있으므로 계획을 세워 가도록 한다.

주소 서울 종로구 율곡로 99 **전화** 02-3668-2300 **운영** 2월~5월·9월~10월 09:00~18:00(입장 마감 17:00), 6월~8월 09:00~18:30(입장 마감 17:30), 11월~1월 09:00~17:30(입장 마감 16:30), 월요일 휴무 **입장료** 전각 관람 3,000원+후원 관람 5,000원

[후원 관람 방법] 관람 6일 전 10:00부터 전날까지 인터넷 예약 가능, 현장에서는 선착순 판매가 이루어진다. 관람은 10:00부터 15:00까지 시간별로 100명(인터넷 50명, 현장 발매 50명)씩 입장한다. 인터넷 예약한 내용을 매표소에서 티켓으로 교환해야 들어갈 수 있다.

가는 방법 응봉산에서 7km, 자동차로 30분 소요. 또는 지하철 3호선 안국역에서 도보로 6분 소요.

4월의 꽃

유채
모여 있을수록 보는 즐거움이 큰 꽃

유채는 보통 9월 이후에 씨를 뿌려 이듬해 3월~5월에 꽃을 피운다. 제주에서는 12월~2월에도 유채꽃을 볼 수 있다. 겨울에도 날씨가 온화하기 때문이다. 제주도의 유채 제철은 3월 중순부터 4월 중순까지다.

유채를 심는 주된 이유는 기름을 짜내기 위해서다. 카놀라유가 유채씨를 압착해 만든 기름이다. 어린잎과 줄기는 유채나물로 이용된다. 끓는 물에 데쳐서 참기름과 깨소금을 넣고 무치면 연하고 향긋해서 입맛을 돋운다.

꽃이 일제히 피면 벌이 날아든다. 제주의 특산품으로 인기가 높은 유채꿀은 향이 진하고 황금색을 띠며 점도가 높다. 유채씨는 활용도가 높다. 천연 윤활유, 마사지 오일, 의약품 재료, 식품 첨가물 등에 이용된다.

최근에는 폐식용유를 수거해 바이오디젤 원료로 사용하기도 한다. 기름을 짜고 나온 유채박(粕)은 가축 사료와 유기질 비료로 이용된다. 어린잎은 나물로, 꽃은 관광자원과 밀원식물로, 씨는 기름으로, 기름을 짜고 남은 찌꺼기는 비료로 사용하는 버릴 것 하나 없는 유용한 작물이다. 요즘에는 대규모 유채밭을 만들어 보는 즐거움을 주는 곳이 많아졌다. 봄날의 노란 유채밭은 사람들에게 봄의 색으로 다가온다.

4월 　 유채

유채꽃
여행지 1

벚꽃과 유채꽃의 앙상블 **제주 가시리 녹산로**

제주도의 봄을 알리는
가시리 유채길

'제주도의 봄' 하면 노란 유채밭 너머 성산일출봉이 자리한 풍경이 떠오른다. 제주의 사계를 알리는 사진 중에 봄 하면 으레 나오는 이미지이기 때문이다. 최근 들어 제주 유채 풍경의 대명사가 바뀌었다. 녹산로 유채길이 제주의 봄을 알리는 환상적인 꽃길로 인기다. 수년 전만 해도 유채꽃과 벚꽃의 개화 시기가 달라서 녹산로에 심어진 유채와 벚꽃이 따로 꽃을 피웠다. 점점 두 꽃이 피는 시간차가 줄더니 이제는 개화 시기가 비슷해져 제주에서만 볼 수 있는 환상 꽃길이 되었다. 제동목장 입구에서부터 가시리 마을까지 10km에 이르는 드라이브 코스는 '한국의 아름다운 길 100선'에 이름을 올렸다. 저절로 아름다운 길이 된 것은 아

행기머체

니다. 가시리마을 청년들이 나서서 유채 씨앗을 파종하여 가꾸었고, 표선면 공무원들이 힘을 보태 지금에 이르렀다. 녹산로 유채는 가시리마을 사람들의 애정과 손길로 탄생한 명품 꽃길이다.

유채꽃 잔치가 벌어지는 제주에서 가장 넓은 유채밭

녹산로 유채라 하면 제동목장 입구 교차로에서 제주 표선면 가시리 사거리까지 약 10km 이어지는 유채꽃길을 말한다. 매년 유채꽃 축제가 열리는 유채꽃잔치 행사장은 정석항공관에서 가시리 쪽으로 조금 더 내려가면 나오는 가시리 공동목장이다. 차를 타고 유채와 벚꽃이 어우러진 환상 꽃길을 달리다가 풍력발전기가 돌아가는 이국적인 유채 풍경이 가까워지면 행사장이 나타난다. 주차장에 차를 세우고 노란 황금 물결 사이로 들어가보자. 워낙 유채밭이 넓어 끝에 있는 사람이 점으로 보일 정도다. 그리 높진 않지만 전망대에 올라서면 유채밭 사이를 걸으며 보는 것과 확실히 시선 차이가 있다. 거대한 풍력발전기 몇 개가 윙윙 소리를 내면서 돌아가고 노란 유채가 바다를 이룬 듯이 물결치는 풍경이 장관이다. 유채밭 위로는 한라산이 보인다.

유채꽃을 충분히 만끽한 후 행사장을 나가기 전에 조랑말체험공원 입구의 행기머체를 눈여겨보는 것도 잊지 말자. 외형상 거대한 돌무더기처럼 보이지만 화산섬 제주의 독특한 지질 구조다. 소화산체인 오름의 내부에 있던 마그마가 오랜 세월이 지나 밖으로 드러난 것이다.

나무에는 벚꽃이, 그 아래에는 유채꽃이 어우러진 환상 꽃길

유채꽃은 개화 기간이 길지만, 벚꽃은 비가 내리거나 바람에 꽃잎이 떨어져버리는 등 꽃이 피어있는 기간이 짧다. 두 꽃이 어우러진 꽃길을 걷고 싶다면 벚꽃 개화시기에 딱 맞춰야 한다. 10km에 이르는 꽃길에서 제동목장 쪽은 유채꽃과 벚나무가 드문드문 심어져 있어 차를 타고 스치듯 지나도록 한다. 가장 아름다운 길은 정석항공관에서 가시리까지 이어지는 5.6km 구간이다. 유채꽃 행사장에서 유채꽃을 마음껏 보고 난 뒤 차를 타고 가시리 쪽으로 내려간다. 이때부터는 한순간도 시선을 뗄 수가 없다. 양 옆에 가로수로 심어진 벚나무와 연이은 유채꽃길이 만드는 색의 스펙트럼이 놀랍다. 유채의 노란 꽃띠 위에 벚꽃이 연분홍색 물감을 칠하며 따라간다. 가시리마을에 가까워지면 유채꽃밭이 더 풍성해진다. 가시리 주민들이 유채꽃길 만들기에 직접 참여해서인지 유채가 더 촘촘하게 심어져 있다. 꽃밭 어디에서 사진을 찍어도 인생 사진을 남길 수 있다. 지나온 길과 앞으로 가

4월 　　　유채

는 길까지 모두 아름다운 유채꽃길이다.

녹산장과
제주 말테우리의 삶

가시리마을의 유채 드라이브 코스 도로명인 녹산로는 말과 깊은 연관이 있는 이름이다. 이곳에 고려 원나라 지배 시기에 말을 키우던 목장이 있었고 조선시대에는 최고의 말인 갑마와 어승마를 키우기도 하였다. 지금의 마을공동목장, 제동목장, 정석비행장으로 이용되는 넓은 초원 지역이다.

말을 돌보는 이들을 말테우리라 한다. 양인이지만 천민으로 취급받았으며 16세부터 60세까지 일해야 했고 세습되었다. 조선시대 제주도는 국영 목장인 10소장과 사목장, 민관 합동의 산마장으

로 운영되었다. 산마장 중에서 가장 규모가 컸던 곳이 녹산장이다. 관리하는 말의 수와 태어날 망아지 수를 지정해놓고는 말이 죽거나 도둑질을 당하면 이를 관리하는 말테우리에게 책임지고 변상하게 했다. 관리들의 수탈에도 시달려야했던 그들의 삶은 결코 녹록지 않았다.

제주에는 말과 관련하여 높은 벼슬에 오른 인물이 있다. 대대적으로 말을 기르던 김만일은 <광해군 일기>에 '나라 안의 좋은 말은 모두 김만일이 기른 것'이라는 기록이 있을 정도로 목축 사업에 재능을 보였다. 그는 임진왜란 당시 전쟁용 말이 부족함을 알고 자신의 말 500필을 바쳤다. 1629년(인조 6년)에는 종1품 숭정대부(崇政大夫) 헌마공신(獻馬功臣)을 제수받았다.

여행지 기본 정보

주소 제주 서귀포시 표선면 가시리 녹산로 일대

가기 좋은 시기 3월 하순~4월 10일경

여행 팁 주차는 조랑말박물관 건너편 주차장이나 유채꽃프라자 주차장을 이용한다. 중간중간 갓길에 차를 세우고 사진을 찍거나 유채꽃 풍경을 즐기는 이들이 많이 보이는데 위험할 수 있으니 주의를 요한다. 버스를 이용한다면 제주시외버스터미널에서 222번 버스를 타고 1시간 10분 정도 이동하여 가시리에서 하차하면 된다. 유채꽃 행사장까지 1시간은 걸어야 도착한다.

행사장 유채밭이 너무 넓어 끝까지 걸어갈 자신이 없다면 굳이 안쪽 깊숙한 곳까지 들어갈 필요는 없다. 전망대 부근과 입구 쪽은 항상 사람이 붐비는 편이니 사람이 적은 곳을 찾아 조금만 들어가도 충분히 인생 샷을 건질 수 있다. 아이들과 함께라면 행사장에서 조랑말 타기 체험을 즐겨보자.

함께 가볼 만한 곳

우도

검정색 돌담이 밭 사이의 경계를 만들어 제주 적인 분위기를 자아낸다. 우도봉과 검멀레해안, 서빈백사는 꼭 가봐야 할 우도 속 여행지다. 자전거나 스쿠터를 타고 우도 둘레를 돌거나 순환버스를 이용하여 관광 지간 이동을 수월하게 할 수 있다. 우도는 낮보다 밤이 더 아름답다.

주소 제주 제주시 우도면 **전화** 064-782-5671 **가는 방법** 가시리 유채밭에서 성산항까지 26km, 자동차로 30분, 성산항에서 우도까지 배로 15분 소요.

알고 가세요!

[우도 도항선 이용 안내]

성산항과 종달항 두 곳에서 우도로 갈 수 있다. **성산항**은 08:00부터 30분 간격으로 배를 운항한다. 우도에서 나오는 마지막 배는 17:30, 이용료는 1만 500원(성인 왕복 요금). 우도에서 숙박하는 경우 차를 가지고 들어갈 수 있다. 차량 선박 승선료 2만 1,600원(경차), 2만 6,000원(중소형차). 성산항 주차장 이용 시 당일 4시간 이상 8,000원. **종달항**은 09:00부터 2시간 간격으로 배를 운항하며, 우도 하우목동항에서 나오는 마지막 배는 16:00, 성인 왕복 요금 1만 원. 종달항은 주차비가 무료다. 도항선 이용 시 신분증 지참은 필수다.

김영갑갤러리두모악

사진작가 김영갑이 폐교된 삼달초등학교에 세운 사진 미술관이다. 규모가 크진 않지만 제주를 사랑하여 제주의 오름, 바람 등 제주의 자연을 담은 사진이 전시되어 있다. 루게릭병으로 세상을 떠난 그의 작품세계는 관람자들에게 제주의 속살을 느낄 수 있는 시간과 힐링을 선물한다. 폐교의 운동장이 아름다운 정원으로 바뀌어 시간의 흐름을 읽게 한다.

주소 제주 서귀포시 성산읍 삼달로 137 **전화** 064-784-9907 **운영** 09:30~18:00(봄·가을), 09:30~18:30(여름), 09:30~17:00(겨울), 수요일 휴관 **요금** 성인 4,500원, 어린이 1,500원 **가는 방법** 가시리 유채밭에서 15km, 자동차로 20분 소요.

돼지두루치기 맛집

제주식 두루치기는 콩나물이 많이 들어간다. 두루치기를 맛있게 먹는 요령은 고기를 불판 위에 올려 거의 익힌 후 콩나물과 무생채를 넣어 숨이 살짝 죽을 정도로만 볶는 것이다. 가시리에 있는 따라비오름, 대록산, 설오름 등 오름을 오르고 난 뒤 도민들이 잘 가는 식당으로 가시식당, 나목도식당이 있다. 두루치기와 함께 제주식으로 나오는 몸국도 인기 메뉴다.

[가시식당] **주소** 제주 서귀포시 표선면 가시로565번길 24 **전화** 064-787-1035 **영업** 08:30~20:00(브레이크 타임 15:00~17:00, 라스트 오더 18:30), 매달 둘째·넷째 주 일요일 휴무

[나목도식당] **주소** 제주 서귀포시 표선면 가시로613번길 60 **전화** 064-787-1202 **영업** 09:00~20:00, 매달 첫째·셋째 주 수요일 휴무

4월 유채

유채꽃
여행지 2

구름잔등과 유채꽃이 일렁이는 섬 **완도 청산도**

시간이 느리게 흐르는 섬
청산도와 서편제

청산도(靑山島)는 산, 바다, 하늘이 모두 푸른 섬을 뜻한다. 전라남도 완도에서 19.2km 떨어진 남해의 섬으로, 완도항에서 배를 타고 50분 거리에 있다. 면적 33.28km²로 여의도 면적의 11배가 넘는 꽤 넓은 섬이다. 청산도는 구들장논, 돌담과 해안 풍경 등 볼거리가 많다. 경사가 심한 산 지형과 물이 잘 빠지는 모래흙에 논농사를 짓기 위해 고안된 구들장논은 청산도에서만 볼 수 있다. 자갈을 두껍게 쌓고 그 위에 널따란 판석(구들장)을 덮은 뒤 진흙을 올려 벼농사를 지은 특별한 논농사 방식으로 환경을 극복한 지혜의 산물이다.

물과 단절되어 시간과 풍경이 느리게 흐르는 농어촌 마을이었던 섬이 주목을 받기 시작한 것은 1993년 임권택 감독의 '서편제'에 등장하면서부터다. 서편제는 한국 영화 역사상 최초로 서울 관객 100만을 넘긴 초대박 흥행작이다. 소리꾼 이야기였기에 영화 곳곳에 판소리가 등장하고 주인공인 유봉(김명곤), 송화(오정해), 동호(김규철)가 청산도 마을 돌담길 사이를 '진도아리랑'을 부르며 내려오는 5분 30초의 롱테이크 신이 가장 유명하다. 이 길은 서편제길로 불리며 청산도를 찾는 여행자들이 필수적으로 걷는 코스다. 워낙 섬 풍경이 수려하여 '봄의 왈츠', '여인의 향기' 등 여러 드라마와 영화의 무대가 되었다.

청산도 슬로길
제 1코스를 걷는 즐거움

어느 계절에 가도 좋지만 유채꽃이 피는 4월이 청산도가 가장 고운 색으로 칠해지는 때다. 이즈음에 많은 사람들이 방문하는데, 이때는 슬로 걷기 축제가 열리는 시기이기도 하다.

'슬로'는 섬을 대표하는 단어가 되었다. 2007년 청산도는 아시아 최초로 '슬로시티'에 선정되었고 2010년 마을 사람들이 다니던 길을 연결하여 11코스(총 17개 길), 42.195km의 청산도 슬로길이 만들어졌다. 실제로 슬로길을 걷다 보면 아름다운 풍경에 취해 절로 발걸음이 느려진다. 미항길, 사랑길, 고인돌길, 구들장길, 돌담길 등 풍경, 사람, 이야기가 버무려진 길은 국제슬로시티연맹이 인증한 세계 슬로길 1호가 되었다.
슬로길 중 가장 인기 있는 1코스는 도청항 방문자센터에서 시작하여 미항길~동구정길~서편제길~화랑포길의 5.8km(편도 90분)

구간이다. 길을 걷다 보면 느림을 상징하는 달팽이 조형물을 심심치 않게 만날 수 있다. 달팽이처럼 느리게, 쉬엄쉬엄 걸어야 제맛이다. 항구에서 내려 영화 '서편제' 촬영지까지의 거리는 1.2km, 천천히 걸어도 30분이면 충분하다. 돌담과 유채, 발아래 펼쳐지는 바다와 전복 양식장, 주변 섬들이 어우러져 이색 풍경을 만든다. 유채밭과 구들장논, 돌담 위로 지붕만 내민 아기자기한 마을, 논·밭에서 일하는 마을 사람들을 위해 멀리서부터 버스 경적을 울리며 버스 탈 사람을 어서 오라고 알리는 버스기사 아저씨, 어디서 왔냐며 말을 건네는 동네 주민들… 풍경과 사람들이 환한 미소로 맞아주는 청산도는 느긋함이 어울리는 곳이다.

여행지 기본 정보

주소	전남 완도군 청산면
가기 좋은 시기	4월 초순
여행팁	청산도 슬로길 코스를 다 돌려면 2박 3일 정도의 일정이 좋다. 슬로길 전 구간을 완주하는 것도 의미가 있지만 짧게 원하는 구간만 보려면 청산도 내 버스를 이용한다. 청산도 내에서 택시는 비싸기도 하거니와 몇 대 밖에 없다. 차량을 가지고 섬에 들어갈 수도 있다. 효율적인 것은 관광지 순환버스, 투어버스를 이용하는 것이고, 두 버스가 운행하지 않을 때에는 마을 시내버스를 이용하면 된다. 시내버스는 유람선 도착 시간에 맞춰 운행한다. 항구에 내려 버스 정보를 확인하도록 한다.

알고 가세요!

[청산도 대중교통 이용 안내]

· 청산도 도항선

전화 완도여객선 매표소 061-552-0116, 청산도 매표소 061-552-9385 **이용료** [성인] 완도~도청항 편도 7,700원, 도청항~완도 편도 7,000원, [승용차] 6만 5,700원(왕복+운전자 포함)

선박 운항 시간표

완도 출발	07:00	08:30	11:00	13:00	14:30	17:30
도청항 출발	06:50	09:00	11:30	13:00	15:00	17:30

※ 완도여객선 터미널에서 청산도 도청항까지 50분 소요.
※ 신분증 지참 필수. ※ 평일·주말, 계절에 따라 운항 시간이 달라짐.

· 청산도 내 관광지 순환버스

요금 5,000원 **운행 노선** 도청항 → 당리 봄의왈츠/서편제 → 읍리 고인돌공원 → 청계리 범바위 → 양지리 구들장논 → 상서리돌담길 → 신흥리 풀등해수욕장 → 진산리 갯돌해변 → 지리 청송해수욕장 → 도청항 **소요시간** 38분

※ 주중·주말 운행 간격이 다르므로 승차권 구입 시 함께 주는 버스 시간표를 잘 확인해야 한다.

· 청산도 내 시내버스

요금 1,000원 **운행 노선** 도청항 → 서편제길 → 구들장논 → 상서돌담마을 → 신흥리 종점 **소요시간** 25분

※ 배차 간격은 1시간 20분 내외로 하루에 5회 운행한다.

4월　　　　유채

1코스	미항길 - 동구정길 - 서편제길 - 화랑포길
2코스	사랑길
3코스	고인돌길
4코스	낭길
5코스	범바위길 - 용길
6코스	구들장길 - 다랭이길
7코스	돌담길 - 들국화길
8코스	해맞이길
9코스	단풍길
10코스	노을길
11코스	미로길

함께 가볼 만한 곳

상서돌담마을

청산도 슬로길 7코스에 있는 상서돌담마을은 섬 지방 특유의 돌담이 예쁜 마을로 원형이 잘 보존되어 있다. 제주도의 돌담과 비슷하지만 쌓은 돌 재료가 확연히 차이가 나서 같은 듯 다른 느낌이다. 구불구불 이어진 돌담 골목길을 걸을 때면 마을 주민들이 실제로 거주하는 마을임을 생각하여 조용히 돌아보도록 한다.

주소 전남 완도군 청산면 상동리 **가는 방법** 도청항에서 6.8km, 자동차로 10분 소요. ※ 상서마을회관(전남 완도군 청산면 상동길 76-4) 앞 주차, 버스는 상서돌담마을에서 하차.

보길도

완도에 속한 섬 중에 청산도와 함께 널리 알려진 보길도는 조선 중기 시인이자 학자인 고산 윤선도가 13년간 머물며 <어부사시사>를 지었던 섬이다. 보길도 윤선도 유적 원림(부용동 정원)은 조선시대 대표적인 정원 양식을 보여주는 생활공간이다. 살림집인 낙서재, 휴식처인 동천석실 주변, 정자인 세연정 세 개의 구역으로 나뉘어 있다. 부용동은 지형이 연꽃 봉오리가 터져 피는 듯하다 하여 고산이 부른 이름이다.

주소 [보길도 세연정] 전남 완도군 보길면 부황길 57 **전화** 061-550-5761 **요금** 성인 2,000원, 어린이 1,000원 **가는 방법** 화흥포항에서 동천항행 배를 타서 동천항(노화도)에 내려 버스 또는 택시를 이용해 보길도로 간다. 화흥포항에서 동천항까지 40분 소요(화흥포 매표소 전화 061-555-1010, 동천 매표소 전화 061-553-5635). 동천항에서 12km, 자동차로 15분 소요(부용동 정원).

청산도 도청항 먹거리

항구에 도착해 배를 기다리는 동안 간단히 청산도 해녀들이 잡은 해산물을 맛보는 것이 좋다. 도청항 바로 앞에 작은 수산물센터가 있고 6개의 수산물직판장이 영업 중이다. 청산도 특산물 중 하나인 전복과 소라, 해삼, 멍게, 자연산 활어회 등을 구입하여 그 자리에서 먹거나 수산물센터 뒤편에 있는 섬마을 식당에서 먹을 수 있다.

주소 전남 완도군 청산면 청산로 5

4월의 꽃

수선화
추사 김정희가 애틋하게 바라본 꽃

그리스 신화에 등장하는 꽃 수선화는 흔히 외국에서 들어온 꽃이라고 생각한다. 하지만 수선화는 우리나라에서 오래 전부터 자라던 식물이다. 수선화를 사랑한 인물로 추사 김정희가 대표적이다. 그는 제주에 유배 와서 중국 절강성 이남에서 봤던 귀한 수선화가 제주에서 지천으로 자라는 것을 보았다. 유배 시절 그는 스스로를 부평초(빈화; 蘋花)라 부르며 어디에도 발 붙이지 못하는 현실에 우울하고 갑갑함을 드러내었고, 극한 환경을 이기고 고운 꽃을 피우는 수선화를 보며 위로와 함께 흠모의 감정을 갖게 되었다.

추사는 제주 유배생활 중에 친구 권돈인에게 수선화에 대한 이야기를 편지에 써서 보냈다.

'정월 그믐께부터 2월 초에 피어서 3월에 이르러서는 산과 들, 밭두둑 사이가 마치 흰 구름에 질펀하게 깔려 있는 듯, 흰 눈이 광대하게 쌓여 있는 듯합니다.'

그는 마을 사람들이 호미로 파내어 버린 수선화를 가져와 창가 아래 책상에 두고 보았다. 선비들이 귀하게 여기는 매화에 비해 수난을 당하는 수선화가 추사에게는 더 귀하게 다가왔던 것이다. 이후 19세기 민화 '책가도'에서는 수선화를 접시 위에 놓아 귀한 자리를 차지한 꽃으로 표현했다.

4월 수선화

수선화 여행지 1

향기에 촉촉이 젖어든다 서산 유기방가옥

수선화 흐드러지게 핀
유기방가옥

유기방가옥은 1919년에 지어진 양반집 가옥이다. 100년이 넘었다. 유기방이라고 하니 유기와 연관이 있나 싶겠지만 유기와는 아무런 연관이 없다. 단순히 유기방 씨가 사는 집이라는 의미다. 지금처럼 수선화가 흐드러지게 피기 전에는 집 뒤로 민가에서 흔히 보는 대나무 숲이 있었고 그 너머는 소나무 숲이 우거져 있었다. 쉽게 볼 수 있었던 양반집과 그 주변이 지금은 충남 서산을 넘어 전국적인 관광 명소가 되었다.

수선화의 아름다움에 반해 꽃을 심을 생각을 한 유기방 씨가 범

상치 않다. 그는 서산 류(柳)씨 집안의 장자는 아니었으나 집안 어른들의 믿음으로 지금의 유기방가옥인 종갓집에 들어왔다. 칙칙함만이 감돌던 집 마당에 핀 수선화 몇 송이에 마음이 간 그는 무작정 수선화를 심기 시작했다. 앞마당에 심고 대숲을 베어낸 집 뒤편에도 수선화를 심었다. 그의 쉼 없는 수선화 심기는 어느새 2만 5,000평 부지 중 2만 평을 채우게 되었다. 2만 평이 수선화 하나로 가득 차니 관심이 집중되기 시작하였다. '직장의 신', '미스터 선샤인' 등 각종 드라마와 영화의 배경으로 등장하여 유명세를 타면서 사람들의 발길이 잦아졌다.

봄비 내리는 날에도 좋은 봄꽃 여행지

유기방가옥은 햇살이 찬란한 날에 보면 최상일 것이다. 그렇지만 봄비 내리는 날에도 수선화 만나길 권하는 것은 꽃과 연관이 있다. 비가 오면 꽃잎을 떨구거나 축 처져 꽃 여행을 나선 의미를 퇴색하게 하는 꽃이 대부분이지만 수선화는 그렇지 않다. 비가 오면 꽃색이 더 싱그럽고 촉촉해져 수선

(水仙)의 풍모를 드러내기 때문이다. 비에 젖은 향기는 공기 중으로 사라지지 않고 수선화가 흐드러진 꽃밭에 머문다.

수선화 꽃밭을 만나기 전 고택 앞마당에 핀 수선화가 기대감을 키운다. 꽃을 보고 싶다는 마음이 앞서 집을 둘러보는 것보다 수선화 꽃밭에 먼저 가보려 한다. 자그마한 정원을 지나 가옥 왼편을 따라 올라가니 솔밭 우거진 야트막한 산 아래 수선화밭이 펼쳐져 있다. 꽃 한 송이 한 송이마다 싱그러움이 넘친다. 수천 송이, 수만 송이에 봄이 가득 들어차 있다. 햇살 가득한 날에는 꽃이 노란 나비처럼 가볍게 날아오르고 비가 오는 날에는 마음에 내리는 비처럼 차분하게 스며든다. 수선화가 피었다고 하면 날씨와 상관없이 유기방가옥으로 향해보자. 변덕이 심한 봄날, 어떤 날씨에도 거닐기 좋은 꽃밭이다.

작은 길을 따라 수선화밭에서 봄날을 충분히 만끽하고 나면 가옥을 둘러볼 여유가 생긴다. 수선화 동산에서 내려가며 마주하게 되는 뒷담장은 흙담에 기와를 얹어 둥글게 집을 감싸고 있다. 동쪽에 안채, 서쪽에 사랑채가 있고 두 공간은 토담으로 경계를 그리고 있다. 돌아나오는 길에 솟을대문에 걸려있는 현판 '여미헌(餘美軒)'의 의미를 되새긴다. 유기방가옥은 '넉넉한 아름다움'을 봄꽃 수선화와 함께 누릴 수 있는 곳이다.

여행지 기본 정보

가기 좋은 시기	3월 중순~4월 중순
주소	충남 서산시 운산면 이문안길 72-10
전화	041-663-4326
운영	06:00~19:00
입장료	성인 7,000원, 어린이 5,000원(비시즌 성인·어린이 3,000원)
여행 팁	드물게 비가 와도 산책하기 좋은 여행지다. 산 아래에 있기 때문에 물에 젖어 질퍽한 흙길을 걸어야 하는 불편함은 있지만 수선화는 그 이름처럼 빗물에 젖어 더 아름답게 느껴지기도 한다. 수선화는 개화 기간이 비교적 긴 식물이다. 3월 중순부터 개화하지만 절정일 때는 4월 초다. 이때에는 유기방가옥으로 진입하려는 차들로 도로가 몸살을 앓는다. 평일이 그나마 낫고 오후보다는 오전이 상대적으로 사람이 적으며, 비가 오면 찾는 이가 확 줄어 한산하다. 가옥 앞쪽에 주차선이 구획되지 않은 공간을 주차장으로 이용하는데 주말은 주차하기가 만만치 않다. 애견 동반이 가능한 곳이라서 강아지와 함께 꽃구경 나온 사람들이 꽤 보인다.

함께 가볼 만한 곳

해미읍성

성곽 둘레 1.8km의 가장 보존이 잘된 읍성이다. 조선 태종 18년부터 3년간 고을별로 구간을 정해서 쌓아 혹시라도 성벽이 무너지면 쌓았던 고을에서 보수를 하게끔 했다. 각 고을의 책임 하에 두어 허투루 작업하는 일이 없도록 한 방책이다. 조선 후기 천주교를 탄압하면서 1,000여 명의 천주교 신자가 처형되었던 순교성지이기도 하다.

주소 충남 서산시 해미면 읍내리 **전화** 041-661-8005(문화해설 예약 041-660-3069) **운영** 3월~10월 05:00~21:00, 11월~2월 06:00~19:00, [문화해설] 10:00~17:00 **가는 방법** 유기방가옥에서 17km, 자동차로 15분 소요.

서산창작예술촌

폐교인 초등학교를 새롭게 고쳐 문화예술공간으로 만들었다. 현대 서예가 시몽 황석봉의 상설 전시와 기획 전시가 열린다. 서산시와 서산문화재단에서 운영한다. 입장료 무료, 서예, 캘리그라피 수업료가 무료다. 단 창작예술촌 홈페이지나 페이스북, 네이버 블로그를 통해 가능한 날짜에 수업 신청을 해야 한다.

주소 충남 서산시 지곡면 중왕1길 87-5 **전화** 041-660-3378 **운영** 10:00~18:00(브레이크 타임 12:00~13:00), 월요일 정기 휴관 **가는 방법** 유기방가옥에서 25km, 자동차로 25분 소요.

곰탕 맛집

설렁탕과 곰탕으로 유명한 읍성뚝배기는 해미읍성을 찾는 여행자들이 한 번쯤 맛보는 음식이다. 가마솥에서 푹 고아진 탕 국물이 진하고 고소한데다, 고기가 듬뿍 들어가 한 그릇을 비우면 속이 든든해진다. 홀로 해미읍성을 찾아 한 그릇만 주문하였는데도 친절하기 이를 데 없으니 혼행(혼자 하는 여행)이라도 마음 놓고 찾아도 좋다.

[읍성뚝배기] **주소** 충남 서산시 해미면 남문2로 136 **전화** 041-688-2101 **영업** 09:30~20:30, 넷째 주 금요일 휴무(재료 소진 시 영업 종료)

4월의 꽃

진달래
우리네 정서 속 그리움의 매개체

봄이 되어 산에 오르면 마른 가지 사이에서 분홍색 진달래가 수줍게 인사한다. 완연한 봄이 아니어서 무채색의 세상인 산중에서 화사하게 핀 진달래를 만나면 어느새 '나 보기가 역겨워 가실 때에는 말없이 고이 보내 드리오리다. 영변에 약산 진달래꽃 아름 따다 가실 길에 뿌리오리다…' 김소월 시 '진달래 꽃'을 외우고 있다. 떠나는 임을 곱게 보내고자 하는 마음이 크게 다가오고 여전히 마음속에 사랑이 남아있음이 엿보인다. 이별조차 꽃길 속을 걸어가라 기원하는 참사랑이다.

이미 추억이 되어버린 옛 시절에는 뒷산에 진달래가 피면 한아름 따다가 좋아하는 이에게 건네곤 하였다. 품에 안긴 봄에 함박웃음 짓던 동네 처자는 노란 저고리에 분홍색 치마를 입고 봄의 마당을 걸어 다녔다. 노란색은 개나리이고 분홍색은 진달래다.

산에서 진달래꽃을 만나면 화전이 생각난다. 달달하고 쫀득거리는 식감에 진달래꽃이 들어가 있어 먹기조차 아까웠던, 봄이 한 입에 들어오는 맛에 귀하게 야금야금 베어 먹었던 달콤한 기억이다. 고향이 그리워지면 '나의 살던 고향은 꽃피는 산골 복숭아꽃 살구꽃 아기 진달래…'라며 어린 날의 봄을 그리며 마음을 달랜다. 한국인에겐 진달래가 그리움의 매개체다.

진달래꽃을 따 먹으며 어린 시절을 보냈던 사람이나 도시에서 자란 사람 모두 마음속 고향에는 진달래꽃이 피고 그리움에 휩싸인다.

4월 　　　　진달래

진달래 여행지 1

숲 속에 산, 진달래 꽃동산 강화 고려산

서울 근교에 위치한
진달래 산

'그 섬에 가고 싶다'란 말에는 그리움이 담겨 있다. 예전에는 배를 타야만 섬에 갈 수 있었지만 요즘에는 바퀴가 달린 탈것으로도 갈 수 있게 된 섬이 많아졌다. 강화도는 서울 근교에 위치한 데다 섬으로 연결하는 연륙교가 놓여 접근이 쉬워졌음에도 섬이라는 특수성은 조금쯤 남아 있는 곳이다.

강화대교를 지나 강화도에 입도한다. 고려산은 강화도 북쪽에 위치하므로 초지대교보다 강화대교를 건너는 것이 더 빠르다. 많이 알려진 첨성단이 있는 마니산은 강화도 남쪽에 있다.

고려산에는 고구려 연개소문이 태어났다는 전설이 전해 내려 온다. 416년 (장수왕 4년)에 중국 동진의 천축조사가 이 산에 올라 5색의 연꽃잎을 날려 떨어진 곳에 절을 세웠고 적련사(적석사)와 백련사, 청련사, 황련사, 흑련사 라 하였다. 현재는 적석사, 백련사, 청련사만 절로 남아 있다. 고려산 적석사 위 낙조봉에서 바라보는 낙조가 강화 8경 중 하나로 꼽힌다.

463m 산정이 수줍은 새색시처럼 붉게 물들다

고려산은 해발 463m의 야트막한 산이지만 4월 중순이면 진달래꽃으로 산정을 붉게 물들여 사람들을 유혹한다. 진달래 동산을 가기 위해 보통 백련사를 시작점으로 잡는다. 꽃이 피는 시즌이라면 상대적으로 한산한 청련사 코스를 추천한다. 청련사에서 꽃동산까지 2.9km, 1시간 정도 소요된다. 짧은 만큼 경사도는 있지만 대부분 흙길이어서 산을 오르는 맛이 있다. 고졸한 멋이 있는 청련사는 일주문이 따로 없이 600년이 넘은 느티나무와 150년이 넘은 은행나무가 맞아준다. 청련사를 지나 산 능선을 따라 걷다 보면 점점 진달래가 나타나는 빈도수가 늘어난다. '산 정상에는 얼마나 많은 진달래가 피었을까'라는 기대감 또한 커진다. 정상까지 직진하면 좋겠지만 정상에는 군부대가 있어서 접근이 어렵다. 진달래 군락지를 안내하는 나무표지판을 따라 우회한다. 얼마 안 가 아스팔트 도로가 나오는데 이 길이 백련사에서 올라오는 길이다. 산 능선이 붉게 물든 풍경은 청련사를 출발하여 40여 분 정도 지나면 본격적으로 나타나기 시작한다. 능선 북쪽 사면을 따라 이어지는 능선길이 붉은 꽃길이다. 꽃 시즌이 되면 산 허리춤에는 진달래꽃이 가득 피어 있고 넓은 나무 데크 길에는 사람들이 들어차 있다. 본래 이곳은 소나무

가 자라던 지역이었으나 산불로 인해 다 타버린 산에 어느 곳에서나 잘 자라고 생명력이 강한 진달래를 심어 지금에 이르게 되었다. 큰 나무 없이 진달래로만 이루어진 고려산 산정은 진분홍빛으로 사람들을 매혹한다.

여행지 기본 정보

주소	인천 강화군 내가면 고천리
가기 좋은 시기	4월 중순
여행 팁	자동차로 가면 수월하겠지만 대중교통을 이용해서도 고려산을 갈 수 있다. 서울 신촌역에서 10분 간격으로 운행하는 3000번 버스를 이용해 강화시외버스터미널에 내린 후 버스나 택시를 이용한다. 버스보다는 택시가 효율적이다. 정상의 진달래 군락지에 가기 위해선 보통 백련사를 시작점으로 잡는다. 진달래가 피는 시즌에는 백련사에 주차할 수 없는 경우가 많아 고인돌공원 주차장에 주차를 해두고 백련사까지 약 2.5km의 아스팔트 포장길을 걸어야 한다. 4월에는 비가 잦다. 진달래는 빗속에서도 제 꽃색을 잃지 않고 비에 젖어 후줄근해지지도 않는다. 빗물에 세수를 한 듯 청초한 꽃색이 살아난다. 고려산 진달래밭은 비가 와도 여전히 매력적이다.

함께 가볼 만한 곳

마니산

해발 472m의 강화도에서 가장 높은 산. 마니산 정상의 첨성단은 고조선 시대 단군이 제를 지내기 위해 쌓았다고 전해진다. 그 후 신라, 백제, 고구려의 왕들이 제를 지내왔고 고려·조선시대까지 단군왕검에 대한 제는 계속 이어졌다. 마니산은 능선길 전망이 좋다. 근육처럼 뻗어 내린 산줄기가 바다를 향해 내려가고 바다 위로 크고 작은 섬이 올망졸망 떠있는 서해 풍경이 펼쳐진다.

주소 인천 강화군 화도면 상방리 산35 **입장료** 성인 2,000원, 어린이 700원 **가는 방법** 강화공설운동장 공영주차장에서 19.2km, 자동차로 30분 소요.

광성보

강화도는 한강을 낀 전략적 요충지였다. 고려시대에는 강화도로 도읍을 옮겨 39년간 몽골에 대항하였고 조선시대로 넘어오면서 5진, 7보, 54돈대를 설치하여 외세의 침입을 막고자 하였다. 광성보에는 광성돈대, 손돌목돈대, 용두돈대 등이 있다. 송림 사이를 지나 용두돈대까지 이어지는 길은 사계절 언제 걸어도 좋은 산책로다.

주소 인천 강화군 불은면 덕성리 833 **운영** 09:00~18:00 **입장료** 성인 1,100원, 어린이 700원 **가는 방법** 강화공설운동장 공영주차장에서 13.2km, 자동차로 20분 소요.

교동도 대룡시장

강화도에서 교동대교를 지나 교동도에 가면 시간을 거슬러 온 듯, 처마 끝에 제비집이 있고 옛날식 다방이 있는 좁은 골목시장인 대룡시장이 있다. 계란 동동 쌍화차와 꽈배기 도넛 하나에도 웃음이 스미는 곳에서 시간여행을 즐길 수 있다.

주소 인천 강화군 교동면 교동남로 35 **가는 방법** 강화공설운동장 공영주차장에서 22.3km, 자동차로 30분 소요.

밴댕이회무침 맛집

밴댕이는 강화 바다 먹거리로 여름이 되기 전이 제철이다. 매콤, 새콤하게 무쳐낸 회무침은 입맛을 자극한다. 강화풍물시장 2층에는 밴댕이회 전문점이 몰려 있다. 어느 곳에서 먹어도 평균 이상이다. 시장에서 먹는 것도 좋지만 포구에서 여유롭게 밴댕이 맛을 즐겨도 좋다. 후포항의 청강호는 다양한 밴댕이 요리를 맛볼 수 있고 찬이 풍성하다.

[청강호] 주소 인천 강화군 화도면 해안남로 2903번길 56 **전화** 032-937-1994 **영업** 11:00~21:00

진달래 여행지 2

임무에 지친 붉은 화신
강진 주작산·덕룡산

4월 　　　　진달래

혈과 기가 센 명당자리,
주작·덕룡산 산행

월출산에서 달마산까지 이어지는 땅끝 기맥에 주작산과 덕룡산이 자리를 잡고 있다. 두 산은 험한 산으로 알려져 있지만 기가 세고 혈을 품고 있는 강진의 명당터로 손꼽힌다. 산을 오르지 않아도 멀리에서도 확연히 보이는 수많은 바위 더미들, 그 바위들 때문에 강진에 많은 인물이 나왔다고들 말한다.

주작산(朱雀山)은 봉황이 두 날개를 펼쳐 하늘을 날고 있는 듯한 모양이라는 데서 이름이 붙여졌다. 덕룡산(德龍山)은 임진왜란 때 왜구가 쳐들어오자 용이 먹구름으로 마을을 가려주었다고 한다. 이에 화를 입지 않게 보살펴준 용의 은덕을 갚는 의미에서 덕룡산으로 부르게 되었다.

산을 좋아하는 이들은 주작산과 덕룡산을 일주하는 산행을 한다. 덕룡산 소석문에서 시작해 동봉, 서봉을 지나 주작산 덕룡봉, 작천소령(임도)을 지나 암릉지대를 넘어 오소재로 내려오는 코스는 수없이 넘어야 하는 암봉과 간간이 초원길을 지나는 12.7km, 최소 10시간은 걸리는 야생의 산길이다.

동양화 속 진달래꽃과
바위가 어우러진 풍경

진달래가 암봉과 어우러져 동양화 속 선경을 만드는 주작산(475m)과 덕룡산(432m)은 그리 높지는 않지만 산줄기마다 암봉이 이어져 만만하게 볼 산이 아니다. 36개의 암봉을 오르내리기 위해서는 밧줄을 타야만 하고 바위에 박혀 있는 쇠 손잡이를 꽉 잡아야 한다. 얼마나 산세가 험하면 남쪽의 공룡능선이라고 불리겠는가. 산을 좋아하는 이라면 설악산 공룡능선과 더불어 버킷리스트에 넣어두는 산이다.

산 위에서 보는 일출에 욕심을 내어 해가 뜨기 전 어둠속에서 산을 올라 산 위에서 해맞이를 하며 자연이 주는 감동을 온전히 느끼는 이들도 많다. 남성미 넘치는 두 산은 공룡의 등짝 위를 걷는 듯 위태롭게 바위지대를 건너다가 초원길을 지나고 다시 암릉이 나타나기를 반복한다. 두 산을 가기 위해서는 체력과 다부진 마음이 필수다. 결코 쉬운 산이 아니지만 한 번쯤은 도전해 볼만하다. 칼날 같은 암봉 사이에 위태롭게 뿌리내린 진달래가 그려낸 빼어난 풍광을 보려면 어쩔 수 없다.

쉼 없이 오르내리는 산 능선과 분명히 지나 왔는데 도돌이표처럼 계속 나타나는 바위산에 숨이 차오른다. 바위 위에서 후들거리는 다리를 붙잡고 긴장의 끈을 놓지 않으려 집중하면서도 눈을 들어 강진 마을과 저수지, 멀리 남해 바다를 감상한다. 펼쳐지는 풍경은 절로 '엄지 척'하게 만드는 장관이다. 바위틈에 겨우 뿌리내린 진달래가 붉은 물감을 뿌리듯 바위 위에 그림을 그리고 있다. 쫄깃거리는 심장을 부여잡으며 산행을 다녀온 뒤에는 강진의 바다와 산을 타고 넘던 그 시간을 잊을 수 없을 것이다.

여행지 기본 정보

주소	전남 강진군 신전면·도암면
가기 좋은 시기	3월 하순~4월 초순
여행 팁	두 산을 종주하기 위해서는 산행 경험이 풍부해야 한다. 그렇지 않다면 산길을 잘 아는 경험자와 함께 가는 것이 좋다. 산을 좋아하고 산에 자주 가는 사람이라면 두 산을 함께 종주하는 데 무리가 없고 암릉 구간도 척척 오르내리겠지만 보통 사람들은 좀 더 쉬운 길을 찾거나 코스를 줄이는 것이 낫다. 나름 산행에 자신이 있다면 도암면 소석문에서 동봉, 서봉을 지난 수양마을로 내려오는 덕룡산 코스를 추천한다. 만덕광업에서 동봉까지 최단 코스가 있긴 하지만 길이 험하다. 주작산자연휴양림에서 시작해서 작천소룡을 지나 암릉지대 정도까지만 보고 돌아오는 것도 암릉에 핀 진달래를 감상하는 방법이다. 바위산이기 때문에 바위 접착력이 좋은 등산화를 신는 게 좋다. 체력 소모가 심하다는 것을 염두에 두고 특히 발목 부상을 당하지 않도록 각별히 주의해야 한다.

함께 가볼 만한 곳

백운동 별서정원(백운원림)

이담로가 세속에서 벗어나 자연에 은거하고자 만든 백운동 정원은 담양의 소쇄원, 완도의 부용동과 함께 호남의 3대 정원으로 불린다. 다산 정약용이 제자들과 함께 월출산을 등산하고 난 뒤 백운동 정원에서 하룻밤을 묵은 후 정원의 풍취에 반해 '백운동 12경'을 뽑아 그의 제자인 초의선사에게 그리게 한 후 그의 시와 함께 '백운첩'으로 남겼다. 동백숲과 대숲이 은닉의 맛을 더하는 정원을 둘러본 후 인근에 자리한 강진다원도 방문해보자.

주소 전남 강진군 성전면 월하안운길 100-63 **전화** 061-430-3342
가는 방법 주작산자연휴양림에서 34.5km, 자동차로 40분 소요.

강진만생태공원

3km 데크길을 따라 갈대밭이 펼쳐지는 강진만생태공원은 탐진강과 강진만이 만나는 지역에 위치한다. 하구 습지에 조성된 공원은 가까이에서 갯벌에 사는 칠게와 짱뚱어를 관찰하는 재미가 있다. 갯벌생태학습장이기도 하고 쉼터, 산책로 등이 잘 되어 있어 아이들과 함께하거나 혼자만의 여행에도 만족도가 높다. 사람들에게 많이 알려지지 않아 호젓하게 돌아볼 수 있다.

주소 전남 강진군 강진읍 남당로 97-111 **전화** 061-430-3222 **가는 방법** 주작산자연휴양림에서 20km, 자동차로 25분 소요.

한정식 맛집

남도의 맛은 푸짐하게 차려진 한정식 한 상에 다 들어가 있다고 해도 과언이 아니다. 남도에 왔으면 입맛 가득 호사를 안기는 한정식을 먹어줘야 한다. 청자골종가집은 고풍스러운 한옥 안에 자리한 한정식집이다. 한 상 가득 차려 나오는 갖가지 음식들이 보기만 해도 절로 군침이 돈다. 톡 쏘는 맛이 그리 강하지 않아 부담스럽지 않은 홍어삼합부터 육회, 새우버터구이, 보리굴비, 각종 나물과 찬이 하나같이 맛깔스럽다.

[청자골종가집] 주소 전남 강진군 군동면 종합운동장길 106-11 **전화** 061-433-1100 **영업** 11:30~21:00

4월의 꽃

겹벚꽃
푸른 미인의 은은한 미소, 겹벚꽃·청벚꽃

겹벚꽃은 가로수나 관상수로 인기 있는 나무다. 벚꽃에 비해 피는 시기가 보름에서 한 달 가까이 차이가 난다. 겹벚꽃은 겹겹이 꽃잎이 겹쳐져 꽃이 알차고 튼튼해 보이지만 그리 튼튼한 나무는 아니다. 꽃은 피지만 열매는 맺지 못하고 추위에 약한 데다 병충해를 잘 입고 수명도 길지 못하다. 그럼에도 불구하고 겹벚꽃이 많이 심어지는 이유는 꽃이 워낙 크고 화려하기 때문이다. 유명한 겹벚꽃 여행지로 서산 개심사, 경주 불국사, 순천 선암사 등을 들 수 있다.

겹벚나무는 일본에서 산벚나무를 육종해서 만들어낸 품종이다. 정명은 '만첩개벚', 우리가 흔히 보는 겹벚꽃은 연분홍색이다. 처음에는 흰색 가까운 분홍색이었다가 점차 붉은색으로 변한다. 겹벚꽃 중에서 푸른색이 감도는 청벚꽃이 있는데 서산 개심사에서만 볼 수 있다. 개심사에서만 자라는 청벚꽃을 어떻게 하면 우리 땅 곳곳에서 볼 수 있게 만들까 고민한 한 농부가 15년의 노력 끝에 후계 나무를 만들고 키우는 데 성공하였다. 개심사 청벚나무와 산벚나무를 접목하여 새로운 청벚나무를 만든 것이다. 청벚꽃 어린 나무가 우리나라 이곳

저곳에 심어졌다고 하니 앞으로 더 많은 곳에서 청벚꽃을 볼 수 있을 것이다. 오랫동안 땀과 노력을 기울인 농부에게 경의를 표한다.

청벚꽃

겹벚꽃
여행지

벚꽃 엔딩의 마지막을 장식하는 **서산 개심사**

4월 겹벚꽃

소박한 자연미 속
봄꽃 흐드러지다

개심사는 충남 서산시 운산면 가야산(678m) 자락의 상왕산(307m) 품에 은거하다시피 파묻혀 있다. 수덕사의 말사다. 절에서 공부해 고시 패스를 갈망하던 시절, 많은 청춘들이 이곳에서 공부에 매진하였다. 그만큼 조용하고 외따로 떨어진 듯, 속세와 멀어 보이는 절이었다. 그런데 어느새 알음알음 알려지기 시작하더니 사시사철 사람들 발길이 끊이지 않는 곳이 되었다.

특히 겹벚꽃이 피는 4월에는 탐스러운 꽃봉오리들이 속세의 시끄러운 소리에 화들짝 놀랄 정도로 사람들로 북적인다. 개심사는 654년(의자왕14년)에 혜감국사가 창건하였으니 1,000년을 훌쩍 넘어 1,500년을 바라보는 고찰이다. 화려함보다는 소박함이, 정연함보다는 자연스러움이 흐른다. 소박한 자연미가 화려한 꽃을 만나 대비되는 느낌이 사람들의 마음을 설레게 한다. 절이 처음 세워졌을 때는 개원사라 하였으나 1350년(충정왕 2년)에 처능대사가 대웅전과 기타 전당, 요사채를 중건하고 지금의 개심사로 이름을 바꾸었다.

마음을 여는
천년고찰 개심사

개심사는 마음을 들여다보게 하는 절이다. 세심동(洗心洞)에서 마음을 씻고 개심사(開心寺)에서 마음을 열고 심검당(尋劍堂)에서 지혜를 구한다. 일련의 마음 수련 과정이 파노라마처럼 이어진다. 그중에서도 심검당은 대웅전(보물 143호)이나 명부전 등과 함께 주목받는 곳이다. 절 내 가장 오래된 건물이기도 하지만 휘어진 나무를 깎아 균일하게 만들지 않고 그 모습 그대로 기

등으로 썼다. 몇 번의 대패질만으로 단장된 기둥은 자연에 서 있던 형태 그대로 지붕을 받치고 있고 마당쪽으로 투박한 마루가 놓여 있다. 자연이 그대로 절 안에 녹아든 모습이다.

벚꽃 잎이 뺨을 간질이는 바람에도 꽃잎을 떨구는 4월 초가 지났다. 올해의 벚꽃은 마지막일까? 꽃잎이 쌓이고 쌓여 탐스러운 꽃봉오리를 만드는 겹벚꽃(만첩개벚)이 4월 중순부터 피기 시작한다. 벚꽃 엔딩은 아직도 현재 진행형이다.

분홍색 솜사탕이 만든
황홀한 벚꽃 엔딩

개심사는 일주문 안과 밖의 세상이 다르다. 일주문 밖에서는 동네 주민들이 나와 밭과 산에서 따온 나물거리를 파느라 분주하다. 일주문을 지나 아스팔트 도로를 5분 정도 걸으면 돌계단 입구 왼쪽에 洗心洞(세심동), 오른쪽에 開心寺(개심사) 표지석이 나온다. 나긋하게 이어지는 계단은 마음을 채근하지 말고 여유를 가지라고 말한다. 경사가 꽤 가파른 길을 부드럽게 휘어진 돌계단으로 이어 약간의 숨참만으로 절까지 오를 수 있게 했다.
마지막은 깔딱고개를 넘는 기분으로 오른다. 계단이 끝나면 흙길이다. 숲자락을 돌듯이 휘어진 길 끝에 왕벚나무와 범종루가 의연하게 서 있다. 초입의 우측 네모난 연못은 백제의 정원 양식이다. 연못가에는 매끈한 수피를 가진 배롱나무가 가지를 늘어뜨리고 있다. 연못 위 통나무 다리를 건너 계단을 오르면 대웅전이 바로 보이지 않는다. 왼편 안양루 쪽문을 지나야

비로소 대웅전이 나타난다. 겹벚꽃을 보기 위해 사람들이 바글바글 모여 있는 오른쪽 작은 길로 향한다. 드디어 흐드러진 겹벚꽃 앞에 선다.

천년 고찰 개심사에는 여러 색의 겹벚꽃이 피어 있어 이채롭다. 특히 꽃의 색이 연둣빛이 감도는 '청벚꽃'으로 유명하다. 청벚꽃은 이곳 개심사에서만 볼 수 있다. 명부전 앞에 아름드리로 자란 청벚꽃 나무는 다른 겹벚꽃과 어우러져 놀라운 봄꽃 풍경을 보여준다. 명부전 앞은 개심사 최고의 벚꽃 엔딩 장소다. 실바람에도 떨어지는 벚꽃과 달리 빼곡하게 들어찬 겹벚꽃 꽃잎은 비가 오거나 바람이 불어와도 꽤 의연하게 버틴다. 꽃잎이 하나 둘 떨어져 바닥을 분홍색으로 물들여도 나무에는 아직도 많은 꽃들이 매달

려 있다. 꽃보다 많은 사람들에 눈살이 찌푸려질 법도 한데 꽃놀이를 즐기는 이들의 표정은 황홀할 정도로 밝다. 꽃의 탐스러움에 놀라 좋아하는 사람들의 모습을 보는 것만으로도 가슴에 화사한 미소 꽃이 핀다. 사람들 무리에서 벗어나고 싶다면 요사채를 지나 산신각까지 다녀오는 숲길을 걸어보자. 경내와는 다른 한적함을 맛볼 수 있다.

여행지 기본 정보

가기 좋은 시기 4월 중순~하순

주소 충남 서산시 운산면 개심사로 321-86

전화 041-688-2256

여행 팁 주차장은 일주문 가기 전 좌측에 있다. 주차장 건너편에 소규모 장터가 있다. 겹벚꽃 시즌에는 이곳에 주차를 하고 시즌이 아닐 때에는 일주문을 지나 도로를 타고 올라가 오른쪽 공터에 주차하거나 개심사 바로 아래 작은 주차장을 이용하면 된다.

아래에 있는 주차장에 주차를 하고 일주문을 지나 5분 정도 걸으면 숲속 돌계단이 나온다. 나름 운치가 있으니 이 계단을 걸어가며 계절마다 다른 분위기를 느껴보자. 기다리긴 해야 하지만 연못 가운데 통나무다리를 건너보고, 가능하면 사진도 찍어보자. 연못을 지나 돌계단을 오르면 좌측이 대웅전과 심검당으로 가는 길이고 우측이 명부전이다. 청벚꽃과 분홍색의 겹벚꽃이 흐드러진 곳은 명부전 앞이다. 야트막한 돌담을 배경으로 사진을 남기기에 좋다. 명부전 아래 슬레이트 지붕의 낡은 건물도 의외의 포토 포인트 중 하나다. 꽃이 만개할 때에는 이곳에서 사진가들이 삼각대를 받쳐놓고 사진을 찍고 있는 경우가 많다. 꽃을 배경으로 사진 찍기가 여의치 않은 상황이라면 미소로 양해를 구하고 사진을 찍도록 한다. 범종각, 심검당에 붙어 있는 종무소 건물, 나무 형태가 살아있는 무량수각의 기둥을 관심 있게 들여다보는 것도 잊지 말자.

함께 가볼 만한 곳

간월도·간월암

신비의 섬 간월도에는 간월암이 있다. 간월암은 물이 들어오면 섬이 되었다 썰물이 되면 연결되는 섬에 세워진 작은 암자다. 자그마한 섬 전체가 절이라고 할 수 있다. 무학대사가 이곳에서 달을 보고 깨달음을 얻었다 하여 이름이 간월암(看月庵)이다. 일몰이 아름다운 곳으로 알려져 있고 경내에는 200년 된 사철나무가, 경외에는 느티나무가 비스듬히 자라고 있다.

주소 충남 서산시 부석면 간월도 1길 119-29 **전화** 041-668-6624 **가는 방법** 개심사에서 35.1km, 자동차로 40분 소요.

부석사

섬이 날았다는 의미의 도비산 산자락에 있는 사찰. 사찰 앞에서 10km 떨어진 바다에 부석섬이 자리한다. 진입로가 겹벚꽃나무를 가로수로 하고 있어 운치 있다. 개심사에 비해 알려지지 않아 호젓하며 부석사 경내에서 서산 간척지와 서해 바닷가가 펼쳐지는 시원한 풍경을 볼 수 있다. 절 뒤편 산신각을 지나 가파른 계단을 오르면 만공스님이 수행을 했다는 석굴이 나온다.

주소 충남 서산시 부석면 부석사길 243 **전화** 041-662-3824 **가는 방법** 개심사에서 26.2km, 자동차로 40분 소요.

밀국낙지 맛집

밀이 날 무렵 서산 지곡면 등지에서 잡히는 새끼 낙지를 밀국낙지라 한다. 박을 넣어 끓인 육수가 바글바글 끓어오를 때쯤 산낙지를 통째로 넣어 살짝 익으면 건져 먹고 그 국물에 손으로 밀어 만든 칼국수를 넣어 익혀 먹는다. 충남의 향토음식으로 예로부터 낙향한 선비들이 즐겨 먹던 음식이다. 낙지와 박이 한데 어우러진 시원한 국물 맛이 일품이고, 낙지는 내장까지 함께 먹어 별미다.

[낙지한마당] **주소** 충남 서산시 지곡면 어름들2길 83 **전화** 041-662-9063 **영업** 11:00~21:00

굴밥 맛집

서해 바다가 지척인 서산은 굴요리 또한 명품이다. 큰마을영양국밥에서 굴밥의 진수를 맛볼 수 있다. 굴이 많이 들어가 돌솥 뚜껑을 여는 순간 갯내음이 확 퍼진다. 밥을 뜨고 난 후 따끈한 물을 부어 숭늉을 만들어 두고 나서 그릇에 푼 굴밥에 달래가 듬뿍 들어간 간장을 넣고 참기름 몇 방울을 떨어뜨려 비벼 먹으면 바다 맛이 혀끝에 감긴다. 찬으로 나온 어리굴젓은 폭 삭아 별미다.

[큰마을영양굴밥] **주소** 충남 서산시 부석면 간월도1길 65 **전화** 041-662-2706 **영업** 09:00~19:30

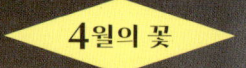

4월의 꽃

한계령풀
발견된 최초의 장소가 이름에 들어간 꽃

한계령풀은 설악산 오색계곡의 한계령 능선에서 처음 발견되었다고 하여 이름을 얻었다. 이후 중북부의 깊은 산지 여러 곳에서 자생지가 확인되었다. 한계령풀처럼 높은 산에서 볼 수 있는 식물들이 여럿 있다.

8월에 설악산 공룡능선을 넘다 보면 암벽지대에 보라색 초롱 모양의 꽃이 핀 것을 볼 수 있다. 바위 틈새에 뿌리를 내리고 핀 금강초롱꽃은 보는 이를 감동시킨다. 첫 발견지가 금강산이어서 금강초롱꽃이다. 설악산, 화악산, 곰배령, 홍천 미약골 등에서 만날 수 있다.

변산반도에서 발견된 변산바람꽃은 2월부터 3월 사이 눈 속에서도 꽃이 피어 봄의 첫 소식을 알린다. 부안, 제주, 경기 등 산중에서 키 10cm가 될까말까 한 꽃이 얼어붙은 땅을 뚫고 올라와 외유내강과 강한 생명력을 보여준다.

광릉에서 최초 발견된 광릉요강꽃을 보기란 하늘의 별따기다. 특이한 모양의 난초가 사람들의 수집 대상이 되어 무분별한 채취로 이어졌기 때문이다. 광릉요강꽃은 사라질 위기에 놓여 있어 멸종위기종으로 분류되고 있다.

전주 습지에서 처음 채집된 전주물꼬리풀은 도시개발로 전주에서는 볼 수가 없고 제주 습지에 적은 개체수가 자라고 있다.

2001년 제주 곶자왈인 동백동산에서 전 세계 단 1속 1종밖에 없는 제주고사리삼이 발견되었다.

지역 이름이 들어간 꽃들은 비교적 근래에 발견되어 이름을 얻었고 상당수가 한국의 특산종이다.

금강초롱꽃　**변산바람꽃**　**광릉요강꽃**　**전주물꼬리풀**　**제주고사리삼**

4월 한계령풀

한계령풀
여행지

야생화천국 **태백 태백산**

강원 산골, 태백산의 봄꽃들

강원도 높은 산은 다른 지역에 비해 봄소식이 더딜 수밖에 없다. 4월이 되어서야 계곡의 얼음이 녹기 시작하고 겨우내 얼어붙은 땅을 뚫고 작은 꽃들이 피기 시작한다. 태백산의 봄을 느끼기에는 4월이 좋다. 물론 이전에 피는 꽃도 있다. 대표적인 것이 눈 속에서도 핀다는 복수초다. 3월 복수초가 핀 후 꽃소식이 잠잠하다가 4월 초순에 문수봉에서 당골로 내려오는 계곡에 모데미풀이 핀다. 야생화에 대해 모르는 이라면 모데미풀이 피는 계곡 가를 지나칠 수 있는데 카메라를 든 사람들이 보인다면 필시 그곳에 모데미풀이 피어 있을 것이다. 모데미풀의 단아함을 감상할 수 있는 절호의 찬스다. 태백산에 봄꽃이 피어 아름다울 때는 4월 중순부터 5월 초까지다. 모데미풀이 피고 나면 한계령풀이 피었다는 소식이 들린다. 태백산은 유일사 갈림길에서 사길령까지가 꽃밭이다. 망경사에서 당골로 내려오는 등산로에도 다양한 야생화가 핀다. 사길령 쪽은 4월 중순부터 얼레지, 갈퀴현호색, 선괭이눈, 한계령풀이 고개를 내민다. 당골로 내려갈 때는 피나물과 동의나물, 얼레지를 볼 수 있다. 5월 초순도 꽃동산이 펼쳐진다. 얼레지, 태백바람꽃, 홀아비바람꽃, 회리바람꽃, 애기괭이밥이 봄을 맞느라 분주하다. 태백산을 설경이 아름다운 산으로만 생각했다면 4~5월 봄꽃 마중으로 새로운 태백산을 만날 수 있다. 6월 초, 철쭉이 피는 풍경도 널리 알려져 있다.

영험한 기운이 감도는
태백산 천제단과 주목

태백산(1,567m)은 영산이라는 칭호를 받는다. 산정 부근에 서 있는 주목과 산꼭대기의 천제단에서 하늘의 기와 가까워지는 듯한 기분을 느낄 수 있다. 천제단(天祭壇)은 하늘에 제를 올리는 돌로 쌓은 단이다. 둘레 27.5m, 전·후·좌·우 폭 8m 내외, 높이 3m로 위쪽은 원형, 아래쪽은 네모나다. 이

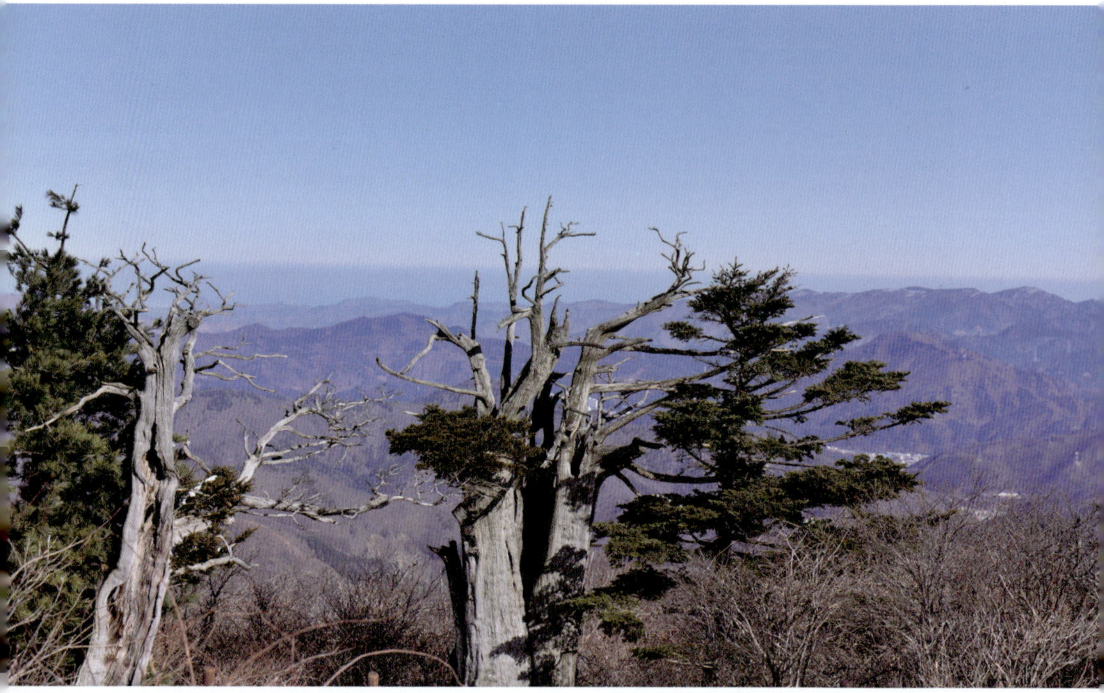

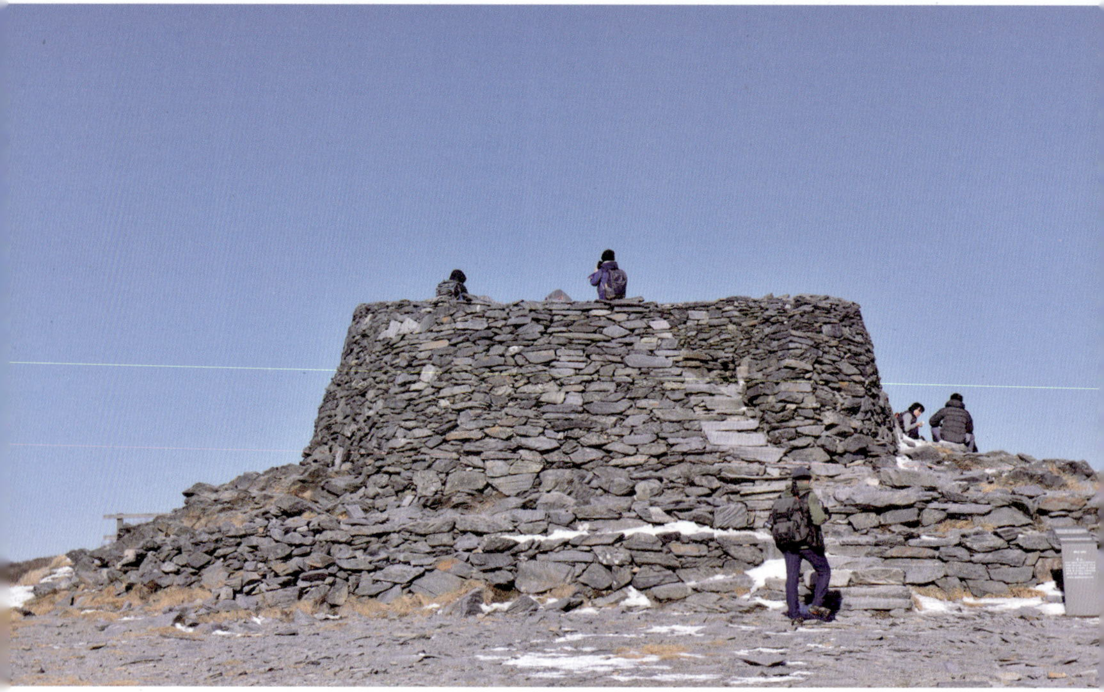

는 '하늘은 둥글고 땅은 모난다'는 천원지방(天圓地方)의 사상 때문이다. 제단은 단군조선시대부터 신라, 고려, 조선시대를 거치는 동안 천제를 지냈던 성스러운 장소다. 일제 때는 독립군들이 천제를 지냈고 지금도 개천절이면 강화도 마니산의 첨성단과 더불어 하늘에 제를 지내고 있다.

장군봉과 천제단 주변엔 전국 제일의 주목 군락이 있다. 일출, 눈꽃과 어우러진 주목 사진은 달력 사진에 단골로 등장한다. 살아서 푸른 잎을 보여주는 주목이 있지만 죽어서도 오랜 세월 동안 그 자리를 지키고 있는 나목 상태의 주목이 더 눈길을 끈다.

깊은 산에 노란 융단이 깔리다

봄날의 산행에선 언 땅을 헤치고 피어나는 꽃들, 꽁꽁 얼었던 계곡 아래에서 들리는 맑은 물소리, 앙상한 가지에 꼬물꼬물 돋아나는 연둣빛 새잎과 같은 계절의 변곡점을 실시간으로 만난다. 유일사 주차장에서 시작해 사길령으로 올라 천제단을 지나 정상인 장군봉을 넘어 망경사에서 당골로 내려오는 것이 태백산의 봄꽃을 마중하기 좋은 코스다.

유일사 입구 주차장에서 1시간 정도 오르면 한계령풀이 경사진 사면에 가득 핀 모습을 만날 수 있다. 탱글탱글 노란 꽃송이를 매달고 있는 한계령풀뿐만 아니라 하늘색 갈퀴현호색과 자주색 얼레지도 함께 피어 꽃방석이 따로 없다.

한계령풀을 보면 '아 그러나 한줄기 바람처럼 살다가고파 이 산 저 산 눈물 구름 몰고 다니는 떠도는 바람처럼…' 양희은이 부른 노래 '한계령'이 떠오른다. 한계령 능선에서 처음 발견되어 한계령풀이라는 이름을 얻었으니 서로 뗄 수 없는 인연이다. 한계령풀은 봄철 순식간에 피어 황금방석을 깔아놓은 듯 대지를 채우다

가 꽃이 지고 나면 흔적도 없이 사라진다. 노래 속 가사처럼 바람처럼 살다 가는 꽃이다.

갓 피어났을 때는 곧추서지만 시간이 지날수록 꽃송이가 버거운지 고개를 수그린다. 애석하게도 남쪽에서는 볼 수 없다. 중부 이북의 산에서만 자라기 때문이다. 한계령풀을 보려면 함백산, 태백산, 점봉산 등 강원도 고산을 올라야 한다. 그중에 접근성이 좋은 태백산이 한계령풀을 볼 수 있는 최적지다. 강원도 산의 봄은 늦으면서도 짧다. 4월, 태백산의 들꽃 잔치는 한순간의 꿈처럼 찰나에 열렸다가 끝난다.

여행지 기본 정보

가기 좋은 시기 야생화는 4월 중순부터 피기 시작, 한계령풀은 4월 20일경이 절정

주소 강원 태백시 태백산로 4246-1(유일사 주차장)

여행 팁 유일사 주차장에서 당골 입구까지 산행 거리는 약 9km 정도, 산행 시간은 4시간~4시간 30분을 잡지만 한두 시간 더 여유를 부려 충분히 봄이 물드는 산을 느껴보자. 점심 도시락을 준비했다면 능선보다는 바람이 잦아드는 망경사에서 먹도록 한다. 망경사에는 천제를 지낼 때 제수로 썼던 샘인 용정이 있다. 이곳에서 약수를 한 모금 들이켜보자. 물맛이 상쾌하고 좋다.

비닐하우스에서 재배하는 원예화와 달리 숲속에서 피는 야생화는 기후와 일조량에 따라 영향을 많이 받는다. 한계령풀이 보고 싶어 태백산을 올랐다고 해도 이미 져버리거나 아직 피지도 않은 상태를 마주할 때가 많다. 혹여 꽃을 충분히 원하는 만큼 못하였다 하더라도 실망하지 말고 훗날을 기약하자. 야생화는 또다시 겨울을 이기고 피어날 것이다.

함께 가볼 만한 곳

만항재

만항재(1,330m)는 강원도 정선과 태백, 영월이 경계를 이루는 고개로 우리나라에서 차로 올라갈 수 있는 가장 높은 재다. 만항재 야생화 쉼터 부근은 계절마다 야생화가 군락으로 피는 곳으로 여름철에는 함백산 야생화 축제가 열리기도 한다. 능선을 가득 메운 들꽃을 보기 위해 많은 사람들이 이곳을 찾는다.

주소 강원 영월군 상동읍 함백산로 426 **가는 방법** 유일사 주차장에서 9.3km, 자동차로 15분 소요.

곤드레 돌솥밥 맛집

강원도 하면 곤드레나물이 유명하다. 이왕이면 곤드레나물을 돌솥밥으로 비벼 먹을 수 있는 곳을 추천한다. 함백산 아래 함백산돌솥밥은 20여 가지의 반찬이 청국장과 함께 푸짐하게 나온다. 메뉴는 곤드레돌솥정식과 함백산돌솥밥 두 가지다.

[함백산돌솥밥] 주소 강원 정선군 고한읍 함백산로 1675 **전화** 033-591-5564 **영업** 11:00~20:30, 매달 첫째·셋째 주 수요일 휴무

황지연못

낙동강의 발원지인 황지연못은 태백 시내 중심에 위치하여 발원지보다는 도심 속에 있는 작은 연못을 보는 것 같다. 태백산, 함백산 등에서 나온 물이 땅속에 모여 상지, 중지, 하지의 세 개의 연못을 통해 하루 5,000여 톤의 물을 흘려 보낸다는 사실이 놀랍다. 구두쇠였던 황씨에 대한 설화로 인해 황지(黃池)라 불리었다는 이야기가 있다.

주소 강원 태백시 황지연못길 12 **전화** 033-550-2081 **가는 방법** 유일사주차장에서 11.9km, 자동차로 15분 소요.

태백 한우 맛집

산행을 하였으니 허기가 진다. 태백 한우를 저렴하게 맛보려면 실비식당을 이용하도록 한다. 태백에서는 실비라는 말이 소고기 연탄구이집이라는 의미다. 연탄에 석쇠를 올리고 한우를 구워 먹는다. 허름한 분위기지만 고기 맛은 일품이다. 황지자유시장에 실비집 거리가 있다. 어느 집을 콕 찍어 가는 것보다 사람이 바글바글한 집이 맛집이다.

[태백한우골실비식당] 주소 강원 태백시 대학길 35 **전화** 033-554-4599 **영업** 10:00~22:00

4월의 꽃

튤립
튤립의 나라, 네덜란드

전 세계인의 튤립 애호는 대단하다. 우리나라만 해도 매년 수백만 개의 구근을 수입해 와 도심의 화단을 꾸미고 태안·신안에서는 튤립 축제를 열기도 한다. 세계 여러 나라는 역사적으로 의미가 있거나 국민들이 소중하게 생각하는 꽃을 국화로 정해 적극적으로 심고 보호한다. 전 세계에서 튤립을 국화로 하고 있는 나라는 네덜란드와 터키다. 튤립 하면 네덜란드가 가장 먼저 생각나지만 튤립의 원산지는 터키다. 터키에서는 튤립이 터번처럼 생긴 것을 보고 튈벤트(Tulbend)라 하였다. 유럽으로 넘어간 후 튤립(Tulip)이라 불리게 된다.

16세기 동방에서 건너온 튤립을 처음 접한 네덜란드인들은 이국적이면서 화려한 색, 향기까지 좋은 꽃에 순식간에 빠져들었다. 찾는 이가 많으니 가격이 올라갔고 이에 너도나도 튤립 판매에 뛰어들었다. 과열, 투기로 이어진 튤립 시장에서 기하급수적으로 올랐던 튤립 가격은 갑자기 폭락해버렸다. 수요가 없어졌기 때문이다. '튤립 파동'은 인간의 욕심과 돈에 대한 욕망이 꽃이라는 연약한 매개체를 통해 사람들을 울고 웃게 만든 일련의 사건이었다. 이후 거품경제를 가리키는 표현으로 자주 사용되고 있다. 과거 TV프로그램 '스펀지'에서 '1630년대 유럽에서는 황소 25마리로 튤립 한 송이를 살 수 있었다'라는 명제가 방영되어 놀라움을 안기기도 했다. 특이한 색으로 피는 튤립이 특히 비싸게 팔렸는데 '셈페르 아우구스투스(Semper Augustus)'라는 품종은 1만 길더(노동자의 20년 연봉)에 거래되었다고 한다. 결국 튤립 광풍은 씁쓰레한 결말로 끝났지만 특이한 색이나 무늬를 내는 튤립일수록 비싼 가격을 받을 수 있었기 때문에 품종 개발이 활발하게 이루어졌고 이로 인해 네덜란드는 튤립의 나라가 될 수 있었다.

튤립
여행지

튤립의 도시 태안 삼매경 **태안 세계튤립꽃박람회**

4월 　　　 튤립

수백만 송이 튤립이
오래도록 피는 태안

태안은 2015년에 이어 2017년도에도 미국 스캐짓밸리, 인도 스리나가르, 터키 이스탄불, 호주 캔버라와 함께 세계 5대 튤립 도시에 선정되었다. 튤립에 관해서라면 우리나라에서 으뜸일 뿐만 아니라 세계적으로도 높이 평가받는 도시다. 지금은 세계인의 주목을 받지만 시작은 소소하였다. 태안의 꽃 농가들이 의기투합하여 2012년부터 코리아플라워파크에서 봄, 여름, 가을에 꽃 축제를 연 것이 시작이었다. 태안 세계튤립꽃박람회는 계절 꽃축제

중에 가장 큰 규모로 여는 축제다.

꽃은 정성과 관심을 가지고 세심하게 살피고 관리해주어야 하는 대상이다. 특히 튤립 구근을 키워본 이라면 알 수 있을 것이다. 꽃이 피었을 때를 예상하여 색을 조합하고 품종을 선별하고 계획에 따라 구근을 심어 일제히 피게 한다는 것이 얼마나 많은 정성을 필요로 하는 일인지를. 2015년 꽃축제 대표였던 강항식 씨는 2단으로 튤립을 심어 시차를 두고 꽃을 볼 수 있도록 재배 및 연출 기술을 개발하여 튤립화훼의 노벨상이라 불리는 튤립훈장을 수여받았다. 이러한 2단 식재법은 튤립을 볼 수 있는 기간을 늘려준다. 태안튤립축제 기간이 한 달까지 길어질 수 있게 된 이유다.

축구장 5배에 달하는
바닷가 꽃밭

봄날은 매화로 시작하여 벚꽃과 유채에 머물다 화려한 색의 잔치, 튤립으로 이어진다. 살랑살랑 마음을 간질이던 봄이 튤립에 와서는 황홀할 정도로 색이 선명해진다. 튤립을 보자마자 순식간에 매혹되었다는 유럽인들의

마음을 이해할 수 있을 정도로 강한 매력을 뽐내는 튤립을 만나려면 충남 태안으로 가야 한다.

튤립축제는 튤립의 개화 시기에 따라 매년 날짜가 달라진다. 올해는 4월 9일부터 시작해 5월 9일 까지 한 달가량 이어진다. 축제장은 야트막한 언덕을 경계로 태안 바닷가 모래사장과 이웃해 있다. 태안이 바다의 도시가 아닌 꽃과 바다의 도시가 되는 때다. 튤립박람회가 열리는 행사장이 안면도 명소인 꽃지해수욕장 바로 옆이기 때문이다. 축구장 5배에 달하는 엄청난 규모의 축제장을 형형색색의 꽃들로 가득 채운 모습을 보면 환호성이 터져 나올 수

밖에 없다.

튤립이라고 해서 다 같은 튤립이 아니다. 태안튤립축제에서는 많이 접했던 튤립부터 희귀한 품종까지 300여 종의 튤립을 만날 수 있다. 수백만 송이 튤립이 다채로운 주제에 맞춰 전시돼 있다. 전시 구성과 주제는 매년 달라진다. 우리나라 고유의 멋과 전통을 살리기도 하고 세계 유명 건축물을 테마로 하거나 무지개나 동화 속 친구들을 표현하기도 한다. 튤립만 있는 것은 아니다. 수선화, 알리움 같은 다른 구근류와 분재, 분수 등 볼거리가 풍성하다.

여행지 기본 정보

가기 좋은 시기	4월 중순~5월 초순
주소	충남 태안군 안면읍 꽃지해안로 400(코리아플라워파크)
입장료	성인 1만 2,000원, 어린이·청소년 9,000원
운영	09:00~19:00
여행 팁	전체 축제행사장을 다 둘러보고 사진도 찍고 하려면 최소한 2시간 이상은 필요하다. 다리가 아파서 끝까지 다 가보지 못하는 불상사가 없도록 축제장 안내도를 받아 어떻게 돌아볼 것인지 계획을 세우는 것이 좋다. 반려동물 입장이 가능하다는 점 참고한다. 축제장 바로 앞에 있는 꽃지해수욕장은 일몰이 아름답기로 유명하다. 튤립을 실컷 보고 난 후 시간이 얼추 맞으면 꽃지해변에서 해가 지기를 기다려보자. 노을을 감상하는 시간이 좋은 추억으로 남는다.

함께 가볼 만한 곳

운여해변

태안에 꽃지해수욕장 못지않은 일몰 명소가 있다. 안면도 아랫자락의 운여해변 남쪽에서 보는 솔섬 해넘이다. 솔섬은 실제로 섬은 아니고 방파제 안쪽으로 물이 차면 일시적으로 섬처럼 보여 불리는 애칭이다. 많이 알려지지 않아 사람이 적은 편이며, 들어가는 진입로가 좁다.

주소 충남 태안군 고남면 장삼포로 535-57 **가는 방법** 세계튤립꽃박람회장 주차장에서 12.5km, 자동차로 20분 소요.

꽃게찜 맛집

태안은 꽃게 산지로 유명하다. 꽃게 음식점을 이용하면 편하게 먹을 수 있다는 점이 좋지만 가격 부담이 있다. 꽃게찜을 푸짐하게 먹고 싶다면 수산시장에서 꽃게를 사서 상차림을 해주는 식당을 이용하도록 한다. 백사장해수욕장과 가까운 안면도수협백사장지점(충남 태안군 안면읍 백사장1길 102-17)이나 백사장 어촌계 수산시장(충남 태안군 안면읍 백사장1길 126)을 이용하도록 하고 상차림 식당은 꽃게를 살 때 소개받는 것이 헤매지 않는 방법이다.

가는 방법 세계튤립꽃박람회장 주차장에서 11km, 자동차로 15분 소요.

5월의 꽃

산철쭉
산철쭉은 철쭉과 다른 꽃

우리가 쉽게 볼 수 있는 진달랫과 나무에는 진달래가 있고 이와 비슷한 꽃 모양을 가진 철쭉, 산철쭉이 있다. 5월에 산에서 진달래와 비슷한 꽃을 보았다면 보나마나 철쭉 아니면 산철쭉이다. 진달래와 철쭉은 개화 시기에서 차이가 난다. 진달래는 3월부터 4월 하순까지, 철쭉은 이보다 한 달 가까이 늦은 4월 중순부터 피기 시작한다. 철쭉을 '연달래'라고 부르기도 하는데 진달래가 피었다 지고 나면 연이어 피는 꽃이라는 의미다. 진달래는 초봄에 잎이 없이 꽃이 먼저 피어 삭막한 숲을 밝힌 후 꽃이 진 후에 비로소 새잎이 나온다. 철쭉은 꽃과 잎이 같이 나오고 꽃에 점 같은 무늬가 있어 구별할 수 있다.

사실 더 혼동하기 쉬운 것은 산철쭉과 철쭉이다. 4월 말경 산에 오르기 시작하였는데 연분홍색 꽃이 핀 것을 보고는 '산철쭉이 피었구나'

라고 생각하는 이들이 많다. 산철쭉과 철쭉을 구분하려면 첫 번째 나무의 키부터 살펴보아야 한다. 철쭉은 2~5m까지 자라는 데 반해 산철쭉은 1~2m로 자란다. 키가 훌쩍 커 보이면 철쭉이다. 남쪽으로 내려가면 산철쭉은 높은 산 정상부에서 바람에 부대끼며 자라 낮게 웅크린 형태의 나무 모양을 하고 있다. 중부 지방으로 올라가면 하천이나 계곡에서도 많이 볼 수 있는데 산철쭉은 물을 좋아하기 때문이다. 그래서 '수달래' 또는 '물철쭉'이라고도 불린다. 철쭉은 꽃과 잎이 동시에 나지만 산철쭉은 잎이 나온 후에 꽃이 핀다. 철쭉은 꽃색이 연해서 온화한 느낌이고 산철쭉은 진하고 강렬하다. 4~5월 도심의 정원이나 화단에서 흔히 보는 꽃은 산철쭉을 개량한 품종이다.

5월 　산철쭉

산철쭉
여행지 1

굽이굽이 산철쭉 꽃길 추주 **정읍 제암산·보성 일림산**

211

가도 가도 끝없는
산철쭉 첫 마중

흔히들 산철쭉 하면 지리산 바래봉과 황매산을 떠올린다. 물론 두 곳이 널리 알려지기도 했고 빼어난 산철쭉 군락지이긴 하지만 너무 많은 사람들이 몰려들어 꺼려질 땐 제암산 철쭉 산행길을 추천한다.

제암산에서 사자산을 거쳐 일림산으로 연결되는 구간은 제암산을 어디로 오르냐에 따라 차이가 있지만 종주 시 15km 정도는 걸어야 하는 산길이다. 만만치 않은 거리를 산행한다고 생각하면 두려움부터 느껴질 수 있으나 다행히 오르내림이 격하지 않고 제

암산 구간을 제외하고 대부분 흙길이어서 걷는 데 무리가 없다. 제암산 종주길이 좋은 이유를 한 가지 더하면 우리나라 산철쭉 첫 마중지라는 점이다. 산철쭉 개화 시기를 보면 제암산이 4월 하순, 황매산이 5월 초순, 지리산 바래봉이 5월 10일경 절정을 이룬다. 사람마다 체력에 개인차가 있으니 무조건 종주를 할 것이 아니라 제암산과 일림산의 철쭉제가 열리는 곳까지만 다녀오는 것도 좋다. 제암산과 일림산의 호젓한 산길은 대부분 눈이 확 트일 만큼 시원한 전경을 펼쳐 보인다. 선객들이 덜 찾는 산철쭉과의 동행길을 유려한 산세와 오붓한 마을, 바다를 바라보며 걸어보자. 산철쭉의 규모로는 일림산이 가장 크고 넓지만 제암산은 암릉과 산철쭉의 어울림이 오묘해 감상의 묘미가 있다.

안개에 휩싸인
암릉과 남해

철쭉 산행을 시작하는 소백산맥 끝자락에 위치한 제암산(806m)은 보성군에서 가장 높은 산이다. 정상부의 우뚝 솟은 바위를 향해 주변 바위들이 엎드려 절을 하는 듯한 모양이어서 임금바위(제암)산이라 불린다. 솟아오른 바위는 높이가 30m에 이른다.
제암산자연휴양림에서 출발하여 급경사 구간을 지나 산 정상에 오른다. 예로부터 제암산은 상서롭고 영험한 산으로 알려져 정상의 제암단에서 기우제나 나라에 닥친 어려움을 극복하기 위한 제를 지내왔다. 임금바위, 비석바위, 가족바위 등 탁 트인 경치와 함께 특이한 바위들이 걸음을 더디게 한다. 산철쭉의 동행은 이미 시작되었다. 산길을 걷는 내내 저마다 다른 모습으로 붉은 꽃다발 같은 꽃 무더기를 드러냈다 말았다를 반복한다. 산행이 심심할 겨를이 없다. 제암산의 봉수대였던 돌탑봉에서 곰재로 내려가는 급경사 구간을 조심조심 내려간다.

제암산 철쭉평원과 사자산

비죽 튀어 나온 형제바위부터는 좀 더 눈을 크게 떠야 한다. 산과 꽃이 어우러진 풍경에 저도 모르게 '와!' 소리가 나온다. 드물게 보이던 산철쭉이 산발적으로 나타나더니 꽃 터널을 만들고 꽃의 평원을 이룬다. 아니나 다를까 제암산 철쭉평원 630m 표지석이 보인다. 능선 길은 걷기가 만만하다. 꽃 터널 안으로 들어가면 앞사람이 꽃에 파묻혀 보이지 않을 만큼 산철쭉이 높고 빽빽하게 자라고 있다. 철쭉평원은 제암산과 사자산의 중간 지점에 있다. 두 산의 거리는 3.8km이다.

곰재사거리를 지나 사자산(668m)에 오른다. 큰 나무가 없어 시야를 가리는 것이 없다. 사방으로 트인 전망과 5월의 붉게 물든 산정을 걷는 이 순간을 위해 산을 오르는 일이 기껍다. 사자산은 동서로 400m의 능선이 길게 뻗어 있다. 사자가 누워서 고개를 들고 막 일어나려 하는 형태다. 사자산 정

상이 미봉이고 장흥 쪽으로 솟구친 봉우리가 사자산 두봉이다. 사자산에서 산철쭉 산행의 대미를 장식할 일림산으로 가기 위해 나무 계단을 오른다.

진분홍 모자를 푹 눌러 쓴
일림산

장흥과 보성의 경계에 있는 일림산(668m)은 몇 가지 이름으로 불리었다. 장흥에서는 삼비산(三妃山)이라 한다. 옥황상제의 세 황비가 내려와 놀았다는 설화 때문이다. 황비가 내려왔다 해서 천비산, 신비한 안개로 뒤덮인다 하여 현무산 등으로 불리기도 한다. 보성에서 부른 이름이 일림산이다. 철쭉제로 명성이 높아져 보성과 장흥 간 산 이름으로 다툼이 생기자 '숲이 깊어 숲속에 들어가면 해를 볼 수 없다'는 의미의 일림산이 공식 산 명칭으로 정해졌다.

일림산은 몇 그루의 소나무만 보일 뿐 삼각형 봉우리 전체가 꽃불이 난 것처럼 진분홍색으로 타오른다. 정상에 서면 걸어온 제암산, 사자산과 더불어 천관산, 무등산이 보이고 남쪽으로 득량만과 소록도, 고흥반도가 한눈에 들어온다. 환상적인 풍경 속 유연한 산세는 남도의 넉넉한 품으로 흘러내려 바다로 향한다. 진분홍 모자를 쓰고 바다가 전하는 얘기에 귀 기울이는 듯하다. 일림산은 최고의 군락지답게 많은 사람들이 찾는다. 어쩌면 당신만 모르고 있었던 산철쭉 군락지였는지도 모르겠다. 진분홍색으로 가장 화려한 날을 뽐내고 있는 산철쭉 사이에 앉아 하염없이 남해를 바라본다. 강렬한 색에 꽃 멀미가 날 것 같은 마음이 잔잔한 바다를 보며 평정을 찾는다. '열흘 붉은 꽃은 없다'지만 일림산에서 본 산철쭉은 마음속에서 오래도록 붉게 피어 있을 것 같다.

여행지 기본 정보

가기 좋은 시기 4월 하순~5월 초순
주소 전남 장흥군 장동면 하산리, 보성군 웅치면
여행 팁 일림산 산철쭉이 밀집도 면에서 압도적이다. 먼저 이 철쭉 풍경을 보면 다음 산행에서 맥이 빠질지도 모른다. 꽃을 만나는 과정을 점점 크게 즐기려면 제암산으로 올라 사자산을 거쳐 일림산으로 내려오는 것을 권한다. 사자산에서 일림산 방향으로 갈 때는 이정표를 잘 확인해야 한다. 일림산으로 표기되어 있지 않고 삼비산으로 되어 있는데 삼비산이 곧 일림산이다. 시작과 끝이 다른 산행이라면 시작점으로 돌아오는 교통편을 생각해 두어야 한다. 세 개의 산이 감싸고 있는 웅치면의 웅치택시(전화 061-852-6464)를 이용하는 것이 비용 면에서 효율적이다. 종주 산행이 아니라면 제암산자연휴양림에서 곰재로 올라 제암산 철쭉평원을 보고 내려오거나 용추계곡에서 일림산에 올라 산철쭉을 보고 내려오는 짧은 산행만으로도 산철쭉 꽃 마중은 충분하다.

함께 가볼 만한 곳

대한다원

국내에서 가장 큰 보성의 대한다원, 산 능선의 허리를 휘감은 차밭은 푸르름의 보고다. 산에 둘러싸인 다원은 새벽녘에 종종 운무에 휩싸인다. 사진작가들이 먼 길을 달려와 찍는 선경이다. 태양 아래 짙푸른 청춘 같은 차밭은 마음을 싱그럽게 만든다.

주소 전남 보성군 보성읍 녹차로 763-43 **전화** 061-852-4540 **영업** 3~10월 09:00~18:00, 11~2월 09:00~17:00 **입장료** 성인 4,000원, 청소년·어린이 3,000원 **가는 방법** 일림산 용추폭포 주차장에서 14.8km, 자동차로 15분 소요.

강골마을과 열화정

강골마을은 광주 이씨들이 모여 살면서 하나의 마을을 이루어 예스러움을 간직하고 있다. 현재 이금재 가옥, 이용욱 가옥, 이식래 가옥, 열화정까지 3채의 가옥과 1개의 정자가 중요민속자료로 지정되어 있으며 열화정은 득량면 오봉리 마을 가장 높은 위치에 있다.

주소 전남 보성군 득량면 강골길 45-1 **전화** 061-853-2885 **가는 방법** 일림산 용추폭포 주차장에서 22km, 자동차로 20분 소요.

정남진 편백숲 우드랜드

억불산 자락에 피톤치드와 음이온이 많이 나와 '치유의 숲'이라고 불리는 숲이 안온하게 자리한다. 쭉쭉 뻗어 자란 편백나무와 삼나무, 어린 황칠나무가 데크를 따라 숲을 만들어 도시의 삶에 지친 사람들에게 치유의 시간을 선물한다.

주소 전남 장흥군 장흥읍 우드랜드길 180 **전화** 061-864-0063 **영업** 08:00~18:00 **입장료** 성인 3,000원, 어린이 1,000원 **가는 방법** 일림산 용추폭포 주차장에서 22.18km, 자동차로 25분 소요.

한우삼합 맛집

한우삼합은 장흥의 유명 맛이다. 먼저 육회보다 큼지막하게 썰어서 씹는 맛이 일품인 한우사시미를 맛본 뒤 육수에 담가 익힌 관자와 불판에서 살짝 구운 고기, 표고버섯을 함께 싸 먹으면 입안에서 살살 녹는다. 만나숯불갈비는 한우의 품질이 우수하고 선짓국이 진국이다.

[만나숯불갈비] **주소** 전남 장흥군 장흥읍 물레방앗간길 4 **전화** 061-864-1818 **영업** 11:00~22:00(브레이크 타임 14:30~17:00)

매생이 맛집

장흥 내저마을이 매생이 산지로 유명하다. 매생이는 철분과 칼륨, 단백질 등이 많이 들어있으며 탕으로 많이 먹는다. 장흥토요시장 안에 매생이 음식점이 몇 군데 있다.

[토정황손두꺼비국밥] **주소** 전남 장흥군 장흥읍 토요시장3길 15 **전화** 061-863-78180 **영업** 09:00~21:00

5월 산철쭉

산철쭉
여행지 2

1,600m 툰드라기 대평원에 핀 산철쭉 제주 한라산 윗세오름

병풍바위와 오백장군이
호위하는 영실

한라산 영실탐방로는 한라산을 느끼기에 부족함이 없으면서 산행 길이가 제일 짧다. 가성비가 좋아 가장 많은 사람이 찾는 한라산 산행 코스다. 특히 산철쭉이 필 때는 능선부터 꽃바람이 불어 선작지왓을 강타한 후 남벽까지 꽃잔치를 벌인다.

한라산 산철쭉 명품 코스, 영실로 향한다. 영실휴게소를 지나 숲에 들어서니 아름드리 소나무 군락이 나온다. 햇살이 비쳐드는 솔숲에 고적한 신비감이 흐른다. 숲을 10분 정도 걸어가자 어디선가 졸졸 물 흐르는 소리가 들린다. 제주도는 화산섬의 특성상 대부분 건천(물이 흐르지 않는 마른 천)의 형태인데 간혹 물이 흐르

는 계곡을 만나면 그렇게 반가울 수가 없다. 숲이 끝날 때쯤 고개를 쳐들고 봐야할 만큼 가파른 돌계단이 나온다. 영실탐방로에서 가장 힘든 구간, 깔딱 고개다. 이 구간만 지나면 시야가 확 트이는 영실 능선이다. 숲을 빠져나와 뒤를 돌아보니 멀리 산방산과 서귀포 앞바다가 시원하게 펼쳐져 땀을 씻어준다. 봉긋봉긋 저마다 생김새가 다른 오름에 산철쭉이 피어 초록이 스며든 분화구를 어루만진다. 영실 능선은 오백장군과 병풍바위를 보며 걷는다. 오르는 내내 자연의 장엄함을 감상하느라 눈이 바쁘다. 오백장군은 수백의 기암괴석이 낭떠러지 위에 삐죽삐죽 솟아 호령하는 모습이 장군들이 서 있는 듯하다 하여 붙여진 이름이다. 영실계곡에서 솟아 오른 듯한 널따란 바위 절벽이 병풍처럼 능선을 받치고 있다. 산철쭉과 붉은병꽃나무가 나타나기 시작하면 이제부터 꽃밭이라는 신호다. 능선 길은 점점 병풍바위에 가까워지다 병풍바위 위로 올라선다. 왼쪽에는 고사목과 산철쭉이 삶과 죽음의 대비를 선명하게 보여주고 있다. 커다란 바윗덩어리가 뒹굴고 구상나무와 마가목이 자라는 숲을 지나 백록담을 떠받들고 있는 부악이 보이면 걸음이 빨라진다.

백록담 부악을 배경으로 한 산철쭉길

드디어 불처럼 타오르는 산철쭉으로 만개한 꽃의 대평원이다. 우리나라 어디에서도 볼 수 없는 산철쭉 화원인 선작지왓이다. 1,600m의 선작지왓은 제주어로 '설은(덜 익은) 자갈밭'이라는 뜻이다. 몇 해 전만 하여도 돌밭이 빨갛게 물들 정도로 산철쭉이 드넓었는데 이제는 조릿대에 밀려 점점 위로 내몰리는 모습이 확연하다. 선작지왓의 산철쭉이 언젠가 사라질 지도 모를 풍경일 수도 있다는 생각에 지금 이 순간이 너무나 소중하다. 평원 너머로 걸어가면 바로 구름 속으로 빨려 들어갈 것만 같다. 파란 하늘의 뭉게구름이 손에 잡힐 듯 가깝다. 데크 길은 윗세오름대피소까지 이어진다. 물맛 좋은 노루샘에서 목을 축인 뒤 백록담 분화구 벽에 가까이 다가간다. 대피소 계단은 점심이나 가벼운 요기를 하는 이들이 차지하고 있고 목책 위에는 까마귀들이 까악 거리고 있다. 여기서 오래 지체할 수가 없다. 봄, 가을(3~4월, 9~10월)에는 오후 2시가 넘으면 윗세오름 표지석에서 남벽 방향으로 가는 것을 통제한다. 서둘러 남벽코스로 접어든다. 남벽 분기점까지는

5월   산철쭉

2.1km로 1시간 정도 소요된다. 백록담 외벽을 보며 둘레를 걷는 듯한 남벽코스는 선작지왓의 산철쭉 풍경과는 사뭇 다른 풍경을 선사한다. 세월이 깊이 골을 낸 것처럼 세로로 깊게 주름이 진 바위 절벽에 산철쭉이 겨우겨우 뿌리를 내려 자라고 있다. 선작지왓에서부터 남벽으로 내려가는 길까지, 한라산 산철쭉 풍경을 감상한 뒤 윗세오름으로 돌아와 영실 입구로 내려간다. 한라산 윗세오름 산철쭉은 조릿대에 밀려 언젠가 사라질지도 모르는 귀중한 풍경이다.

여행지 기본 정보

가기 좋은 시기	5월 하순~6월 초순
주소	제주 제주시 애월읍 1100로 2070-510
탐방로 안내	영실탐방안내소(매표소 주차장) → 2.4km(40분 소요) → 영실탐방로 입구 → 1.5km(50분 소요) → 병풍바위 → 2.2km(40분 소요) → 윗세오름 → 2.1km(1시간 소요) → 남벽 분기점
입산 통제시간	춘추절기(3~4월, 9~10월) 05:30부터 탐방 가능, 탐방로 입구 14:00부터 입산 제한, 윗세오름 통제소 14:00부터 남벽 방향 통제, 16:00 윗세오름 하산
전화	064-747-9950
여행 팁	한라산 영실탐방로를 버스를 이용해 가려면 제주시외버스터미널에서 240번 버스를 타고 영실매표소에서 내린 후 영실탐방로 입구까지 2.4km(45분)를 걸어 산행을 시작한다. 택시나 자동차를 이용하면 영실탐방로 입구까지 올라와 바로 산행을 할 수 있다. 윗세오름에서 하산은 영실탐방로, 어리목탐방로, 돈내코탐방로로 할 수 있다. 어리목탐방로 하산 시 매표소에서 15분 정도 내려오면 버스정류장(제주버스정보시스템 http://bus.jeju.go.kr)이 있다. 화장실은 시작점과 윗세오름대피소에만 있다.

함께 가볼 만한 곳

서귀포자연휴양림

한라산 남쪽 자락에 위치한 서귀포자연휴양림은 삼림욕하기에 좋은 숲길로 숲, 계곡, 오름을 함께 즐길 수 있다. 숲의 곳곳에는 통나무집, 산림욕장, 캠프파이어장, 오토캠프장, 산책 코스 등의 시설물이 조성돼 있다.

주소 제주 서귀포시 영실로 226 **전화** 064-738-4544 **입장료** 성인 1,000원, 어린이 300원, 주차료 2,000원 **가는 방법** 한라산국립공원 영실탐방로 입구에서 8.3km, 자동차로 15분 소요.

고사리육개장 맛집

고사리육개장은 마을에 경조사가 있을 때 가마솥에 한가득 끓여서 나누어 먹던 제주 전통 잔치음식이다. 조리시간이 길고, 손이 많이 가는 탓에 전문점이 많지 않은데 우진해장국의 고사리육개장은 고기가 실처럼 풀리고 죽인가 싶을 정도로 걸쭉하게 나오는 전통식이다. 1시간 이상 줄 서서 먹는 집으로 이른 아침이나 저녁식사 시간을 지나서 가는 것이 그나마 덜 기다린다.

[우진해장국] 주소 제주 제주시 서사로 11 **전화** 064-757-3393 **영업** 06:00~22:00

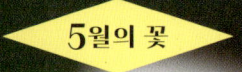

5월의 꽃

장미
장미전쟁과 장미에 얽힌 이야기

전 세계인이 좋아하는 꽃 장미는 역사와 그림 속에 자주 등장하고 글과 음악에서 찬미의 대상이 되어 왔다.

이집트의 여왕 클레오파트라의 장미 사랑은 집착적이었다. 여왕은 안토니우스를 만날 때 엄청난 양의 장미를 깔아 장미와 함께 자신을 떠올리도록 하였다. 르네상스 시대 보티첼리의 '비너스의 탄생' 작품엔 30여 송이의 장미가 흩뿌려져 있고 슈베르트는 괴테의 '들장미'를 가곡으로 만들었다. 라이너 마리아 릴케는 묘비에 장미에 대한 글귀를 남겨 죽음을 역설하였고, 생텍쥐페리의 <어린 왕자>에서는 까탈스러운 장미에게 진심을 다해 대한다.

피가 튀는 전쟁에도 장미가 등장한다. 1455년부터 1485년까지 중세 잉글랜드 왕국에서 붉은 장미와 흰 장미의 왕위 쟁탈전이 벌어졌다. 붉은 장미는 랭커스터가를, 흰 장미는 요크가를 상징했다. 30년간 지속된 전투에서 70% 가까운 귀족이 사망해 귀족계급이 몰락함으로써 새롭게 즉위한 헨리 7세(헨리 튜더)는 튜더왕조를 세워 절대왕정시대를 열 수 있었다. 그는 안쪽에 흰색 꽃잎 5개, 바깥쪽에 붉은색 꽃잎 5개를 가진 새로운 장미 상징을 만들었다. 이는 튜더로즈(Tudor Rose)라 불리며 화합과 평화를 상징한다. 미국, 불가리아, 이라크, 루마니아는 장미를 국화로 정해 아낌없는 애정을 기울인다.

**장미
여행지**

수천만 송이 장미들의 화원
구성 식진강 장미 공원

5월 장미

섬진강가 기차마을
곡성

곡성은 섬진강을 끼고 있는 도시다. 동으로는 구례, 서로는 담양, 북으로는 남원과 순창, 남으로는 순천과 화순이 경계를 이룬다. 전라도의 대표 관광 도시 사이에 끼어 있어 알려질 기회가 많지 않았지만 최근에는 증기기관차, 레일바이크, 미니기차 등 레트로 감성을 일깨우는 즐길거리로 입소문이 난 섬진강 기차마을 때문에 관심이 높아졌다.

마을 이름은 예전부터 곡성이었다. 한자 표기가 여러 번 바뀌었는데 신라 경덕왕 때는 산과 하천이 생긴 모양을 보고 구부러지게 쌓은 성 모양이라 하여 곡성(曲城)이라 하였고, 고려시대에는

시골 장을 다니는 보부상들이 교통이 너무 불편해서 다니려면 곡소리가 난다 하여 곡성(哭聲)이라 불렀다고 한다. 하지만 장돌뱅이들이 부르던 노래에서는 '방구통통 구례장 구린내 나서 못보고 아이고 데고 곡성장 시끄러워서 못보고'라고 하였다. 산골짜기에 둘러싸인 곡성장이 뭐 그리 시끄러웠을까 싶은데 그들만의 방식으로 해학적으로 풀어냈다. 지금의 자리로 옮겨온 곡성장은 3, 8일에 장이 선다. 장터는 상업화된 느낌보다는 시골 장터다운 맛이 남아 있다. 지금의 곡성은 골짜기 마을을 뜻하는 곡성(谷城)을 쓰고 있다. 2016년 개봉되어 이슈가 되었던 영화 '곡성'이 대부분 이곳에서 촬영되었고 영화는 곡성(哭聲), 곡소리를 뜻한다.

천사처럼 고운
1,004종의 장미

5월에서 6월에 색색의 장미가 진하게 향기를 뿜어내어 사람들을 골짜기 마을로 끌어들인다. 곡성천을 지나 섬진강 기차마을로 가기 위해 기차마을교를 지날 때부터 하천에 장미 향수를 풀어 놓은 듯 향기가 밀려온다. 기차 칸 형태의 섬진강 기차마을 레일펜션을 지나면 장미공원 입구가 나온다. 4만m^2 규모에 1,004개 품종, 3만 8,000여 그루의 장미가 자란다. 각 나라별 장미부터 온갖 희귀한 장미와 넝쿨장미까지, 서 있으면 정신이 혼미해지는 장미의 별천지다. 단순히 장미만 심어 놓은 공간이 아니라 중앙 분수대를 중심으로 방사선 형태로 설계되어 유럽의 정원을 보는 듯 미학적이다. 장미 미로에서는 낭만을 마음껏 즐기고 소망정에서는 북을 울리며 소망을 빈다. 200여 종의 수련이 피는 연못가를 거닐고 장미 터널을 지나 이 모든 것을 한눈에 담을 수 있는 전망대에 오른다. 사람들은 '사랑의 꽃'이고 '꽃의 여왕'이며 도도한 미인처럼 보이는 장미와 설레는 시간을 보내며 떠나는 봄을 아낌없이 즐긴다. 장미공원에서는 시기별로 다른 장미를 볼 수 있게 관리하고 있다. 5월부터 6월 중순이 장미가 가장 예쁘게 만발하는 시기이지만, 장미는

거의 11월까지 개화한다. 절정기를 지나도 장미공원에는 장미가 피어난다.

여행지 기본 정보

가기 좋은 시기	5월 중순~하순
주소	전남 곡성군 오곡면 기차마을로 252-16
전화	061-363-0606
입장료	5,000원
운영	09:30~18:00(장미축제 기간 중 09:00~22:00 야간개장)
여행 팁	곡성은 서울에서 KTX로 2시간 거리에 있고 곡성역에서 장미공원이 있는 섬진강 기차마을까지는 걸어서 5분 거리다. 곡성버스터미널에서는 1.4km, 도보로 20여 분 거리에 있어 대중교통만으로도 충분히 갈 수 있다. 장미축제 기간에 기차마을 입구 매표소에 도착하면 사람이 너무 많아 매표소 통과하기도 쉽지 않다. 장미공원 안에 들어서면 4만m^2 넓은 부지에 사람들이 흩어져서 관람하고 있기 때문에 사람의 밀집도는 예상보다 덜하다. 기적소리가 울리면 곧 기차가 지나간다는 신호이니 준비를 했다가 섬진강가를 달리는 기차와 장미를 넣어 사진을 찍어보자. 뚝방마켓에서 소소한 쇼핑을 즐겨도 좋다.

함께 가볼 만한 곳

섬진강 기차마을

곡성역에 내려 700m만 걸으면 섬진강 기차마을에 닿는다. 섬진강 기차마을은 옛 전라선 폐선로를 이용한 전국 유일의 기차 테마파크다. 입장권에 장미공원 입장료도 포함되므로, 장미공원뿐만 아니라 기차마을 즐길거리도 놓치지 말자.
철길 자전거인 기차마을 레일바이크를 타고 장미마을을 돌아보거나 미니기차를 타고 공원을 한 바퀴 돌아볼 수 있다.

연탄돼지구이 맛집

숯불보다 연탄향이 밴 고기가 뭔가 맛이 진하다. 석쇠에서 초벌한 고개를 내오면 돌판에 올려 데워가며 먹는다. 쌈에 싸서 한 입 넣으면 비계의 쫀득함과 불 맛이 찰지게 입안을 채운다. 곡성 돌실숯불회관은 연탄불고기, 인근 남원 동막골은 숨은 연탄돼지갈비 맛집이다.

[돌실숯불회관] **주소** 전남 곡성군 석곡면 석곡로 52-1 **전화** 061-363-1457 **영업** 11:00~21:00, 둘째·넷째 주 수요일 휴무

[동막골] **주소** 전북 남원시 요천로 1537 **전화** 063-625-8953 **영업** 평일 15:00~01:00, 주말 14:00~다음 날 01:00

◇ **6월** ◇

라벤더　고성 하늬라벤더팜

◇ **7월** ◇

산수국　제주 사려니숲
해바라기　태백 구와우마을

◇ **8월** ◇

연꽃　양평 세미원 | 무안 회산백련지 | 시흥 관곡지
배롱나무　담양 명옥헌원림

여름

뜨거운 삶을 열망하다

夏

6월의 꽃

라벤더
허브의 역사와 쓰임

허브는 라틴어 '허바(Herba)'에서 나왔는데 푸른 풀을 의미한다. 현대에 와서는 '향이 있으면서 인간에게 유용한 식물' 모두를 허브라고 한다. 허브는 다양한 형태로 생활 깊숙이 들어와 있다. 박하 맛 사탕, 바질을 얹은 피자, 고수가 들어간 쌀국수를 먹고 몸에는 로즈메리 향수를 뿌린다. 유칼립투스 향 방향제를 집안에 놓아두고, 빨래를 헹굴 때 라벤더 향 섬유유연제를 넣는다. 허브에서 추출한 에센셜 오일을 이용해 아로마테라피(Aromatherapy)를 즐기기도 한다. 허브 향은 스트레스를 완화하고 피부를 부드럽게 가꿔주는 효능도 있다.

허브는 자연에서 얻을 수 있는 최고의 향신료다. 허브류는 전 세계적으로 140여 가지에 이른다. 라벤더, 로즈메리, 파슬리, 애플민트, 캐모마일, 타임, 오레가노, 고수, 페퍼민트 등이 유럽과 지중해산 허브라고 한다면 동양의 허브는 창포와 쑥갓, 미나리, 생강, 마늘, 파, 후추 등을 들 수 있다.

이 중 후추는 중세 유럽의 사치품으로 금, 은보다 비싼 가격에 거래되었다. 인도가 원산지인 후추는 실크로드를 통해 유럽에 전해졌다. 냉장시설이 없던 그 당시 육류 냄새를 잡아주고 풍미를 돋워 향신료의 왕이라 평가 받았다. 이에 후추가 나지 않던 유럽에서는 너도나도 아시아로 후추 원정을 떠나기 시작했고 '후추를 얻는 자가 세계를 얻는다'라고 할 정도로 열강의 패권 다툼을 부추겼다.

라벤더 여행지

초여름의 보라 언덕
고성 하늬라벤더팜

6월   라벤더

고성 산골 마을의 격변

고성 하늬라벤더팜은 인제와 진부령을 지나서 골짜기로 한참을 들어가는, 한마디로 깡촌에 자리한다. 유럽에서나 볼 법한 라벤더를 한국의 강원도 산중에서 보게 될 줄 누가 짐작이나 했을까. 보랏빛으로 물결치는 산골 마을 풍경에 눈이 휘둥그레질 수밖에 없다.

고성의 하늬라벤더팜은 농사도 풍경이 될 수 있다는 의지에서 출발하였다. 라벤더는 '허브의 여왕', '향의 여왕'이라 불리는 허브 중에서도 많은 사랑을 받고 있는 식물이다. 인기가 높은 허브인데도 정작 우리나라에 변변한 라벤더 농장 하나 없는 것을 안타

깝게 여긴 하덕호 대표는 라벤더 농장을 만들 결심을 한다. 고창 청보리밭, 광양 매화마을, 보성 녹차밭처럼 자연 풍경을 관광화하기 위해 2006년 강원도 고성 어천리에 1만여 평의 부지를 매입하고 농장을 가꿔나가기 시작하였다. 어렵게 일본에서 가져온 라벤더를 심었지만 다음 해에 모두 죽어버리는 등 수차례의 시행착오 끝에 산언덕을 보랏빛 라벤더로 가득 채울 수 있게 되었다. 지중해가 원산인 라벤더에 어울리도록 유럽식 건물을 지어 이국적인 분위기를 연출하였다. 농장을 가꿔가는 중에 어쩔 수 없이 땅의 일부를 팔아야만 했을 때는 땅을 매입하는 사람에게 유럽풍으로 건물로 지어 달라는 조건을 걸었다. 그가 고집스럽게 밀어붙인 콘셉트가 지금의 라벤더팜을 완성시켰다.

보랏빛 향기처럼 살며시 그대에게

6월, 보라색으로 칠해진 동화의 한 페이지를 열기 위해 고성으로 간다. 매표소를 지나 나타난 건물은 기념품 숍이다. 넝쿨장미가 스페인식 지붕의 건물 벽면을 타고 올라가고 있다. 숍을 통과해 보라색의 향연을 마주하는 순간 '과연 이곳이 우리나라인가?'라는 생각이 든다.

예로부터 보라색은 고귀한 색으로 여겨졌다. 엘레강스한 느낌을 주는 보라색을 좋아하는 사람은 예술가의 기질이 잠재돼 있다고 말한다. 강원도의 초록 산을 배경으로 밭고랑을 따라 넘실대는 보라색이 예술가의 기질을 깨운다. 어마어마한 규모는 아니지만 작은 곳 하나하나에도 스토리를 넣어 곳곳이 포토 포인트다. 농장 안에 숨겨진 재미를 놓치지 않으려면 작은 오솔길까지 구석구석 돌아보는 것이 좋다. 라벤더 꽃밭 아래에는 쉬어갈 수 있는 메타세쿼이아 숲이 있다. 잠시 멈추어 숲속에 감도는 라벤더 향기를 맡아보자. 관광이라기보다는 라벤더 향을 음미하며 힐링하는 시간을 가질 수 있다. 보랏빛 라벤더밭과 이국적인 건축물의 조화는 마치 유럽을 여행하는 듯한 느낌을 준다.

여행지 기본 정보

가기 좋은 시기	남부지방은 5월 중순부터, 강원지방은 6월 중순 이후가 절정
주소	강원 고성군 간성읍 꽃대마을길 175
전화	033-681-0005
입장료	성인 6,000원, 어린이 3,000원(라벤더가 개화하지 않은 때에는 성인 4,000원, 어린이 2,000원)
운영	6월 09:00~19:00, 5월·7월~8월 10:00~18:00, 9월~10월 10:00~17:00, 매주 화요일 휴무(6월은 휴무 없음)
여행 팁	라벤더 개화 시기인 6월이 최고의 시즌이지만 다른 계절에도 양귀비, 메밀, 버들마편초 등의 꽃을 심어 아쉬움을 달래준다. 농장에서 자라는 라벤더의 품종은 잉글리시라벤더로, 꽃의 개화 기간이 우리나라의 장마 기간이다. 꽃 구경 중 비를 만날 확률이 아주 높다는 점은 어쩔 수 없다. 자전거, 보라색 트랙터, 빨간색 공중전화부스 등 소품을 활용해 사진을 찍으면 한층 사진이 풍성해진다. 라벤더 아이스크림을 들고 찍는 사진이 SNS에서 인기니 도전해 봐도 좋다. 11월부터 4월까지는 농장이 문을 닫는다는 것을 기억하자.

함께 가볼 만한 곳

송지호

고성은 강원도 가장 북쪽에 위치한다. 그래서인지 다른 유명 동해안의 도시와는 달리 조용한 분위기다. 특히 석호인 송지호는 한적하게 6km의 둘레를 따라 호숫가를 산책할 수 있어 차분한 여행을 좋아하는 이들이 많이 찾는다. 20만 평의 호수는 바다인 송지호 해안과 연결되어 겨울에도 잘 얼지 않으며, 철새 도래지로 유명하다.

주소 강원 고성군 죽왕면 오봉리 산170-4 **가는 방법** 하늬라벤더팜에서 16.4km, 자동차로 20분 소요.

금강산 화암사 숲길

화암사 주차장에서 신선봉까지 4.1km(2시간 소요)의 산길로 왕관 모양의 우람한 수바위와 시루떡 바위를 지나 신선대(성인대)까지 이어진다. 최고의 절경을 보고 싶다면 낙타바위까지 가는 것이 좋다. 고성과 속초, 미시령과 설악산 울산바위가 한눈에 들어온다. 숲길을 걷고 난 뒤 화암사도 함께 둘러보자.

주소 강원 고성군 토성면 화암사길 100(화암사) **가는 방법** 하늬라벤더팜에서 35.7km, 자동차로 40분 소요.

물회 맛집

동해안과 맞닿은 고성에서 맛봐야 할 음식 하면 물회가 떠오른다. 특히 가진항에 있는 물회집 몇 곳은 물회 특유의 새콤달콤함과 싱싱한 횟감의 씹는 맛, 비교적 시끌벅적하지 않은 분위기가 강점이다. 추천 맛집으로 부부횟집, 광범이네횟집, 자매해녀횟집 등이 있다. 모두 하늬라벤더팜에서 13.4km, 자동차로 20분 정도 소요된다.

[부부횟집] **주소** 강원 고성군 죽왕면 가진해변길 88 **전화** 033-681-0094 **영업** 10:30~20:30(라스트 오더 19:30), 매주 수요일 휴무

[광범이네횟집] **주소** 강원 고성군 죽왕면 가진해변길 114 **전화** 033-682-3665 **영업** 10:00~20:00, 매주 월요일 휴무

[자매해녀횟집] **주소** 강원 고성군 죽왕면 가진해변길 123 **전화** 033-681-1213 **영업** 08:00~22:00, 매주 월요일 휴무

7월의 꽃

산수국
알다가도 모르겠는, 알쏭달쏭한 꽃

산수국은 변화무쌍하다. 화원에서 산수국을 사다가 정원에 심었는데 다음 해에 보니 꽃색이 달라졌다. 분명 청보라색이 예뻐서 산 꽃인데 어찌 된 일인지 적보라색 꽃이 피었다. 산수국은 산성 토양에서는 꽃이 푸른색을 띠고 알칼리성 토양에서는 붉은색을 띤다. 올봄에 흙이 너무 푸석푸석하고 영양분이 없어 보이길래 비료와 석회를 잔뜩 뿌려 준 것이 원인이었다. 토질에 따라 꽃의 색이 변하기 때문인데 정원의 흙이 알칼리성 토양으로 바뀌어 꽃색이 달라진 것이다. 원하는 색의 꽃을 보려면 흙의 산도를 조절해 주면 된다.

산수국꽃을 세심히 들여다보면 가운데에 자잘한 꽃들이 무수히 많고 가장자리에 안쪽 꽃에 비해 상대적으로 큼지막한 꽃잎이 3~5개 뭉쳐 잠자리 날개처럼 적당한 간격을 두고 붙어 있다. 가장자리의 꽃들은 한마디로 삐끼다. 삐끼는 국어사전에 따르면 '호객 행위를 하는 사람을 속되게 이르는 말'이다. 가장자리 꽃들이 실제 꽃도 아니면서 벌과 나비를 꾀는 역할을 한다. 손님을 불러들여 수정을 하기 위한 산수국의 전략이다. 수정이 끝나고 나면 볼일이 끝났다는 듯 베끼 역할을 했던 헛꽃은 꽃잎을 뒤집는다. 제 할 바를 다했으면 떨궈도 될 텐데 잎이 다 떨어진 겨울에도 마른 채로 헛꽃이 남아 있다.

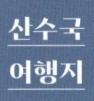

산수국
여행지

안개 속 신비의 숲길 **제주 사려니숲**

7월 산수국

숲길 걷기 붐을 일으킨
사려니숲

제주의 숲길이 핫하다. 선풍적 인기를 얻고 있는 제주 숲길 여행, 그 시작에는 사려니숲길이 있다. 사려니는 제주어로 '신성하다'는 의미로 붉은오름 입구 가까이에 사려니오름이 있다. 본래는 표고버섯을 키우던 사람들이 오가는 임도였으나 길에 송이를 깔고 하천이 범람할 때를 대비해 육교를 놓는 등 단장하여 많은 사람들에게 사랑받는 숲길이 되었다.

비자림로 입구에서 1.3km를 걸으면 천미천이 나온다. 교래리 물찻오름을 지나 월든삼거리, 삼나무 미로 숲을 타박타박 걷다 보면 붉은오름 입구가 나온다. 약 10km(편도 3시간)의 숲길은 한라산의 550m의 고도를 지나며 대부분 평지 길이다. 중심이 되는 길은 송이 흙이 깔려 있거나 꽤 넓은 시멘트 도로고 여기서 갈라진 숲속 갈랫길은 야자매트가 놓여 있어 걷기 수월하다.

한라산에서 내려오는 하천과 커다란 바위가 뒹구는 계곡, 서어나무, 때죽나무 등 제주 나무들이 자유분방하게 자라는 숲길을 걷고 싶다면 비자림로 입구에서 시작하는 것이 좋다. 삼나무 숲길과 조림된 숲 등 가꾼 숲이라는 느낌이 있는 붉은오름 입구는 접근성이 좋아서 많은 사람들이 찾는다. 시작과 끝이 있는 코스지만 일부만 걷고 되돌아 나와도 숲길 분위기는 충분히 느낄 수 있다. 나무가 내뿜는 피톤치드 향과 새소리에 귀 기울이며 길을 걷다가 안쪽 숲으로 들어가면 다른 느낌의 숲이 펼쳐진다. 사려니숲길은 사계절 언제 걸어도 좋은 숲길이다.

7월 　　　　산수국

안개에 싸인
신비의 산수국 숲

산수국은 장마철이 시작되면 어김없이 꽃봉오리를 연다. 이때는 시도 때도 없이 비가 오고 낮게 깔린 수증기가 숲을 휘감고 돌아 안개 낀 날이 많다. 6월 말부터 7월 초순이면 짙푸른 숲 사이로 파란 산수국이 한가득 피어 싱그러움을 더한다. 햇살이 좋은 날 숲길을 걸으면 좋겠지만 비가 오거나 안개가 낀 날에도 아련하고 묘한 분위기를 자아내 좋다. 숲이 안개에 젖어 있고 숲 사이로 산수국이 보일 듯 말 듯한 풍경은 신비롭기까지 하다.

7월   산수국

산수국 숲은 5·16도로에서 비자림로로 접어드는 교차로부터 나타난다. 쭉쭉 뻗은 삼나무숲이 아름다워 드라이브 코스로 정평이 나있다. 붉은오름 입구에도 산수국이 무리지어 자란다. 제주도 토양은 산성이 강한 데다 침엽수림 아래의 토양은 산성도가 더 높아 삼나무 숲 아래의 산수국은 색이 파랗다 못해 새파랗다. 숲길 안쪽보다는 입구 쪽에 산수국이 모여 자라고 있어 숲길 전체를 다 걷지 않아도 산수국을 감상하는 데는 부족하지 않다. 제주 사람들은 산수국을 '도채비꽃'이라고 부른다. 꽃색이 도깨비처럼 종잡을 수 없어서 불리는 이름이다. 안개가 짙은 날에는 산수국과 숨바꼭질을 하면서 제주의 옛이야기 속을 걷는 듯하다.

여행지 기본 정보

가기 좋은 시기	6월 하순~7월 초순
주소	[붉은오름 입구] 제주 서귀포시 표선면 가시리 산 158-4, [비자림로 주차장] 제주 제주시 봉개동 산64
여행 팁	사려니숲길은 비자림로 입구와 붉은오름 입구 두 곳에서 걸을 수 있다. 처음 숲길 개방 당시에는 비자림로 입구가 주 출입구였는데 2차선 차로 옆에 주차를 하는 등 통행이 어려워져 절물휴양림 가기 전 우측의 민오름 입구에 사려니숲길 주차장을 만들었다. 이곳에서 사려니숲길 입구까지 가려면 2.5km를 걸어야 하기 때문에 주로 붉은오름 입구를 이용한다. 비자림로 입구에 버스정류장이 있어 버스 이용자들도 많다. 사려니숲길은 아무 때나 갈 수 있지만 사려니오름(한남시험림/인터넷(https://www.foresttrip.go.kr 예약 필수)은 5월 16일부터 10월까지만 개방한다.

함께 가볼 만한 곳

고살리숲길

아직 많이 알려지지 않은 비밀스러운 제주 숲길이다. 입석동(서) 버스정류장 맞은편 다리 옆 길로 30m만 들어가면 입구다. 2.1km, 왕복 2시간에서 넉넉 잡아 3시간이면 충분히 다녀올 수 있다. 효돈천을 끼고 있으며 구실잣밤나무, 붉가시나무 등이 자란다. 고살리는 사시사철 샘물이 솟는 하천가 벼랑을 부르는 말이다.

주소 제주 서귀포시 남원읍 하례리 산 54-2 **가는 방법** 붉은오름쪽 사려니숲길 입구에서 21km, 자동차로 25분 소요.

한라생태숲

한라산 5·16도로변 600m 고지에 있는 숲으로, 목련숲, 참꽃나무숲, 수생식물원, 암석원 등 다양한 테마숲이 있다. 생태연못에는 멸종위기종으로 분류되는 순채가 자라고 있다. 생태숲에서 절물자연휴양림까지 연결되는 2.4km의 숫모르숲길은 산림욕과 오름 트레킹을 할 수 있는 숲길이다.

주소 제주 제주시 516로 2596 **전화** 064-710-8688 **운영** 하절기 09:00~18:00, 동절기 09:00~17:00 **가는 방법** 붉은오름쪽 사려니숲길 입구에서 13km, 자동차로 15분 소요.

고기국수 맛집

제주 고기국수는 돼지뼈를 고아 만든 뽀얀 육수, 약간 굵은 면과 고명처럼 얹은 실한 고기 몇 점이 들어간 국수다. 제주 자연사박물관 근처에 국수거리가 있으며 올래국수, 만세국수 등 국숫집이 많다. 가장 유명한 자매국수는 제주시 탑동으로 이전했다. 자매국수는 30분에서 1시간은 기다려야 하는 국수 맛집이다.

[자매국수] **주소** 제주 제주시 탑동로11길 6 **전화** 064-746-2222 **영업** 09:00~19:40(브레이크 타임 14:20~16:00), 매주 수요일 휴무

[올래국수] **주소** 제주 제주시 귀아랑길 24 **전화** 064-742-7355 **영업** 08:30~15:00(라스트 오더 14:30), 매주 일요일 휴무

[만세국수] **주소** 제주 제주시 오라로 152 **전화** 064-702-7056 **영업** 09:00~21:00(라스트 오더 20:20)

7월의 꽃

해바라기
부를 상징하는 꽃

돈과 황금을 상징하는 색은 노란색이다. 샤머니즘이 남아 있는 우리나라에서는 풍수지리를 어느 정도 수긍하는 면이 있고 풍수지리에서는 해바라기 그림을 '돈을 부르는 개운 아이템'으로 소개하고 있다. 재물운을 좋게 하는 것엔 해바라기 외에도 사과, 자작나무, 코끼리 등이 있다. 해바라기는 동서고금을 통틀어 좋은 상징성을 갖는다.

아메리카 원주민들에게 해바라기는 많은 씨앗과 오일을 얻을 수 있어 '수확'을 의미했고 잉카 제국에서는 '태양신의 상징'으로 여겨 숭배하였지만, 스페인에 약탈당한 후 '거짓 부'로 바뀌기도 하였다. 중국에서는 '지능', '힘', '행운'과 '장수'를 의미하고 유럽에서는 Clytie(클리티아)와 Apollo(아폴로)의 신화에 나와 '충성심', '숭배'를 상징한다. 전 세계 공통적으로 해바라기는 태양을 나타내고 '황금', '행운' 등의 기분을 좋게 만드는 의미를 담고 있다.

해바라기그림을 집 안 잘 보이는 곳에 걸어두는 것은 무의식이 의식을 지배하는 상황을 만드는 과정이다. 부에 대한 열망을 갖고 이를 위해서 어떤 행동을 취하고 이런 과정이 긍정적인 마음가짐과 효과로 이어져 결국에는 부에 가까워지는 길을 만들게 된다. 간절히 원하면 늦든 빠르든 이룰 수 있게 되는 것과 같다.

해바라기 여행지

언론에서 아름다워라기 마을 태백 구와우마을

7월   해바라기

이열치열, 불꽃같은 해바라기

한여름에 노란 꽃잎을 갈기처럼 휘날리며 피는 해바라기를 보면 없던 힘도 생길 것 같다. 여름 꽃 해바라기는 복을 준다는 이야기와 함께 빈센트 반 고흐의 작품 '해바라기'가 사람들의 의식에 강하게 자리 잡고 있다. 해바라기는 방사성 동위 원소를 흡수하는 특별한 기능을 가지고 있다. 실제로 체르노빌과 후쿠시마 원자력 재해 현장에 해바라기가 심어져 방사성을 정화하는 데 조금이라

도 도움을 주고 있다.

둥근 얼굴에 황금색 꽃잎을 가진 해바라기를 만나기 위해 집을 나선다. 더위를 이겨낼 힘을 얻기 위해서다. 노랗게 들판을 이룬 해바라기를 보면 희망이 용솟음친다. 뜨거운 태양처럼 활력이 넘치고 거센 바람에도 굳건하게 서 있는 강함이 느껴진다. 불꽃처럼 생명력이 넘치는 해바라기를 보기 위해 여름 여행을 떠나야 하는 이유다.

높은 산에 자리 잡은
태양의 후예

백두대간 중심에 자리 잡은 함백산(1,573m)에서 서쪽으로 갈라진 능선의 최고봉인 매봉산(1,272m) 아래 해바라기 100만 송이가 피어 있는 작은 마을이 있다. 아홉 마리 소가 배불리 먹고 누워 있다는 의미의 구와우(九臥牛) 마을은 나른하게 엎드려 누운 소의 모습처럼 아늑한 산세에 둘러 싸여 평화로움이 느껴진다.

마을은 산속에 자리하여 능선 위로 풍력발전기가 보이는 등 수려한 풍경을 자랑한다. 800m 이상의 고산 지대에 위치해 한여름에도 찌는 듯이 덥지 않아 좋다. 고산 마을에 펼쳐진 노란 해바라기밭을 보자마자 잔잔했던 마음이 깡충깡충 널을 뛴다.

고랭지 배추를 키우던 마을이 해바라기 마을이 된 것은 고원자생식물원에서 해바라기를 심기 시작한 2002년부터다. 2005년부터는 매년 여름에 해바라기 축제를 열어왔다. 사람들은 산골 마을을 찾아 해바라기 꽃 아래에서 태양빛 샤워를 즐긴다. 주차장에 차를 세우고 해바라기 마을에 들어서면 해바라기보다 선명한 색의 백일홍이 맞이해준다. 그 위로 해바라기가 너울댄다. 해바라기가 워낙 키가 크기 때문에 조화를 이뤄 심어 놓았다. 오른쪽 언덕배기로 올라 전나무 숲산책로에서 한숨 돌린 후 활짝 웃는 얼굴의 해바라기밭 전체를 내려다 볼 수 있는 전망대로 향한다. 삐거덕 거리는 소리마저 정겨운 전망대는 해바라기를 배경으로 사

진 찍기 좋다. 전망대 2층 나무 창틀 앞은 인기 포토 포인트여서 기다림은 기본이다. 산간에 부는 선선한 바람과 해바라기 핀 꽃길 산책은 지친 여름날에 생기를 불어넣어준다.

여행지 기본 정보

가기 좋은 시기	7월 하순~8월 중순
주소	강원 태백시 황지동 287-22
전화	033-553-9707
입장료	성인 5,000원, 어린이 3,000원
여행 팁	구와우마을은 2시간 정도면 둘러볼 수 있다. 마을에서 운영하는 시설이어서 산책로가 잘 정돈되어 있진 않다. 전망대 2층의 사각 프레임을 활용하면 느낌 있는 사진이 나온다. 구와우마을 해바라기만 둘러볼 예정이라면 대중교통(시외버스)을 이용해서 가도 좋다. 바람의 언덕이나 검룡소 등 인근 관광지를 함께 둘러본다면 자동차를 이용해야 한다. 구와우마을을 기점으로 여름 여행 일정을 잡아 피서를 즐겨도 좋다.

함께 가볼 만한 곳

검룡소

한강의 발원지로 용신이 사는 못이라는 의미다. 금대봉 자락 800m에 위치한 연못에서는 하루 약 2~3톤의 물이 쏟아져 나와 발원지로서의 면모를 보여준다. 물에 깎인 자국들이 용이 몸부림 친 듯한 모습을 연상시키고, 이끼도 짙게 껴 있어 태고의 신비가 느껴진다.

주소 [국립공원공단 태백산국립공원사무소 검룡소 분소] 강원 태백시 창죽동 153-1 **전화** 033-554-9887 **가는 방법** 구와우마을에서 10.7km, 자동차로 15분 소요.

바람의 언덕

풍력발전단지와 40만 평에 이르는 고랭지 배추밭이 조화를 이루는 바람의 언덕은 하늘과 맞닿을 듯이 높은 매봉산(1,272m) 자락에 위치한다. 고산이기 때문에 구름이 넘나들어 신비경을 연출하기도 한다.

주소 강원 태백시 창죽동 9-440 **가는 방법** 구와우마을에서 5.3km, 자동차로 10분 소요.

물닭갈비 맛집

물닭갈비는 태백이 원조다. 탄광이 발달했던 시절 얼큰한 국물 때문에 물닭갈비가 탄생하였다. 끓을수록 풍미가 짙어지는 국물과 칼칼한 맛이 좋다. 태백여행에서 맛봐야 하는 별미로 가격 부담이 없는 데다 다 먹고 난 뒤에 매콤한 양념에 볶아먹는 밥이 일품이다.

[태백닭갈비] **주소** 강원 태백시 중앙남1길 10 **전화** 033-553-8119 **영업** 10:00~21:00, 첫째·둘째 주 수요일 휴무

[김서방네닭갈비] **주소** 강원 태백시 시장남1길 7-1 **전화** 033-553-6378 **영업** 11:00~22:00

고갈두 맛집

검룡소 가까운 곳에 조림 전문점이 있다. 고등어, 갈치, 두부의 앞 글자를 따서 '고갈두'다. 매콤한 국물이 자작자작, 첫 맛은 자극적인데 먹을수록 입맛을 당긴다. 가격이 착하며 두부조림은 1인분도 주문이 가능하다.

[초막고갈두] **주소** 강원 태백시 백두대간로 304

전화 033-553-7388 **영업** 10:00~16:00, 둘째·넷째 주 일요일 휴무

8월의 꽃

연꽃
진흙 속에 피어난 고귀함

연은 시궁창 냄새가 진동하는 진흙더미에서 자란다. 처한 환경이 그럴지라도 피는 꽃은 크고 향기롭다. 연꽃은 '더러운 곳에 처해도 물들지 않고 맑고 향기로운 꽃을 피운다'는 상징성을 갖는다.

연꽃은 불교와 떼려야 뗄 수 없다. 불교를 상징하는 불화(佛花)이며 부처님을 표현한다. 부처가 탄생할 때 오색 연꽃이 만발하였고 마침내 깨우침을 얻었을 때 인간들이 호수의 연꽃으로 보였다고 한다. 그래서 불교에서는 부처님이 앉아 있는 연화대좌, 범종, 석탑에 쓰인 연꽃 문양 등 다양한 불교용품에 연꽃을 새겨 넣고 있다.

연꽃이 주는 교훈은 우리의 삶에서도 의미가 있다. 연꽃에 담긴 10가지 의미 중 '이제염오(離諸染汚)'라는 말이 있다. '연꽃은 진흙탕에서 자라지만 진흙에 물들지 않는다'라는 뜻이다. 부조리와 세속에 물들지 않고 아름답게 꽃피우는 사람이라는 의미다.

조선의 선비는 세파에 흔들리지 않는 연꽃처럼 고아한 사람이 되고자 하였다. 그래서 연꽃은 민화의 단골 소재가 되었다. 연꽃이 홀로 있으면 청렴결백, 여러 송이가 모여 있으면 번창을 뜻한다. 물고기가 나오면 풍요, 물총새가 나오면 과거 합격, 제비가 나오면 천하가 태평한 살기 좋은 세상에 대한 소망을 의미한다.

연꽃
여행지 1

두 물이 만나는 곳에서 연꽃이 피어나다 **양평 세미원**

8월   연꽃

물과 꽃의 정원
세미원에서

세미원(洗美苑)은 '물을 보며 마음을 씻고 꽃을 보며 마음을 아름답게 하라'는 뜻을 담고 있다. 양평 양수리에 세미원이 생기기 전, 물가는 위에서부터 떠내려 온 쓰레기들로 인해 악취가 진동했다. 물을 정화하는 능력이 뛰어난 연꽃을 비롯한 수생식물이 심어졌고 점점 물이 맑아졌다. 시궁창 냄새가 사라진 자리에 연꽃 향이 은은하게 퍼져나가기 시작했다. 지금은 황홀할 정도로 크고 아름다운 연꽃들이 가득 피어 사람들의 마음을 씻어주는 물과 꽃의 정원으로 사랑받고 있다.

입구에 들어서면 자동차가 쌩쌩 달리는 도로 옆이라고는 생각이 들지 않을 정도로 고요함이 느껴진다. 푸른 잎이 싱그러운 메타세쿼이아 숲에 마음이 열린다. 징검다리에서는 가족들이 손을 잡고 돌을 하나씩 밟고 건너며 순간을 사진에 담고 있다.

장독대분수를 지나면 페리기념연못이 나온다. 세계적인 연꽃 연

구가인 페리 슬로컴(Perry D. Slocum)박사가 기증한 연꽃이 자라는 못이다.

연꽃 향기와 함께하는
여름산책

연꽃이 피는 때는 여름의 중간, 한여름이다. 따가운 햇볕을 감당하지 못한 사람들이 햇살을 피해 정자에서 휴식을 취하고 있다. 페리기념연못 우측에 세미원에서 가장 넓은 연못, 백련지가 있다. 이곳은 시간을 들여 즐겨야 한다. 백색의 연꽃이 흐드러지게 피어 있는 연못 가운데를 가로지르는 길이 있다. 일심교는 조심조심 한 방향으로만 건너야 하는 외돌다리다. 이곳을 지날 때는 눈을 크게 떠야 한다. 50cm 가까이 되는 푸르고 맑은 연잎이 하늘을 향해 팔을 벌리고 있고 그 위로 하얀 꽃잎의 백련이 고개를 내밀고 있다. 관람객들은 백련의 온화한 아름다움을 마음에 담는다. 흙길을 사이에 두고 분홍색의 화사한 연꽃이 피는 홍련지가 자리한다. 빅토리아연못과 열대수련정원을 둘러본 후 사랑의 연못으로 발길을 재촉한다. 빛의 화가 모네의 정원을 떠올리게 하는 사랑의 연못은 강 쪽으로 쑥 들어가 있다. 아기자기한 조형물들이 설치돼 있고 그 사이로 하얀 다리가 보인다. 공원 서쪽에는 두물머리와 연결되는 배다리가 있다. 목선 52척을 연결해 만든 다리다. 아쉽게도 올해 초 침수되어 현재는 건널 수 없다.

세미원 연꽃의 아름다움에 빠져 잠시나마 더위를 잊는다. 세미원에서 나와 북한강과 남한강이 만나는 두물머리로 향한다. 두물머리의 상징인 400년 된 느티나무 아래에서 유유히 흐르는 강물을 바라본다.

여행지 기본 정보

가기 좋은 시기	7월 중순~8월 초순
주소	경기 양평군 양서면 양수로 93
전화	031-775-1835
입장료	성인 5,000원, 어린이 3,000원
운영	6월~8월 09:00~20:00, 9월~5월 09:00~18:00, 10월~5월 월요일 휴관(월요일이 공휴일인 경우 개관)
여행 팁	세미원은 양수역과 가깝다. 지하철 경의중앙선 양수역 1번 출구에서 800m 거리다. 연못을 건너거나 강이 가깝기 때문에 소지품을 물에 빠뜨리지 않게 주의를 기울이도록 한다. 햇볕이 따가울 수 있으니 양산이나 모자를 쓰고 관람하는 것이 좋다. 백련지, 홍련지에는 사람이 많이 몰린다. 세미원 곳곳을 잘 꾸며놓았으니 한 곳에만 오래 머물지 말고 정자에서 쉬어 가면서 천천히 꼼꼼하게 돌아보도록 한다.

함께 가볼 만한 곳

두물머리

두물머리는 북한강과 남한강이 합쳐진다는 양수리마을에서 나루터를 중심으로 한 장소를 가리킨다. 불과 40년 전까지도 길손들이 북적거리는 나루터였으나 1973년 팔당댐이 생기면서 포구의 기능을 상실하였다. 영화나 드라마의 촬영지로 유명하며 사진가, 연인, 가족 등 많은 사람들이 찾는 강가의 쉼터다.

주소 경기 양평군 양서면 두물머리길 107 **가는 방법** 세미원 주차장에서 1.7km, 자동차로 10분 소요.

용문사

용문산 자락에 위치한 용문사는 일주문에서 1.3km 걷는 숲길이 좋다. 절의 규모는 그리 크지 않으나 입구에 있는 수령 1,000년이 넘는 높이 42m, 둘레 15m의 은행나무가 유명하다. 세월을 뛰어넘는 거대함과 위엄 있는 모습에 감탄이 절로 나온다.

주소 경기 양평군 용문면 용문산로 782 **전화** 031-773-3797 **입장료** 성인 2,500원, 어린이 1,000원, 주차비 3,000원 **가는 방법** 세미원 주차장에서 35.4km, 자동차로 40분 소요.

연밥 맛집

두물머리, 세미원 주변에 맛집이 꽤 있지만 이왕이면 연잎 요리를 먹어보길 추천한다. 연밭은 30년 이상 된 식당으로 연밭정식과 유기농 쌈정식을 추천한다. 심심한 듯 건강한 맛이 느껴지며 반찬 하나하나에 정성이 느껴진다.

[연밭] 주소 경기 양평군 양서면 목왕로 34 **전화** 031-772-6200 **영업** 11:30~19:00, 매주 월요일 휴무

8월 연꽃

연꽃
여행지 2

궁에서도 백련 요수 무안 회산백련지

영산강 하구
너울대는 연잎의 파도

10만 평에 달하는 동양 최대의 백련 자생지다. 회산백련지는 본래 논농사를 위해 물을 대는 저수지였다. 1955년 저수지 바로 옆에 살던 정수동 씨는 꿈에 하늘에서 학 12마리가 저수지에 내려와 앉아 있는 모습을 보고 백련 12뿌리를 심어 마을사람들과 함께 가꾸기 시작했다. 영산강에 하구둑이 만들어지면서 저수지는 쓸모를 다하였지만 저수지의 수면이 점차 낮아지는 바람에 연꽃이 잘 자라는 환경으로 바뀌었다. 1997년에 이르러서는 첫 연꽃 축제가 열릴 정도로 연꽃이 많아졌다.

여름철 둘레 3km에 이르는 저수지에 백련이 필 때면 많은 사람들이 이곳을 찾는다. 백련지 위로 280m 길이의 백련교가 나 있다. 백련은 첫 개화 때는 꽃잎 끝이 연분홍이었다가 시간이 지나면 순백색이 된다. 우산으로 써도 될 만큼 큰 연잎의 너울거림 사이로 연꽃이 보인다. 백련지를 가로지르는 나무 데크길을 걸으며 전망대 위에 올라서 너른 연밭을 바라본다. 수면이 보이지 않을 정도로 저수지를 가득 채운 초록 연잎은 태양 아래 민낯을 드러낸 초록의 바다 같다. 저수지는 수련과 가시연, 노랑어리연, 어리연 등 30여 종의 식물이 자라는 자연생태학습장이기도 하다. 전망대, 출렁다리 등 시설이 잘 되어 있어 둘러보기 좋고 야외 물놀이장, 오토캠핑장 등 놀이시설이 다양해 가족 여행을 즐기기에도 좋다.

여행지 기본 정보

가기 좋은 시기	8월 초순~하순
주소	전남 무안군 일로읍 백련로 333
전화	061-285-1323
여행 팁	연꽃이 가장 넓게 피는 곳이기도 하지만 워낙 많은 연이 있어 꽃이 피고 지고 하기 때문에 오랫동안 연꽃을 감상할 수 있다. 백련지의 랜드마크인 연꽃 모양의 2층 건물, 백련카페에 들러 차 한 잔의 여유를 즐겨도 좋다. 태양빛 아래를 꽤 걸어야 하니 양산이나 우산 등 햇빛을 가릴 것을 준비해 간다. 백련지는 미처 준비하지 못한 사람들에게 양산을 무료로 대여해주는 등 편의를 제공하기도 하니 참고한다. 백련지는 특별한 조치가 없는 한 24시간 개방된다. 연꽃 외에도 물놀이장, 어린이들을 위한 놀이시설과 미니 동물원인 백련Zoo, 오토캠핑장 등 즐길거리가 많다.

연꽃
여행지 3

국내 최초의 연지 시흥 관곡지

8월   연꽃

3만 평의 연꽃테마파크, 관곡지

관곡지는 조선시대에 조성된 가로 23m, 세로 18.5m의 작은 연못이었다. 조선 초기 문신인 강희맹(1424~1483)이 명나라에서 연꽃 씨를 가져와 사위인 권만형의 집 안 연못에 심었고 이것이 주변에 널리 퍼져나갔다. 관곡지 주변으로 연꽃이 퍼져나가자 세조는 연꽃이 많이 피는 마을이라 하여 연성(蓮城)이라는 이름을 내렸다고 한다. 그때 불린 연성이라는 명칭이 연성초등학교, 연성동 등에 흔적을 남기고 있다. 권씨 문중의 집 주변에 연꽃 농장이 들어서면서 대규모 연꽃 단지가 만들어지게 되었다. 현재 관곡지는 경기도 시흥시 하중동에 있는 3만 평에 달하는 대규모 연꽃 테마파크를 통틀어 부르는 명칭이 되었다.

관곡지는 여름철 연꽃을 보기 위해 사람들이 많이 오기도 하지만

8월 연꽃

철새들 또한 많이 날아든다. 백로와 왜가리 등이 연잎 사이를 걸어 다니며 먹이 활동을 하는 모습을 볼 수 있다. 비 오는 날에 찾아도 좋다. 연못에 빗방울이 떨어지는 모습이 더위와 시름을 씻어내듯이 시원하다. 한 방울의 물방울도 허락하지 않겠다는 듯 빗물을 모았다가 한쪽 방향으로 흘러내리는 연잎을 관찰하는 재미도 있다. 비오는 날 샤워를 즐기는 듯한 연의 모습이 싱그럽다.

여행지 기본 정보

가기 좋은 시기	7월 하순~8월 중순
주소	경기 시흥시 관곡지로 139
전화	031-310-6224
여행 팁	연꽃테마파크를 방문하기 좋은 때는 주말보다는 평일, 오후보다는 오전이다. 오전에 활짝 꽃봉오리를 열어 오후가 되면 꽃잎을 다무는 연꽃의 습성을 기억해야 하기 때문이기도 하지만 여름 여행지답게 오후가 되면 햇살의 뜨거움이 무서울 정도다. 주차장은 협소해서 자리를 찾기 어려우며 대부분 도로에 일렬로 주차를 해놓고 관람한다. 하천이 있고 습지 지역이다 보니 여름철에는 모기가 극성을 부린다.

8월의 꽃

배롱나무
배롱나무를 부르는 여러 이름들

배롱나무는 화무십일홍(花無十日紅; 열흘 붉은 꽃은 없다)이란 말을 코웃음치며 넘겨버리는 나무다. 붉은 꽃이 피고 지고하며 100일 이상을 피어 있어 '백일홍', '목백일홍'이라고 불린다. 백일홍나무가 소리가 바뀌어 '배롱나무'가 되었다. 배롱나무는 절개와 지조를 상징한다. 중국에서는 당나라 때부터 관청의 뜰에 심었다고 하며 '자미수(紫微樹)'라 하였다. 당시에는 주로 자색의 꽃이 피었다고 한다. 무덤에 심은 배롱나무 한 그루가 여름 내내 조상의 거처를 밝고 화사하게 만들어준다. 무덤가에 심은 배롱나무는 '귀신나무'라 부르기도 한다.

봄철 사찰에 매끌매끌한 수피에 이리저리 구부러진 연갈색 줄기를 가진 잎 하나 없는 나무가 있다면 그것이 배롱나무다. 배롱나무는 느긋하게 기다렸다가 늦은 봄이 되어서야 잎을 내고 여름에 꽃을 피운다. 이 때문에 '양반나무'라 부른다. 잎이 나지 않은 나목이었을 때 매끈한 수피에 흰색 무늬가 간간이 보이는 모습은 '원숭이미끄럼나무'라는 이름을 가질 만하다. 얇게 수피가 떨어져 나간 자리는 만지는 느낌이 너무 좋아 '희롱나무'라고 하며 나무줄기를 긁으면 가지와 잎이 흔들리는 모습이 간지럼을 타는 것처럼 보인다 하여 '간지럼나무'라고도 한다.

배롱나무 여행지

배롱나무가 숲을 이루는
담양 명옥헌원림

8월 　　　　배롱나무

남도의 여름은
붉다

온 세상이 초록이다. 봄의 연두색에서 녹색으로 변해가던 숲은 더 이상 진해질 수 없는 초록에서 멈춰 매미 소리에 장단을 맞추며 여름을 노래한다. 배롱나무는 여름을 가장 오래도록 즐기는 나무다. 남부지방에서는 가로수로 많이 심는다. 여름에 남도의 도로를 달리다 보면 도로가에 배롱나무가 붉은 꽃을 피운 모습을 흔하게 볼 수 있다. 중부지방에도 추위에 잘 견디는 배롱나무가 도입되어 쉽게 볼 수 있지만 남쪽에서 보는 배롱나무와는 꽃의 풍

성함에 있어서 확실히 차이가 난다. 남부지방에서 보는 배롱나무는 꽃이 많이 달리다 못해 무거워 보일 정도다. 꽃을 가까이에서 살펴보면 꼬불꼬불 구부러진 얇은 꽃잎이 자글자글 붙어있다.

배롱나무는 오래된 사찰이나 사당, 서원, 정자에 가면 한두 그루는 꼭 만나게 된다. 나목의 형태로 있다가 100일간 꽃을 피우고 늦가을이 되면 잎을 떨구고 다시 나목이 된다. 배롱나무는 무소유와 일편단심, 깨끗하고 청렴한 성품을 나타낸다. 스님, 선비들이 있는 곳에 심어져 나무를 보며 스스로를 일깨우도록 했다.

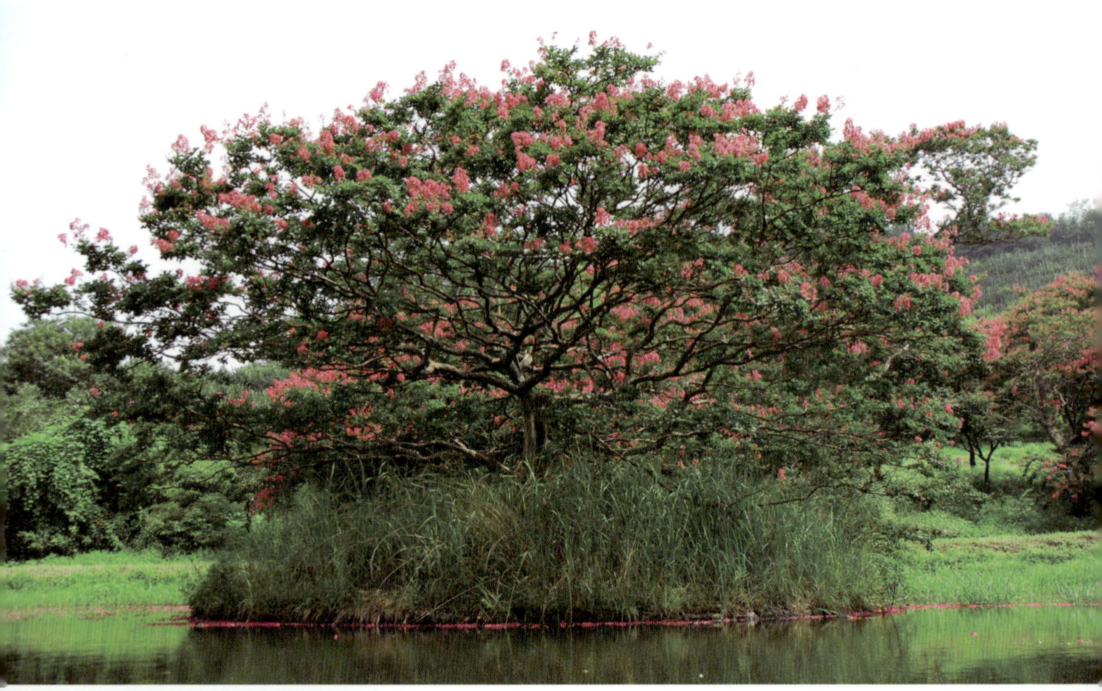

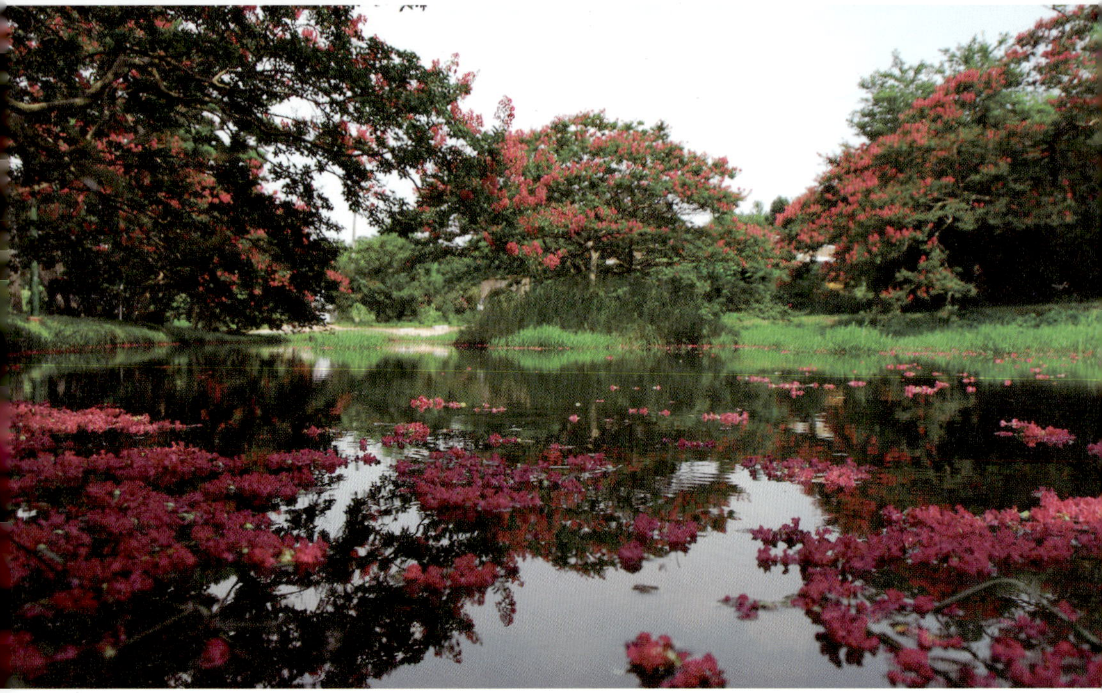

꽃잎으로 가득 찬
연못

명옥헌원림에 가기 위해서는 소박한 마을길을 걸어 들어가야 한다. 명옥헌원림은 조선 중기의 민간 정원으로 원림은 주변 동산, 숲, 개울 등 자연과 조화를 이루며 만들어졌다. 인공적으로 잘 꾸며놓은 정원과는 달리 자연스러운 멋이 있다. 구부러진 골목길을 따라 걸어 들어가며 어떤 모습의 원림을 만날지 기대하는 마음이 커진다.

차 몇 대 세울 만한 공터가 나오고 그 앞에 네모진 연못이 나타난다. 벽도 담도 없다. 배롱나무가 가지를 잔뜩 늘어뜨리며 연못을 감싸고 있고 연못 가운데에는 둥근 섬의 형태가 만들어져 있다. 당시의 우주관인 하늘은 둥글고 땅은 네모 라는 천원지방(天圓地方) 사상을 표현한 것이다. 섬 안에는 잘 키운 분재처럼 배롱나무가 멋스럽게 자리하고 있다. 연못 우측으로 걸어 올라가며 100년 이상 된 배롱나무 고목이 만드는 고태미를 감상한다. 배롱나무는 100일 동안 계속 피어 있는 것이 아니라 꽃이지면 다른 꽃이 연이어 피어 항상 꽃이 달려 있는 것처럼 보인다. 처음 꽃이 피기 시작하는 7월 말에는 그런 풍경을 볼 수 없지만 8월 중순이 되면 바닥에 붉은 배롱나무 꽃잎이 가득하고 연못에도 꽃잎이 떨어져 수면 가장자리가 붉게 물들어 있는 모습을 볼 수 있다. 명옥헌원림의 배롱나무를 낙화까지 즐기려면 8월 중순이 최적의 시기다.

조선 민간 정원에서의 휴식

그리 큰 규모는 아니지만 수십 그루의 배롱나무가 숲을 압축해 놓은 것 같은 야트막한 동산에 정면 3칸, 측면 2칸의 아담한 팔작지붕의 명옥헌이 자리해 있다. 이는 오이정이 그의 아버지인 오희도(1584~1624)를 기리기 위해 지은 정자다. 오희도는 두 차례 생원, 진사시에 합격하였으나 벼슬에 나가지 않고 후산마을에 낙향하여 학문을 닦았다. 효성이 지극하여 주변의 칭송을 받던 그는 인조 원년 알성문과 병과에 급제하여 예문관 검열에 제수되었는데, 그해 천연두에 걸려 41세의 나이로 세상을 떠나 안타까움을 남긴 인물이다.

명옥헌(鳴玉軒)은 '계곡물이 흐르는 소리가 마치 옥구슬 소리와 같다'는 의미다. 정자는 가운데에 온돌방이 있고 사방에 마루가 깔려 있다. 숲 그늘 아래 정자 마루에 앉아 눈을 감고 귀를 기울이면 맑은 물소리와 나뭇잎 스치는 소리에 시끄러웠던 마음이 이내 차분해진다. 명옥헌에서는 오래된 배롱나무에서 느껴지는 고아함, 자홍색의 꽃 감상과 함께 물 흐르는 소리를 꼭 들어보아야 한다. 수량이 풍부하지 않아 물소리가 들리지 않는다면 개울에 가까이 가서 떨어진 배롱나무 꽃잎을 머금고 흘러가는 물을 보며 땀을 씻어도 좋다. 개울은 정자 왼편으로 흘러 작은 연못을 지나 아래 큰 연못에 모인다. 정자 뒤쪽으로 구릉이 있어 작지만 배산임수 지형을 만들고 있다. 명옥헌원림은 과함이 없다. 자연과 어우러지면서 사람들을 맞이하는 모습도 그러하다. 자연의 일부라는 듯 소유를 드러내지 않아 머무는 이의 마음을 편안하게 해준다.

여행지 기본 정보

가기 좋은 시기	7월 하순~8월 중순
주소	전남 담양군 고서면 후산길 103
전화	061-380-3752
여행 팁	명옥헌원림 바로 앞에도 약간의 공터가 있지만 차는 마을 입구 주차장에 세우도록 한다. 종종 주차장 앞에 마을 어르신들이 모여 있곤 한다. 반가운 인사를 건네면 좋을 것이다. 주차장에 차를 세우고 460m 걸어가는 길이 소박해서 걷는 맛이 있다. 원림에 들어서면 계곡가에 우암 송시열이 새겼다는 鳴玉軒 癸丑(명옥헌 계축)이 쓰인 바위와 인조가 3번 찾아왔음을 상기시키는 편액을 찾아보자. 이곳은 입장료도 주차료도 없는 마을 안 자연 속 원림이다. 찾는 이들은 스스로 마음을 가다듬어 무릉도원과도 같은 자연 정원에 흔적을 남기지 않도록 해야 한다. 배롱나무 꽃잎이 떨어져 연못 가장자리가 붉게 물든 모습을 찍으면 특별한 사진을 얻을 수 있다.

함께 가볼 만한 곳

소쇄원

한국 민간 정원의 최고봉이라 일컬어지는 곳이다. 조선 중종대의 선비 양산보가 스승 조광조의 죽음을 보고 깨달은 바가 있어 자연 속에 소쇄원을 꾸미고 은거하며 당대 최고의 선비들과 이곳에서 풍광을 즐기며 교류를 나누었다. '제월당'과 사랑방 역할을 했던 '광풍각'이 있다. 양산보의 후손들이 1,400여 평에 이르는 정원을 지금까지 잘 관리해오고 있다.

주소 전남 담양군 가사문학면 소쇄원길 17 **전화** 061-381-0115 **운영** 5월~8월 09:00~19:00, 11월~2월 09:00~17:00, 3월~4월·9월~10월 09:00~18:00 **입장료** 성인 2,000원, 어린이 700원 **가는 방법** 명옥헌 원림에서 7.1km, 자동차로 10분 소요.

메타세쿼이아 가로수길

순창에서 담양으로 이어지는 가로수길로, 원래는 국도였으나 옆으로 새롭게 길이 생기면서 산책로로 바뀌었다. 40년 수령의 메타세쿼이아가 길 양 옆에 도열해 있다. 여름철이면 많은 사람이 찾는 가로수길은 총 길이 8.5km다. 입장료가 있다.

주소 전남 담양군 담양읍 학동리 633 **전화** 061-380-3149 **입장료** 성인 2,000원, 어린이 700원 **가는 방법** 명옥헌원림에서 17.7km, 자동차로 20분 소요.

떡갈비 맛집

떡갈비는 들어가는 재료가 워낙 비싸다 보니 음식 가격이 높은 편이다. 담양 하면 떡갈비가 유명하지만 현지인들은 너비아니 구이도 추천한다. 여러 명이서 두 가지 메뉴를 골고루 주문하면 비슷한 듯 다른 맛의 즐거움을 느낄 수 있다. 덕인관은 담양 떡갈비의 원조로 한우 암소 갈비를 사용한다. 달짝지근하고 갈비살이 씹히는 맛이 부드럽다.

[덕인관] 주소 전남 담양군 담양읍 죽향대로 1121 **전화** 061-381-7881 **영업** 11:00~21:00

9월

메밀꽃	봉평 메밀밭	고창 학원농장	제주 오라동 메밀밭
꽃무릇(석산)	영광 불갑사	고창 선운사

10월

구절초	정읍 옥정호 구절초테마공원
은행나무	홍천 은행나무숲	아산 곡교천
억새	정선 민둥산	서울 상암 하늘공원
제주	따라비오름	제주 다랑쉬·아끈다랑쉬오름	제주 산굼부리
	제주 새별오름	제주 금오름(금악오름)
핑크뮬리	경주 첨성대
해국	동해 추암해변
단풍	속초 설악산 천불동계곡	인제 방태산 이단폭포
	정읍 내장산	고창 문수사

11월

갈대	순천 순천만 습지
대나무	울산 태화강 십리대숲

가을

성숙의 계절을 달리다

秋

9월의 꽃

메밀꽃

메밀과 도깨비

우리나라 옛이야기에 등장하는 도깨비는 무섭다기보다는 어리숙하고 장난꾸러기 같은 이미지가 강하다. 하는 짓을 보고 있으면 킬킬킬 웃음이 나올 듯한 이야기들이 많다. 장에 다녀오는 젊은이에게 씨름을 하자고 계속 덤비거나 혹부리 영감이 자신의 커다란 혹에서 노래가 나온다고 하자 보물이 나오는 요술방망이를 주고는 혹을 떼어갔다는 이야기를 들을 때면, 도깨비가 내 허물을 가져가고 '금 나와라 뚝딱, 은 나와라 뚝딱!' 하는 도깨비 방망이도 주면 얼마나 좋을까 하는 기분 좋은 상상을 하게 된다.

도깨비는 초자연적 존재라기보다는 백성들이 친숙하게 생각했던 대상이었다. 서민들은 벼를 수확한 후 잠깐 쌀 맛을 본 후에 동이 나버린 곡식을 대신해 거친 메밀로 끼니를 때우곤 했다. 도깨비는 조금 무서운 면이 있긴 하지만 격의 없이 다가갈 수 있는 존재였다. 먹는 것도 비슷하리라 여겨 메밀로 만든 메밀묵, 메밀떡 등을 도깨비에게 올리며 운수대통을 빌었고, 이리 대접하니 해코지하지 말라고 슬쩍 아부를 하기도 했다.

메밀꽃 여행지 1

위양제 물들이는 가을 달빛길
양뽀 메밀밭

9월　　　　　메밀꽃

소설 <메밀꽃 필 무렵>의 그곳

이효석의 <메밀꽃 필 무렵>이란 단편소설이 여러 사람의 애간장을 녹인다. 메밀꽃밭은 창동리 앞을 흐르는 남안동천 안쪽에 넓게 자리한다. 사람들은 메밀꽃을 보기 위해 이곳을 찾는다지만, 메밀은 먹을 게 궁핍했던 시절 쌀 대신 먹었던 구황작물이었다. 쌀이 부족했던 어린 시절 하도 감자, 고구마, 옥수수를 많이 먹어서 어른이 되어서는 쳐다보기도 싫다고 말하는 이들도 있다. 구황작물은 고단했던 시절을 떠올리게 하는 면이 있다.

메밀은 심기만 하면 잘 자란다. 쌀처럼 모 심고, 김 메고, 수확하고, 탈곡하는 등 많은 애를 쓸 필요가 없다. 사람의 손길이 없어

도 되는 데다 거친 땅에서도 잘 자라는 작물이었기에 여기저기 심어졌다. 배고픈 시절, 주린 배를 채워주었던 메밀이 이제는 꽃과 건강 음식으로 우리의 몸과 마음을 달래준다. 가을 메밀꽃이 피었다는 소식이 들리면 소설 속 무대가 되었던 봉평이 그립다. 그곳에 가서 달빛이 부서지는 메밀꽃밭 길을 걸으며 하얗게 부서지던 그 밤을 떠올리고 싶어진다.

문학과 함께 떠나는
메밀꽃 여행

어딘가로 훌쩍 떠나고 싶고 그곳이 너른 메밀밭이라면 가을 첫 여행지로 손색이 없다. 소설 속, 두근두근 나만의 이야기를 떠올리며 흔들렸던 마음을 메밀꽃밭에 풀어놓는다.

'산허리는 온통 메밀밭'이라는 소설 속 구절처럼 9월 봉평의 창동마을은 하얀 꽃밭이 된다. 먼저 이효석의 생애와 문학세계를 보여주는 이효석문학관부터 둘러본다. 문학관은 물레방앗간 뒷산 중턱에 있어 산 아래 메밀꽃이 핀 마을 전경을 한눈에 담을 수 있다. 봉평 마을과 메밀꽃이 어우러진 풍경을 감상한 후 메밀꽃밭 안으로 들어가보자. 소설 속 구절을 떠올리며 메밀꽃 여행을 그려 나간다. 사전 지식을 쌓고 스케치를 한 후 그 안을 꼼꼼하게 색칠하는 과정과 같다.

문학관 아래 데크에서 바라본 메밀밭 풍경은 뛰어들고 싶은 새하얀 바다를 연상시킨다. '꽃이 소금을 뿌린 듯이'라는 구절처럼 메밀꽃은 하얀 소금을 흩뿌리듯 피어 있다. 이효석로를 사이에 두고 좌측으로 더 넓은 메밀밭이 보인다. 메밀꽃 축제가 열리는 행사장이자 마을에서 가꾸는 대표 메밀밭이다.

메밀꽃은 각각의 꽃보다 함께 어우러져야 그림이 된다. 작은 것들이 모여 바람에 흔들리며 새하얀 그리움의 파도를 그린다. 허생원은 장돌뱅이다. 얼굴이 얽어 인물도 없고 돈도 없다. 부평초처럼 전국의 길 위를 떠도는 인생이다. 매년 그가 찾아오는 봉평장에는 그의 하룻밤 순정이 있다. 봉평 물레방앗간에서의 단 하룻밤, 주막에서 우연히 만난 젊은 장돌뱅이 동이는 과연 그의 핏줄일까? 스쳐 지났지만 꼭 다시 만났으면 하는 인연처럼 애달프다. 메밀밭에 애달픈 그리움이 담긴다. 하얀 소금밭이 되고 달빛 아래 걷고 싶은 길이 된다.

이효석의 고향
봉평

어린 시절 산골 마을에서 자랐다면 그 심정을 이해할 것이다. 어릴 적 깨복쟁이와 어울려 뛰놀았던 들판이 그립지 않을 사람이 어디 있을까.

메밀밭이 대단위로 펼쳐지는 봉평 마을은 이효석이 태어나고 자

란 고향이다. 1907년에 출생해 1942년에 생을 마감했다. 그가 활동했던 시대는 일제 강점기였고 이런 시대적 배경은 문학가들에게 고뇌와 갈등을 안겼다. 그 또한 이런 상황 속에서 자신과, 가족과, 조국에 대해 수없이 많은 질문을 던졌으리라. 이런 가운데 등장한 <메밀꽃 필 무렵>은 아무리 삶이 고되고 힘들지라도 지켜야 할 가족, 순수 같은 변해서는 안 되는 것들에 대한 이야기가 아니었을까. 그는 아내와 둘째 아들을 잃은 지 2년 만인 36세의 나이에 세상을 떠났다.

그는 떠났지만 그의 작품 <메밀꽃 필 무렵>은 생생하게 봉평 마을에 남아 있다. 소설 하나가 봉평 창동리를 이효석문화예술촌(이효석문학관, 효석달빛언덕), 효석문화마을, 이효석문학의숲에 더하여 메밀음식거리까지 '이효석마을'이라는 하나의 권역을 만들었다. 이곳에서 사람들은 그의 소설을 떠올리고 그를 기린다.

봉평 마을에서 이효석 만나기

봉평은 꽃 감상에도 깊이가 있음을 알려주는 여행지다. 소설 속 메밀꽃밭 뿐만 아니라 작가를 만나는 과정이 여행을 더 풍성하게 만들어준다. 이효석문학관은 그리 큰 규모는 아니지만 이효석의 문학세계와 생애를 만날 수 있어서 의미가 크다. 문학관에서 나와 이효석달빛언덕으로 향한다. 두 곳은 하나로 묶어 관람하면 좋다. 새롭게 만든 이효석 생가를 구경한 뒤 이효석이 평양에서 살 때 집필 활동을 했던 곳을 재현한 푸른집으로 가는 언덕길을 오른다. 좌측에는 마을 농가 앞에 작은 메밀밭이 소박하게 자리해 있다. 달빛언덕 '내 꿈꾸는 정원', '근대화거리', '꿈꾸는 달', '달빛나귀 전망대'는 그의 작품세계를 흥미롭게 연출해 둔 공간들로 아이들도 재미있게 즐길 수 있는 곳이다. 이효석달빛언덕에서 1.8km 떨어진 곳에 자리한 이효석문학의숲 또한 빼놓을 수 없다. 무장애 데크길로 접근성을 높여 많은 이들에게 문학의 즐거움을 느끼게 한다. 숲 자락에 소설 속 물레방앗간과 장터 등을 만들어 두었고 곳곳에 중요한 구절을 새겨 놓아 글을 읽으며 자연스레 소설 안으로 들어가 상상의 나래를 펼칠 수 있다.

여행지 기본 정보

가기 좋은 시기 9월 초순~중순
주소 강원 평창군 봉평면 창동리 548-3(이효석문학관 주차장)
여행 팁 이효석문학관 주차장에 차를 세우고 메밀밭 사이를 걷는 것이 메밀꽃을 가장 감상하기 좋다. 위에서 내려다보는 메밀밭은 색다른 느낌이다. 이효석문학관 우측 데크길은 이효석문화마을 메밀밭이 잘 보이는 곳이다. 매표를 하고 문학관 안으로 들어가면 전망대가 나오고 이곳에서 내려다보면 메밀밭이 넓게 펼쳐져 있고 그 앞으로 남안동천이 흐르고 있는 모습이 한눈에 들어온다. 메밀밭 중간에 자리한 오두막에 앉아 사람들이 메밀꽃밭에서 사진을 찍으며 즐거워하는 모습을 바라보거나 메밀꽃이 바람에 흔들리는 모습을 보며 여유를 즐겨보자.

알고 가세요!

[이효석문학관] 이효석문화예술촌 주요 시설 정보

주소 강원 평창군 봉평면 효석문학길 73-25 **전화** 033-330-2700 **입장료** 2,000원, 이효석문학관+효석달빛언덕 통합권 4,500원 **운영** 5월~9월 09:00~18:30, 10월~4월 09:00~17:30, 매주 월요일 휴관

[이효석달빛언덕]

주소 강원 평창군 봉평면 창동리 575-7 **전화** 033-336-8841 **운영** 5월~9월 09:00~18:30, 10월~4월 09:00~17:30, 매주 월요일 휴관 **입장료** 3,000원

[이효석문학의숲]

주소 강원 평창군 봉평면 문학숲길 97 **전화** 033-335-4477 **운영** 4월~9월 09:00~18:00, 10월~3월 09:00~17:00 **입장료** 2,000원

함께 가볼 만한 곳

하늘목장

대관령에 위치한 300만 평의 초지 목장이다. 트랙터마차(유료)를 이용하면 색다른 경험을 할 수 있다. 중앙역에서 트랙터마차를 타고 한 번에 하늘마루전망대까지 이동해 충분히 전망을 감상한 다음 걸어 내려오거나 마차가 멈추는 3개의 정류장 중 한 곳에서 하차해 걸어 내려오는 것이 좋다. 날씨가 좋다면 전망대에서 2km 거리에 있는 선자령까지 트레킹을 해보길 추천한다. 편도 40분 정도 소요된다.

주소 강원 평창군 대관령면 횡계리 470-5 **전화** 033-332-8061 **운영** 4월~9월 09:00~18:00, 1월~3월·10월~12월 09:00~17:30 **입장료** 성인 7,000원, 어린이 5,000원 **가는 방법** 이효석문학관에서 44km, 자동차로 35분 소요

발왕산 케이블카와 스카이워크

왕복 7.4km의 국내 최장 케이블카를 타고 발왕산 꼭대기를 오른다. 발 아래 펼쳐지는 숲이 마음을 푸르게 달래준다. 스카이워크는 짧지만 제 몫을 충분히 한다. 하늘 위에 떠 있는 전망대에서 산을 휘감는 바람을 느낄 수 있다. 아래로부터 몰아치는 바람에 치마가 날아갈 수 있으니 복장 점검은 필수다.

주소 강원 평창군 대관령면 올림픽로 715 **전화** 033-330-7423 **이용료** 성인 2만 5,000원(왕복), 2만 1,000원(편도), 어린이 2만 1,000원(왕복), 1만 7,000원(편도), ※ 소인은 만 36개월 이상~만 12세 이하만 가능. **운영** 관광케이블카 09:00~17:00(하행 18:00), 주말 09:00~18:00(하행 19:00), 스카이워크는 케이블카 운영 1시간 뒤부터 개방 **가는 방법** 이효석문학관에서 40km, 자동차로 40분 소요.

메밀요리 맛집

이효석문학관 주변에 메밀음식거리가 조성되어 있다. 평상시 메밀 면발이 뚝뚝 끊기는 식감을 선호하지 않던 사람이라도 봉평에 오면 메밀 음식 한 그릇은 먹어줘야 할 것 같다. 메밀국수, 메밀전병, 메밀묵사발이 추천 메뉴다. 부족하다 싶으면 수육을 곁들여도 좋다. 맛은 비슷비슷하니 어느 곳에서 먹어도 괜찮다.

[풀내음] 주소 강원 평창군 봉평면 메밀꽃길 13 **전화** 033-335-0034 **영업** 10:00~20:00(라스트 오더 19:00, 매주 화요일 휴무)

[동이네막국수] 주소 강원 평창군 봉평면 이효석길 144 **전화** 033-335-1210 **영업** 11:00~19:00

9월 　　　메밀꽃

메밀꽃 여행지 2

사철 꽃이 피는 젊은 연인들의 사랑터 **고창 학원농장**

드라마 '도깨비'의 촬영지
학원농장

봄에는 청보리와 유채꽃, 여름에는 해바라기, 가을에는 메밀꽃이 피는 농장이다. 계절마다 달리 피는 꽃 여행지로 인기가 높다. 최근에는 연인들이 예쁜 사진을 담기 위해 많이 찾는다. 드라마 '도깨비'에서 메밀밭 위로 흰 눈이 내리던 장면이 이곳 학원농장에서 촬영되었기 때문이다. 이야기 속 도깨비가 좋아하는 메밀이 드라마 속 하얀 메밀밭으로 나와 연상 작용을 일으킨다. 이 메밀밭 장면으로 인해 드라마는 한층 더 몽환적이면서 신비로워졌다. 인상적인 기억을 남기는 드라마 속 메밀꽃밭 장면은 누구에게나 그 속에 서면 주인공이 될 수 있다는 생각을 하게 한다.

학원농장은 규모가 12만 평에 이른다. 어마어마한 크기의 메밀밭이다. 농장은 약간의 구릉지에 있고 아득히 먼 너머를 산들이 에워싸고 있다. 지금은 하얀 메밀꽃이 호수처럼 넓게 피어 있지만 1960년대에는 뽕나무 밭이었다. 1992년 초에는 보리와 콩을 심고 장미와 카네이션을 함께 심는 화훼농가였다가 2000년대부터 보리농사와 메밀을 심었다. 봄과 가을, 보리와 메밀이 드넓게 펼쳐지는 아름다운 농장 풍경으로 인해 농촌 경관 관광지로 알려지게 되었다. 큰 몫을 한 것은 역시나 드라마 '도깨비'다. 드라마 덕분인지 메밀밭 곳곳에는 드라마 속 한 장면 같은 사진을 남기기 위해 포즈를 취하는 젊은 연인들이 많이 보인다.

여행지 기본 정보

가기 좋은 시기	9월 중순~하순
주소	전북 고창군 공음면 학원농장길 154
전화	063-563-9897
여행 팁	약간의 구릉지에 있고 대부분 흙길 또는 야자매트가 깔려 있으니 바닥이 편평한 신발을 신는 것이 좋다. 좀 걷더라도 아래쪽으로 많이 내려가 꽃 풍경 안으로 들어가 감상하는 것이 좋으며 오두막 주변에서 사진을 찍도록 한다. 농장 입장료가 없어 자유롭게 드나들 수 있다. 직영 식당을 이용하면 학원농장에서 생산되는 농산물을 이용한 음식을 맛볼 수 있다. 카페나 황토한옥민박 등 농장시설을 이용하여 착한 여행을 해도 좋다. 드라마 '도깨비'에 나왔던 낡은 목조 문은 줄 서서 기다려야 할 만큼 인기있는 포토 포인트다.

메밀꽃 여행지 3

가을 들판을 하얗게 수놓는 메밀꽃
제주 오라동 메밀밭

9월 　　　메밀꽃

한라산, 시내, 바다, 하늘 그리고 메밀꽃

전국에서 메밀이 가장 많이 생산되는 곳은 제주도다. 화산섬 제주는 땅이 거칠고 물기가 없어 푸슬푸슬하다. 논농사를 지을 수 없는 마르고 척박한 땅이다. 이런 거친 땅에서도 잘 자라는 메밀을 많이 심을 수밖에 없다.

메밀은 제주 설화에도 등장한다. 1만 8,000 신들의 섬 제주, 그중 농경의 신 '자청비' 이야기는 몇 권의 책이 나올 정도로 줄거리가 탄탄하고 흥미롭다. 우여곡절 끝에 옥황상제의 며느리가 된 자청비가 오곡의 씨앗을 지상에 심었는데 메밀이 빠졌다. 다시 하늘로 올라간 자청비가 씨앗을 받아 내려와 심는 바람에 메밀은 다른 작물에 비해 늦게 심을 수밖에 없었다. 파종 시기가 늦었는데도 2~3개월 만에 수확하니 얼마나 효자 작물이었을까. 제주에서는 봄, 가을 두 번에 걸쳐 메밀을 수확한다. 그래도 본래 메밀이

자라는 계절색 때문인지 가을철 메밀꽃밭이 더욱 화사하고 풍요롭다. 제주가 전국적 메밀산지임을 증명하듯 가을 여행 중에는 마을 곳곳에서 메밀밭을 만날 수 있다. 메밀꽃이 까만 돌담 안쪽에 가득 피어 있고 밭 가장자리엔 거센 바람을 막기 위해 심은 삼나무가 일렬로 서 있다. 이렇듯 제주스러운 풍경에는 제주 사람들의 삶의 애환이 녹아 있다. 제주에는 많은 메밀밭이 있지만 가장 큰 규모의 메밀밭은 오라동 메밀밭이다. 사유지여서 입장료가 있지만 한라산 자락에 위치해 뒤로는 한라산이, 앞으로는 제주 시내와 바다, 숲이 어우러져 아름다운 풍경을 선사한다. 두 팔을 벌리면 하늘을 잡을 수 있을 것 같은 뻥 뚫린 시원함은 일상의 찌든 때를 씻어준다.

여행지 기본 정보

가기 좋은 시기	9월 하순~10월 중순(파종 시기에 따라 달라짐)
주소	제주 제주시 오라2동 산76
입장료	2,000원
운영	09:00~18:00
여행 팁	제주 최대의 메밀 군락지인 오라동 메밀밭은 대중교통 수단으로도 갈 수 있다. 제주시외버스터미널에서 240번 버스를 이용해 노루생이 삼거리에서 하차한 후 좌측으로 1.1km(도보 16분) 가면 오라동 메밀밭이다. 가는 길에 한라산 쪽을 바라보면 아흔아홉 골의 깊은 골짜기가 보인다. 사유지여서 입장료(2,000원)를 내고 들어가야 하지만 광대한 메밀밭 풍경을 보면 돈이 아깝다는 생각이 들지 않는다. 봄에는 청보리와 유채를 심는다. 경사진 산자락에 있는 개간지이기 때문에 편한 신발을 신고 가는 것이 좋다. 이왕이면 날씨가 좋은 날 가서 메밀밭과 구름을 함께 넣어 사진을 찍어보자. 여행 일정이 길면 이시돌목장 부근, 제2산록도로인 1115번 도로 서쪽 인근의 메밀밭도 가보자.

9월의 꽃

꽃무릇(석산)
사찰 근처에 피는 꽃

우리나라 꽃무릇 대표 여행지는 선운사, 불갑사, 용천사다. 특이하게 모두 사찰이다. 산속에 자리한 고즈넉한 사찰과 화려하기 짝이 없는 꽃무릇이 무슨 관계가 있길래 가을만 되면 산사 주변을 온통 붉게 물들여 보는 이의 마음을 싱숭생숭하게 하는 것일까?

사찰에 꽃무릇이 많이 심어진 이유는 현실적이다. 5월, 잎이 지고 난 뒤 채취하는 꽃무릇 뿌리에는 독성이 있는데 이것이 방부제 성분이다. 탱화를 그릴 때나 단청을 칠할 때 뿌리 성분을 짓찧어 넣으면 좀이 슬지 않고 색이 오래도록 유지된다. 또한 뿌리줄기는 전분이 많아 종이를 붙이거나 책을 엮을 때, 고승들의 초상화인 진영(眞影)을 붙일 때 방부제 겸 접착제 용도로 쓰였다. 예로부터 우리나라는 불교 출판이 발달하였고 꽃무릇이 이를 후손에게 전하는 데 큰 역할을 하였음을 알 수 있다. 뿌리의 독성분은 다행히 수용성이어서 으깬 후에 물로 수차례 씻거나 데쳐서 우려내면 전분처럼 먹을 수 있다. 충분히 독성분을 빼내지 못하고 먹었을 때는 심각한 중독 증상을 일으킨다.

9월, 크게 무리를 지어 피는 꽃무릇 군락은 주변을 들썩이게 만들고, 보는 이의 마음을 불태울 듯하지만 그 이면에는 이런 효용성이 숨어 있다.

꽃무릇
여행지 1

그리움으로 붉게 타오르는 꽃물 **영광 불갑사**

9월 · 꽃무릇(석산)

눈이 시리도록
붉은 꽃길

꽃무릇 군락이 넓게 융단처럼 펼쳐진 풍경을 만나러 불갑사로 향한다. 불갑사는 불갑산(516m) 기슭에 자리한 사찰이다. 산의 원래 이름은 모악산이었다. 아늑한 산세가 '산들의 어머니' 같다는 의미였으나 백제시대에 마라난타가 전남 영광 법성포를 통해 들어와 불교를 전하면서 처음 사찰을 지어 불갑사(佛甲寺)라 하였다. 갑은 육십갑자의 으뜸이자 첫 글자로, 불갑사는 불교의 첫째라는 의미를 담고 있다. 이에 따라 산의 이름도 불갑산으로 바뀌었다. 불갑사는 다른 계절에는 조용한 사찰이지만 9월 꽃무릇이 필 때면 엄청난 인파로 북적인다. 이때만은 사찰 입구에서부터 사람들이 내지르는 감탄의 소리가 사찰과 그 주변을 가득 채운다.

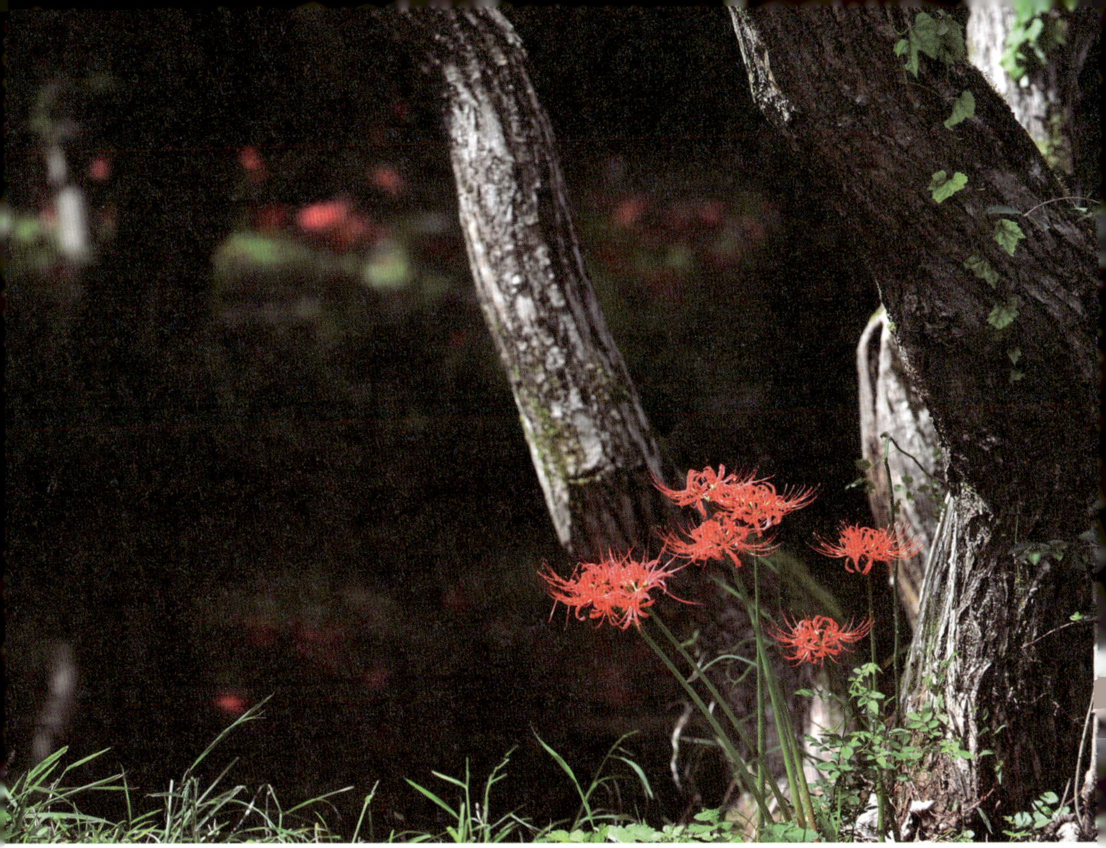
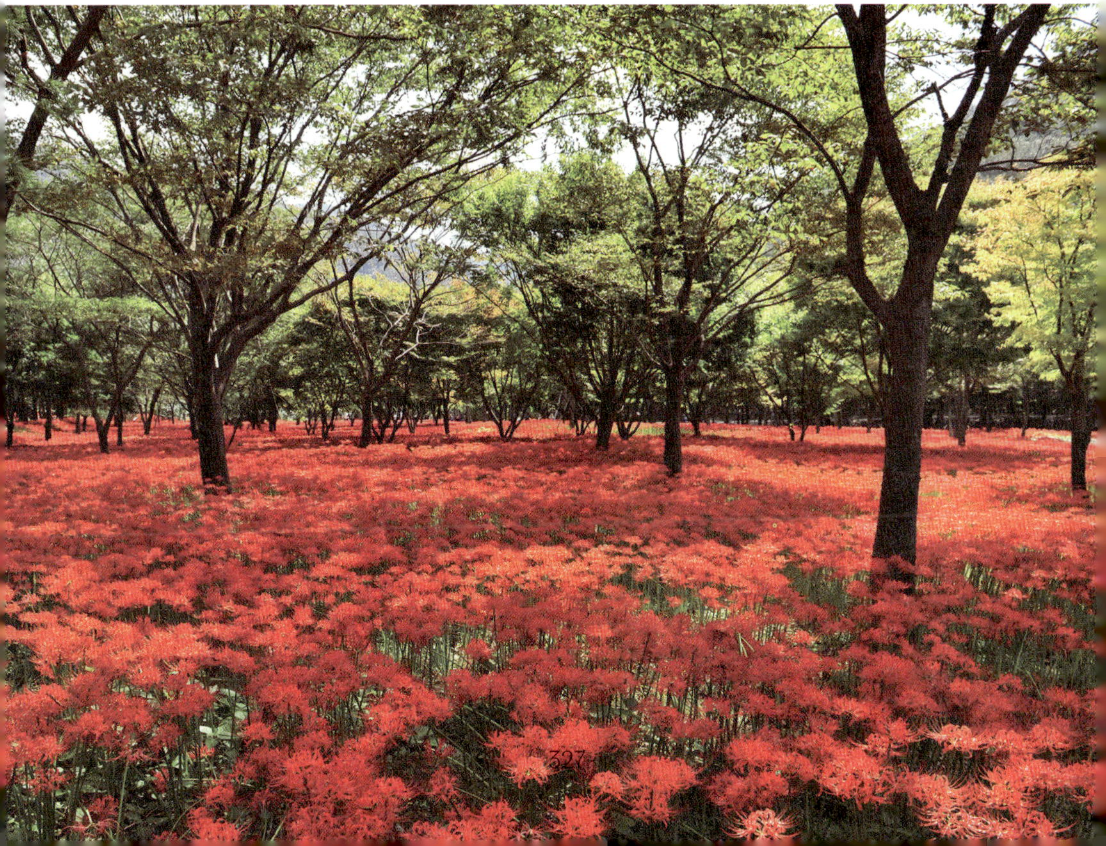

꽃무릇은 숲 그늘의 습기가 있는 땅에서 잘 자란다. 꽃무릇 산지에 가면 물 가까운 곳이나 그늘진 숲에 무리지어 자라는 것을 볼 수 있다. 불갑천 주위 너른 땅에 핏빛 꽃들이 거미 다리 같은 꽃잎을 펼치며 하늘을 떠받들고 있는 형태를 띠고 있다. 수천 수만의 꽃들이 군무를 추며 사람들의 시선과 환호성을 즐기는 듯하다. 붉은 융단 길은 불갑사 담장 아래까지 500m가량 이어진다. 500m를 걷는 데 걸리는 시간은 30분, 붉게 피는 화염의 꽃에 취해 시간이 어찌 지나가는지도 모른다.

불갑사 담벼락 아래
꽃띠를 이룬 꽃무릇

지나온 붉은 카펫은 잠시 잊고 마음을 가다듬는다. 불갑사는 경사지에 세워진 사찰이어서 앞쪽은 돌로 축대가 쌓아져 있다. 층을 달리한 축대 위에 꽃무릇이 줄을 지어 쪼르르 피어 있다. 세월의 흔적이 고스란히 남아 있는 축대 위 흙담과 대비된 유난히 키가 작은 꽃에 눈을 뗄 수가 없다.

계단을 올라 불갑사에 들어간다. 대웅전(보물 제830호)의 고운 꽃창살 너머 목조석가여래삼불(보물 제1377호)의 자애로운 미소를 뒤로하고 경내를 사

뿐히 걷는다. 이런 꽃 풍경을 아낌없이 베풀어주는 누군가에게 고마운 마음이 들어 정숙함으로 그 마음을 표현한다. 꽃무릇에 벅찬 가슴을 지그시 눌러 차분한 마음으로 경내를 둘러본 후 우측 문으로 나와 저수지 쪽으로 발길을 돌린다. 이제부터는 자연스러운 맛이 있는 꽃길이다. 산비탈의 키 큰 나무 사이에 핀 꽃과 넓은 저수지 주변에 옹기종기 모여 핀 꽃들이 보는 즐거움을 준다.

불갑사를 북방한계선으로 한 참식나무를 비롯해 다양한 종류의 나무들이 만든 울창한 숲과 바위 사이로 고개를 내미는 꽃무릇이 불갑산의 초가을 풍경을 수놓는다. 저수지를 지나 산 쪽으로 더 올라가면 그 많던 사람들의 수가 확연히 줄어든다. 불갑산이 산체는 낮은 편이나 불교와 깊은 인연이 있기 때문인지 산길 따라 꽃무릇이 계속 보이고 산 중에는 암자 7~8개가 은거해 있다. 내친 김에 정상인 연실봉까지 다녀와도 좋다. 이즈음은 산 전체가 꽃무릇 동산이다.

9월 꽃무릇(석산)

여행지 기본 정보

가기 좋은 시기 9월 중순~하순
주소 전남 영광군 불갑면 불갑사로 450
전화 061-352-8097
여행 팁 사찰 입구에서부터 꽃무릇이 무더기로 피어 있다. 입구의 평지와 하천 주변이 꽃의 밀집도가 가장 높고 넓게 펼쳐지는 구간이다. 또한 많은 사람들이 사진을 찍고 꽃구경을 하느라 몰려 있는 곳이기도 하다. 중간중간 작은 길이 나 있으니 한 곳에만 머물지 말고 이곳저곳 빠짐없이 구경하도록 한다. 주변의 바위, 나무, 하천에 따라 꽃무릇 풍경이 달라진다. 꽃무릇 사진은 약간 흐린 날이 좋다. 꽃의 색이 날아가지 않고 잘 살아나기 때문이다. 해가 쨍쨍 내리쬐는 날이라면 노출을 어둡게 하여 찍도록 한다. 꽃무릇만 찍기보다는 나무와 함께 찍어야 사진을 짜임새 있게 만들 수 있다. 한 송이를 가까이에서 찍는 것도 좋다. 불갑사는 주차료와 입장료가 없다.

함께 가볼 만한 곳

백제불교 최초 도래지

법성포 하면 영광 굴비를 떠올리는데 법성(法聖)은 부처님의 성상, 불법의 전래지라는 의미다. 백제불교의 시작을 상징하기 위해 조성된 불교문화 도래지는 인도 간다라 양식으로 지어져 독특한 분위기를 자아낸다. 칠산 앞바다가 눈 아래 펼쳐지는 부용루에는 23면에 부처님의 전 생애에 걸친 이야기를 돌조각으로 새겨놓았다. 숲쟁이동산도 함께 걸어보도록 한다.

주소 전남 영광군 법성면 진내리 828 **가는 방법** 불갑사에서 24km, 자동차로 25분 소요.

백수해안도로

영광군 백수읍 길용리에서 백암리 석구미 마을까지 16.8km의 백수해안도로는 드라이브 코스로 이름이 나 있다. 해안도로 아래에 놓인 2.3km의 나무 데크 해안길은 굽이치는 절벽을 따라 파도소리와 함께 걷기 좋다. 해안도로의 끝에는 일몰 명소로 알려진 대신등대와 노을전망대가 있다.

[백암해안전망대] 주소 전남 영광군 백수읍 해안로 565-17

[영광노을전시관] 주소 전남 영광군 백수읍 해안로 957 전화 061-350-5600 가는 방법 불갑사에서 27km, 자동차로 30분 소요.

영광굴비 맛집

영광 하면 굴비다. 영광에 가면 짭짤한 굴비를 맛보도록 한다. 법성포의 식당에서 굴비정식을 주문하면 보통 1인 2만~3만 원으로 풍성한 상차림이 나온다. 풍성한 집에서는 굴비, 보리굴비, 간장게장, 조기메운탕까지 남도의 간간한 맛이 가득한 한상 차림을 맛볼 수 있다. 특히 간장게장 맛이 일품. 비교적 가격이 착한 법성골목식당도 굴비 맛집 중 하나다.

[풍성한 집] 주소 전남 영광군 법성면 법성포로3길 60 전화 010-2619-0508 영업 10:30~20:30(브레이크 타임 15:00~17:00)

[법성골목식당] 주소 전남 영광군 법성면 굴비로 9-2 전화 061-356-4270 영업 10:00~20:00(라스트 오더 19:00)

꽃무릇
여행지 2

도솔천을 따라 펼쳐지는 꽃무릇의 향연 **고창 선운사**

9월   꽃무릇(석산)

도솔천 옆, 꽃무릇이
보였다 말았다

선운사, 도솔암은 어느 계절에 가도 좋은 산사길이지만 특히 꽃무릇이 피는 9월과 단풍이 곱게 든 11월에는 감탄이 절로 나올 정도로 멋진 풍경을 보여준다.

매표소를 지나자마자 붉은 꽃에 현기증이 난다. 커다란 은행나무 옆 하천 쪽으로 튀어나온 공터에 꽃무릇이 무리지어 피어 있다. 건너편이 더 붉고 꽃들이 더 많아 보인다. 사람의 발길이 닿지 않

아 잘 자란 것이겠지만 그쪽으로 가지 못하는 아쉬움에 더 좋아 보이는지도 모르겠다. 꽃무릇은 잎과 꽃이 보이는 시기가 완전히 달라 '이룰 수 없는 사랑'을 나타낸다. 하천 건너편으로 가서 볼 수 없다는 것도 아쉬운데 한순간도 만나지 못하는 연인이라면 얼마나 애틋하고 그리울까.

선운사 꽃무릇은 숲길, 하천가를 따라 숲 그늘에, 큰 나무 주변에 잔잔하게 피어 보는 이의 마음을 뒤흔든다. 꽃무릇은 무리를 지어 피는 모습을 보고 붙여진 이름이다. 석산(石蒜)이라고 부르기도 한다. 알뿌리가 돌처럼 단단하다는 의미다. 선운사 꽃무릇은 부드러운 땅에서만 자라는 것이 아니라 나무 밑동 위나 바위 틈새에 한두 송이씩 피어 있는 것을 볼 수 있다. 단단한 알뿌리가 흙 한 줌 되지 않은 곳에 뿌리내려 기어코 꽃을 피운 모습이 경이롭기까지 하다. 워낙 숲이 울창해 지난 가을에 떨어진 낙엽이 아직도 하천 바닥을 두껍게 덮고 있다. 하천 물이 거무스름해 보이는 이유다. 실제 흐르는 물은 맑다. 짙은 물색 위로 붉은 꽃무릇이 언뜻언뜻 나타났다 사라진다. 선운사 가는 길은 물소리, 꽃 이야기와 함께 걷는 길이다.

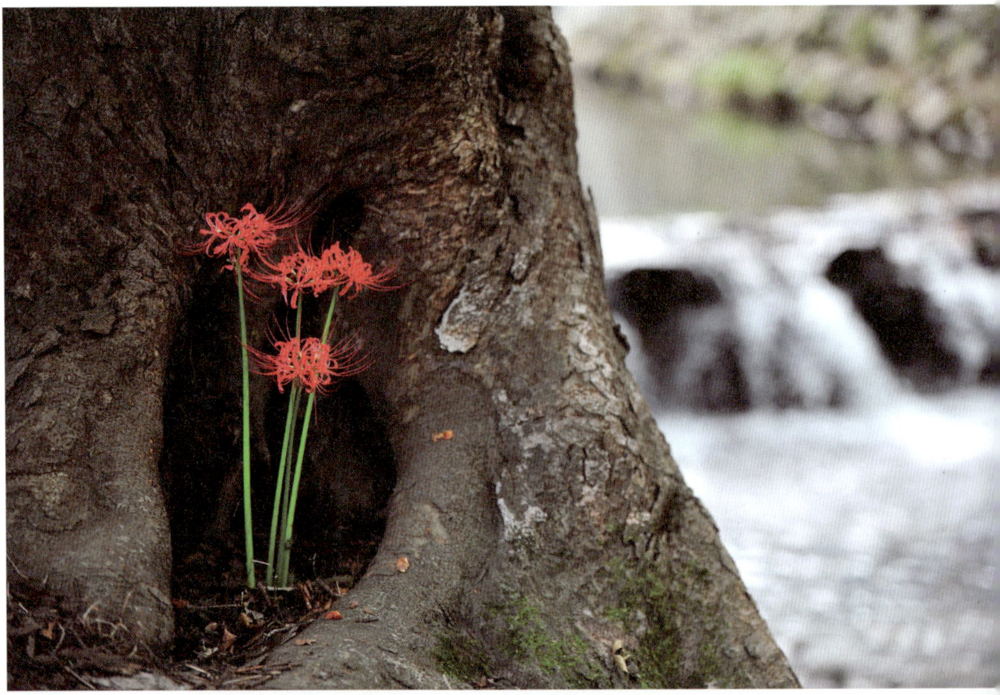

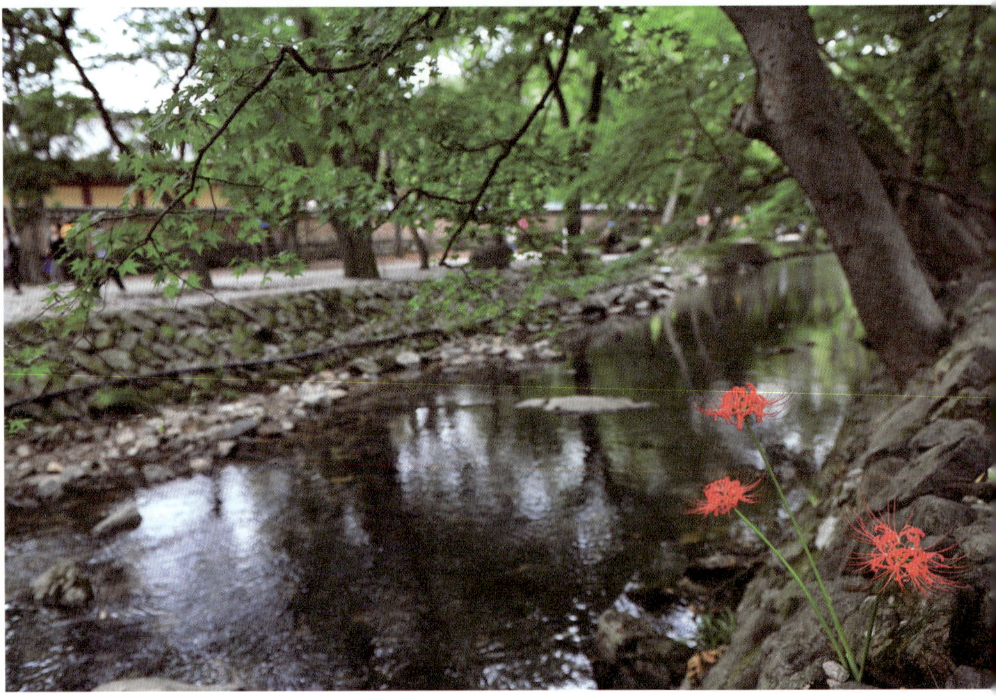

9월   꽃무릇(석산)

**숲길을 걸어
도솔암 미륵불까지**

선운사 가까이 극락교 주변은 아름드리 나무와 꽃무릇이 대비되어 시선을 집중시킨다. 녹차밭은 싱그럽고 꽃무릇은 붉어 색의 대비 또한 극명하다. 극락교를 건너고 천왕문을 지나 선운사 경내로 들어선다. 만세루는 스님들이 공부하는 공간, 그곳에서 맛보는 황차 한 잔에 마음이 녹아내린다. 선운사 대웅보전 뒤는 3,000여 그루의 동백나무가 자라는 동백숲(천연기념물 제184호)이다. 동백꽃은 4월 중순~하순경에 오면 볼 수 있다. 많은 사람이

도솔암 마애불

고창 삼인리 송악

꽃무릇을 보러 와서는 선운사만 둘러보고 돌아가곤 하는데, 도솔암까지 아늑하고 정겨운 숲길도 걸어보자. 꽃무릇의 또 다른 이야기를 들을 수 있다.

선운사는 선운산(禪雲山; 335m) 자락에 있다. 도솔산(兜率山)이라고도 불린다. 도솔은 미래에 미륵불이 나타나 세상을 구원한다는 미륵신앙과 연관이 있다. 사회개혁을 꿈꾸는 이들이 미륵을 섬겼으며 도처에 미륵신앙의 자취가 남아 있다. 도솔암에 가면 거대한 바위에 미륵불인 마애여래좌상이 새겨져 있다. 선운사에서 도솔암까지 3.2km 호젓한 숲길은 걸어서 1시간 정도 걸린다. 길가에 꽃무릇이 잔잔하게 피어 있다.

신라 진흥왕이 수도했다는 진흥굴과 장사송(천연기념물 제354호)을 지나 도솔암으로 들어간다. 경내에서 선운산 풍경을 감상한 후 좌측 가파른 벼랑으로 향한다. 이 벼랑에 도솔암 미륵불이 새겨져 있다. 우리나라에서 가장 큰 마애불상 중 하나다.

하산길은 올라온 길과는 다른 길을 택하는 것이 좋다. 떠나는 발걸음이 아쉬워 자꾸만 뒤를 돌아보게 되는 숲길, 꽃무릇과 보낸 하루가 여운을 남긴다.

여행지 기본 정보

가기 좋은 시기	9월 중순~하순
주소	전북 고창군 아산면 선운사로 250
전화	063-561-1422
입장료	성인 4,000원, 어린이 1,000원, 주차료 2,000원
여행 팁	비가 촉촉이 내려 물방울이 맺혀 있을 때나 새벽에 이슬이 맺힌 모습을 찍으면 꽃색이 잘 표현되고 싱그러운 느낌을 강조한 꽃무릇 사진을 찍을 수 있다. 주차장에서 선운사를 지나 도솔암까지 다녀오는 것을 추천하지만 도솔암까지 갈 수 없는 상황이라면 선운사 쪽 하천 길을 따라 하천이 거의 끝나는, 물을 모아둔 곳에 있는 다리까지는 가보도록 한다. 내려올 때는 다리를 건너 건너편 데크길을 이용한다. 잘 모르는 사람이 많지만 선운사에서 놓치지 말아야하는 것으로 주차장 앞의 개울 건너편에 있는 '고창 삼인리 송악(천연기념물 제367호)'이 있다. 덩굴성 나무인 송악이 바위 절벽을 타고 줄기 15m, 둘레 80cm에 이르는 거목으로 자란 모습을 볼 수 있다.

함께 가볼 만한 곳

고창 고인돌유적지

세계문화유산으로 고인돌 447기가 운집한 고인돌 공원은 세계에서 가장 넓게 고인돌이 군락을 이루고 있는 지역이다. 세계문화유산으로 등재된 것은 447기지만 고창에는 1,500여 기의 고인돌이 분포하고 있다. 6개의 다채로운 코스가 개발되어 있어 생생하게 고인돌 문화 체험을 할 수 있다.

주소 전북 고창군 고창읍 송암길 170-65(고창고인돌 유적주차장) **가는 방법** 선운사 주차장에서 14km, 자동차로 20분 소요.

만돌갯벌체험장

고창갯벌은 45.5km^2(약 1,370만 평)에 달하는 면적으로 우리나라 연안습지 중 가장 규모가 크다. 조개류의 최대 생산지로 1년 내내 동죽이나 바지락을 캘 수 있다. 직접 갯벌에 들어가는 체험은 만돌마을에서 운영한다. 트랙터를 개조한 갯벌버스를 타고 조개잡이체험을 하거나 갯벌, 염전, 어망체험까지 다채로운 서해바다체험을 할 수 있다. 체험을 하려면 반드시 인터넷과 전화로 가능 여부를 확인한 후 예약해야 한다.

주소 전북 고창군 심원면 애향갯벌로 320 **전화** 063-561-0705
가는 방법 선운사 주차장에서 13.8km, 자동차로 20분 소요.

고창읍성

조선 단종 원년(1453년)에 축성한 자연석 성곽이다. 전라도 각 고을 사람들이 모여들어 성을 쌓았는데, 참여했던 고을 이름과 연도를 표기한 돌이 세월에 지워져 그 앞에 표지판을 만들어 놓았다. 고창읍성 성곽 둘레는 1,684m, 높이는 4~6m다. 동·서·북문과 옹성 3개, 치성 6개, 성 밖 해자를 가지고 있다. 한 바퀴 도는 데 30분 정도 소요된다.

주소 전북 고창군 고창읍 읍내리 125-9 **전화** 063-560-8067 **입장료** 성인 3,000원, 어린이 1,500원 **가는 방법** 선운사 주차장에서 20.1km, 자동차로 25분 소요.

풍천장어 맛집

고창 하면 떠오르는, 값은 비싸지만 맛은 으뜸인 음식이 풍천장어다. 꽃무릇 여행지인 고창 선운사 주변에 장어집이 많다. 실비집 같은 느낌으로 싸고 푸짐하게 즐기려면 셀프구이 장어집을 추천한다. 장어를 키우는 곳을 양만장이라 하는데 셀프구이집은 양만장을 가지고 있는 곳이 많아 시설이 깔끔하진 않지만 싱싱한 장어를 푸짐하게 먹을 수 있다는 장점이 있다. 셀프구이집은 전화 확인 또는 예약 후 가도록 한다.

[동선장어] 주소 전북 고창군 심원면 선운대로 2232 **전화** 063-563-0008 **영업** 둘째·넷째 주 수요일 휴무

[형제수산] 주소 전북 고창군 심원면 심원로 120 **전화** 010-5554-1877

10월의 꽃

구절초
구절초는 여성에게 좋은 풀꽃

구절초는 햇빛을 좋아한다. 높은 산의 꼭대기나 나무가 없는 바위 주변에 드문드문 자란다. 높은 산에서 흰색으로 피는 구절초를 만나면 수수한 듯 청초한 모습에 기분이 맑아진다.

흔히들 가을꽃 하면 국화를 떠올리지만 산중에서 바람에 한들거리는 구절초를 보면 깊어질 대로 깊어진 가을을 대표하는 꽃이 바로 이 꽃이라는 생각이 든다.

꽃이 예쁜 데다 생명력이 강하고 향기가 있어 화단에 많이 심는다. 구절초에 가까이 다가가면 은은한 향내가 난다. 구절초가 속한 국화과 식물은 대부분 향기를 가지고 있다. 구절초 꽃잎을 말린 후 베개 속에 넣으면 숙면을 이끌어 낼 수 있다. 이처럼 구절초는 좋은 향기와 함께 몸에 좋은 성분을 두루 갖고 있다.

구절초는 '구절초 베이비'라는 말이 생겨날 정도로 여자에게 좋다. 예로부터 가을에 구절초의 뿌리와 줄기, 잎, 꽃 전체를 잘 말린 후 달여 먹으면 부인병에 탁월한 효를 보여 선모초(仙母草)라 불렀다.

그래서 옛 사람들은 시집가는 딸에게 꼭 챙겨 보냈다고 한다. 구절초는 음력 5월 5일 단오에는 다섯 개의 마디였다가 9월 9일 아홉 개의 마디가 생긴다. '구절초'라는 이름도 여기서 나온 것이다. 아홉 개의 마디가 생겼을 때 채취한 것이 가장 약효가 좋다. 현대인들은 구절초 꽃잎을 말려 꽃차로 많이 마신다. 구절초차는 여성질환, 염증 완화, 해독 작용 등에 효과가 있다고 알려져 있다.

10월 구절초

구절초 여행지

산 중에 들들리는 백색의 순수 정읍 옥정호 구절초테마공원

정읍 구절초테마공원의 우아한 물길

순창 추령봉에서 발원한 추령천이 정읍 구절초테마공원을 껴안고 흐르고 있다. 이 물은 옥정호에 모였다 섬진강 본류로 합류한다. 구절초테마공원이 있는 자리는 하천의 하회(河回) 지형이다. 하회는 '물이 돌아간다'는 뜻이다. 많이 알려진 안동 하회마을이 낙동강 물길이 하회하는 곳에 자리한 마을이다. 구절초테마공원은 추령천 하회 지형에 자리해 아늑함이 느껴진다. 물길 안쪽에 조성된 공원은 새벽녘과 아침에 안개가 낄 때가 많다. 안개에 휩싸인 소나무와 구절초를 찍기 위해 사진작가들이 즐겨 찾는 출사지다.

제1주차장에 차를 세우면 70m 높이에서 떨어지는 구절폭포를 만난다. 보는 것만으로 시원하다. 세찬 폭포수 주위에 구절초가 한가득 피어 있다. 가녀린 몸짓과 세찬 폭포수를 보며 한참을 머문다. 오르막과 약간의 내리막 길이 섞인 길을 따라 300여m 걷다 보면 구절초 군락이 나온다.

본래 야산이었던 이곳이 2006년부터 변화의 급물살을 타게 되었다. 붉은 수피를 가진 적송을 제외하고 모두 베어낸 자리에 구절초를 심었다. 구절초의 흰색은 소박하지만 무더기로 피면 오래 보아도 질리지 않는 어머니의 품 같은 편안함을 준다. 쉼터 주변에서 간혹 보라색 열매가 알알이 맺힌 나무가 보인다면 작살나무다.

구절초를 보러 왔는데
시험을 보다

안도현의 시 중에 '무식한 놈'이라는 시가 있다. 가을에 읽기 좋은 시로 구절초가 나온다.

쑥부쟁이와 구절초를
구별하지 못하는 너하고
이 들길 여태 걸어왔다니

나여,
나는 지금부터 너하고 절교다.

하천과 야트막한 산을 배경으로 적송이 보이고 그 아래에서 흰색 구절초가 춤을 춘다. 꽃에 대해 무식하다는 소리를 듣고 싶지 않다면 생김새를 유심히 살펴볼 필요가 있다. 구절초는 꽃잎의 폭이 넓고 끝이 둥근 편이고 쑥부쟁이는 날씬해 보인다. 흰색에 가까운 꽃이 피면 구절초이고, 보라색 꽃잎을 가지고 있다면 쑥부쟁이다. 쑥부쟁이는 향기가 거의 없다. 꽃의 이름을 제대로 불러줄 수 있게 되었으니 계속 걸어보자. 전망대는 최고의 관람 포인트다. 위에서 내려다보면 시선의 높이가 달라져 색다르다. 경사면을 따라 구절초 꽃향기가 추령천 물길까지 꽃물결을 만들며 흘러간다. 시시각각 달라지는 풍경을 보느라 가을의 쓸쓸함을 느낄 새가 없다. 느리게 걷고 차분히 감상하는 꽃길, 구절초 꽃밭에서 놀다 보니 화사한 가을을 선물받는 기분이든다. 가을의 쓸쓸함이 자취를 감춰 버린다.

여행지 기본 정보

가기 좋은 시기	9월 하순~10월 초순
주소	전북 정읍시 산내면 매죽리 산186-5
전화	063-539-6171
입장료	성인 5,000원, 청소년 3,000원
운영	09:00~18:00
여행 팁	안개와 어우러진 구절초를 찍고 싶다면 일교차가 10도 이상 차이 나고 습도가 높은 날, 해가 뜨기 전에 공원을 찾는 것이 좋다. 그런 조건을 갖춘 날이라면 어디가 포인트인지 찾을 필요 없이 큰 카메라를 든 사람들이 모여 있는 곳으로 가면 된다. 구절초테마공원으로 가는 대중교통은 마땅치 않으니, 자동차로 가는 것을 추천한다. 주차장은 여러 곳에 마련되어 있다. 차를 세우고 걷는 길은 경사도가 꽤 있다. 물론 산길이 아닌 우회로가 있긴 하지만 힘이 조금 들더라도 산길로 가는 것을 추천한다. 공원 전체를 둘러 보려면, 넉넉잡아 3시간 정도는 걸어야 하니 편한 신발을 착용하는 것이 좋다. 시간 여유가 있다면 가장 많은 사람들이 방문하는 11:00~15:00는 피해서 가도록 한다.

함께 가볼 만한 곳

무성서원

무성리 마을 한가운데에 있다. 서원 우측으로는 칠보천이 흐른다. 무성서원의 뿌리는 신라 말 최치원을 살아 있을 때 모신 생사당 태산사가 시초로 사립 교육기관인 서원이 생겨난 때는 1615년이다. 처음에는 태산서원으로 불리다가 1696년(숙종 22년)에 무성(武城)이라는 사액을 받았다. 사액과 함께 두 개의 사당이 합쳐졌으며 서원 철폐령에도 살아남아 오늘에 이르고 있다.

주소 전북 정읍시 칠보면 원촌1길 44-12 **전화** 063-539-5182(정읍시청 문화예술과) **가는 방법** 옥정호 구절초테마공원 주차장에서 11.9km, 자동차로 20분 소요.

국사봉 전망대

임실군 운암면에 위치하고 있는 국사봉(475m)은 천혜의 전망대다. 국사봉 전망대에서 옥정호를 내려다보면 섬진강댐이 만들어지면서 생겨난 인공호수에 붕어를 닮은 모양의 섬이 떠 있는 것을 볼 수 있다. 붕어섬이 새벽 안개와 어우러진 모습이 절경이며 국사봉 정상에서 진안 방향으로 수려한 산세가 이어지는 풍경 또한 장관이다.

주소 전북 임실군 운암면 국사봉로 512 **전화** 063-640-4082 **가는 방법** 옥정호 구절초테마공원 주차장에서 28.5km, 자동차로 35분 소요.

귀리떡갈비 맛집

단풍미락은 정읍 지역의 특산물을 활용한 대표 음식으로, 한우와 귀리를 이용한 음식이다. 최근에는 정읍시가 단풍미락을 브랜드 및 상품화 시켜 활성화에 힘쓰고 있기도 하다. 귀리는 세계 10대 슈퍼푸드 중 하나로 정읍에서 가장 많이 생산된다. 귀리떡갈비는 한우에 삶은 귀리를 넣어 오래 치대어 만든 건강식으로, 간이 세지 않아서 좋다.

[옥돌생고기] **주소** 전북 정읍시 명륜길 15-7 **전화** 063-536-1020 **영업** 12:00~22:00

10월의 꽃

은행나무

은행나무와 인류

가을에 길가와 공원을 노랗게 물들이는 은행나무는 알고 보면 참 외로운 식물이다. 은행나무 집안에는 아무도 없고 오직 은행나무 밖에 없다. 국제자연보전연맹(IUCN)의 적색 목록(Red List)에서 EN(Endangered; 야생에서 매우 높은 절멸 위기에 직면한 상태) 단계다. 사찰, 사당, 궁궐, 향교, 왕릉, 마을, 도로가, 공원 등 어딜 가나 흔하게 보이는 은행나무가 멸종위기에 놓여 있다니 의아할 것이다. 포인트는 우리가 보는 은행나무가 야생이 아니고 모두 사람이 심고 퍼트린 것이라는 데 있다. 은행나무는 흔히 살아 있는 화석이라고 불린다. 2억 8,000만 년 전 지구상에 나타나서 공룡을 비롯한 대부분의 동식물이 멸종했음에도 동아시아에서 오직 한 종만 살아남아 현재는 전 세계에 퍼져 있다.

은행나무는 오래 살고 크게 자라며 불에 잘 타지도 않는다. 장점이 많아 보이는 은행나무는 살아가기 힘든 특징이 몇 있다. 일단 열매에서 나는 냄새가 지독하다. 떨어진 열매를 밟게 되면 '똥 밟았네'라는 오해를 딱 사기 좋다. 냄새 때문에 동물들이 기피하는 데다가 과육은 옻처럼 피부병을 유발하는 독성이 있고 잎에는 살균, 살충 성분이 함유되어 있다. 동물, 곤충 모두 근처에도 가지 않는다. 하지만 사람은 오래된 은행나무에 의미를 부여해 보살피며 가을에 고운 모습을 보기 위해 심고 가꾸는 데 온 힘을 기울인다.

은행나무의 독성분은 정제 과정을 거쳐 약으로 쓰인다. 은행잎 추출물인 징코민은 혈액순환 개선제, 노인성 치매에 가장 많이 쓰이는 약재다. 은행나무가 인간을 매개동물로 삼은 것인지, 인간이 은행나무를 이용하는 건지 둘은 현재 지구상에서 아름다운 동거 중이다.

은행나무
여행지 1

아름다운 길을 그리는 은행나무길
홍천 은행나무숲

10월 은행나무

아내를 향한 애틋함이 키워낸
은행나무숲

아픈 아내를 위해 한 그루 한 그루씩 심고 가꾼 30년의 세월이 2,000여 그루의 은행나무가 자라는 은행나무숲이 된 곳이 있다. 홍천 은행나무숲이다. 만성 소화불량을 겪고 있는 아내를 위해 오대산 자락으로 이주하였다. 철분 등 광물을 함유한 약수가 나오는 삼봉약수터가 가까워 이곳에 자리를 잡은 것이다. 삼봉약수는 위장병을 비롯하여 당뇨, 신경통, 빈혈 등에 효험이 있다고 전해지는 광천수다. 오대산 숲속은 오로지 아내를 위해 선택한 제2의 고향이다.

현재 홍천 은행나무숲은 개인 사유지다. 홀로 가꾸던 곳을 사람들이 좋아하는 것을 보고 2010년부터 10월 한 달간만 무료로 개방하고 있다. 아주 큰 규모라고는 할 수 없지만 열을 맞춰 한 그루씩 정성을 다하여 심었을 누군가의 기원을 마주하는 것은 은행나무에 서사를 깃들게 한다.

황금빛 일렁임 따라
가을 인사

홍천 은행나무숲은 숲속에 은거하고 있어 도로나 밖에서는 잘 보이지 않는다. 첫 마중은 다리다. 안으로 깊숙이 들어가면 하천가에서 강원의 가을색을 뽐내고 있는 단풍을 만날 수 있다. 다리를 건너면 만나는 오솔길은 길이는 짧지만 꽤 멋스럽게 물든 가을 단풍으로 뒤덮여 있다. 은행나무숲은 사유지이다 보니 철망으

10월　　　　은행나무

로 막혀 있다. 숲은 1년에 한 달만 사람들에게 열린다. 한 달 동안 10만 이상의 관광객이 찾는 인기 명소다. 황금색으로 물든 은행나무 길을 걸어보자. 바닥에 떨어진 은행나무 잎이 만든 황금빛 융단 길 위에서 사진을 찍으며 추억을 쌓는다. 대부분 수나무이기 때문에 은행 열매가 거의 없어 눈살을 찌푸릴 일이 없다.

숲이 만들어진 사연을 알게 되면 단순한 가을 풍경이 아닌 의미 깊은 가을 나들이 시간을 보낼 수 있다. 사랑하는 가족, 연인, 친구와 함께 가을이 황금색으로 빛나는 시간을 즐기며 사랑의 마음을 들여다본다.

여행지 기본 정보

가기 좋은 시기	10월 중순
주소	강원 홍천군 내면 광원리 686-4
전화	033-433-1259
운영	10:00~17:00(매년 10월 중 개방)
여행 팁	개인 사유지이다 보니 제대로 주차 시설이 마련되어 있지 않다. 보통 도로변에 차를 세우고 다리를 건너 숲으로 들어간다. 누군가는 주차나 진입로를 다니는 게 불편하다고도 하지만 이곳은 순전히 개인의 땅을 사람들에게 개방하는 것이니 불편함을 감수해야 한다. 의외로 은행나무가 노랗게 물드는 시기를 맞추기가 쉽지 않다. 오대산의 단풍 시기를 가늠하여 많은 정보를 취합한 후에 가도록 한다. 입구에 꿀 등을 파는 지역 농산품 판매대가 있다. 상생의 여행을 하고 싶다면 이용해보도록 한다. 코로나19 영향으로 개방하지 않을 때가 많으니, 방문 전 꼭 전화로 확인해 보도록 한다.

함께 가볼 만한 곳

홍천 미악골 계곡

천혜의 원시림이 숲길 걷는 즐거움을 안겨주는 미악골 계곡은 홍천강의 발원지다. 사철 맑은 물이 흐르는 계곡을 따라 8월 하순에는 금강초롱꽃이 피어 있다. 미약골 주차장에서 구룡룡 방향으로 1km 떨어진 곳에 미약골 입구가 있다. 생태공원 트레킹 코스가 최근에 만들어져서 함께 둘러보기 좋다.

주소 강원 홍천군 서석면 생곡리 **전화** 033-430-4451 **가는 방법** 홍천 은행나무 숲에서 29km, 차로 40분 소요.

화로구이 맛집

홍천 비발디파크에서 5분 거리에 있는 원조화로구이와 양지말화로구이가 많이 알려져 있다. 생고기, 또는 고추장 양념을 한 돼지고기를 숯불에 구워 먹는 화로구이는 먼저 생고기를 맛본 뒤에 양념을 주문해야 각각의 맛을 즐길 수 있다.

[원조화로구이] **주소** 강원 홍천군 서면 한서로 2167 **전화** 033-432-8592 **영업** 11:00~23:00

[양지말화로구이] **주소** 강원 홍천군 홍천읍 양지말길 17-4 **전화** 033-435-7533 **영업** 11:00~20:30

은행나무 여행지 2

하천가의 노란 가을 길 **아산 곡교천**

10월 은행나무

하천을 따라 일렁이는
황금 물결

아산 시내를 가로지르는 곡교천은 시민들의 휴식처이자 가볍게 운동 삼아 걷는 길로 인기가 높다. 은행나무가 노랗게 물드는 11월에는 동네 주민 뿐만 아니라 전국에서 사람들이 물밀 듯이 모여든다. 2.2km 길에 심어진 350여 그루의 은행나무가 만드는 가을 풍경이 더할 수 없이 황홀하기 때문이다. 1.3km의 일부 구간은 차 없는 거리다.

노랗게 물든 터널을 따라 바닥에 떨어진 노란 카펫을 밟으며 걷는다. 노랑색 천지인 은행나무길 곳곳에는 포토존으로 활용할 수 있는 시설들이 마련되어 있다. 강아지와 함께 산책 나온 사람들, 점프 샷을 찍겠다고 방방 뛰는 젊은이들, 서로 사진 찍어 주는 엄마와 딸 등 모두들 '전국의 아름다운 10대 가로수길'에 선정된 곡교천에서 가을을 만끽하고 있다.

여행지 기본 정보

가기 좋은 시기	11월 10일경
주소	충남 아산시 염치읍 백암리 502-3
여행 팁	차 없는 거리는 충남경제진흥원과 아산문화재단 사이의 1.3km 구간이다. 곡교천 제1주차장을 비롯하여 주차장이 여러 군데 있다. 제2주차장이 은행나무길과 가깝다. 평일에는 주차에 큰 무리가 없으나 주말에는 주차 전쟁을 치러야 한다. 은행나무가 황금색으로 보이는 해가 뜰 무렵이 빛이 좋고 사람도 비교적 적다. 이때가 은행나무를 감각적으로 찍을 수 있는 시간이어서 사진작가들이 많이 찾는다. 하천을 건널 수 있는 다리가 곳곳에 있으니 터널 안에 있다가 건너편으로 가서 은행나무 길을 감상해도 좋다.

10월의 꽃

억새
볏과 식물 억새 이야기

억새는 줄기가 억세고 질기다는 의미의 '억센 새풀'에서 유래한 이름이다. 억새 꽃은 막 피기 시작하면 연하다. 여린 꽃을 뽑아서 오래 씹으면 달짝지근한 맛이 난다. 먹을 것이 없던 시절에는 어린순을 나물로 무쳐 먹기도 했다. 볏과 식물인 억새와 갈대는 새순은 나물로 먹고 뿌리는 약재로 사용한다는 공통점이 있다. 둘은 모양이 비슷해 언뜻 보면 '갈대야? 억새야?' 라는 혼란을 준다. 이름은 두 식물의 헷갈림을 더욱 부추긴다. '억센' 느낌의 억새는 오히려 얇고 낭창거리고, '흔들리는 존재'로 묘사되는 갈대는 단단한 줄기를 가지고 있다. 어디서 보았느냐가 둘을 구별하는 포인트다.

습지나 냇가, 강가에서 보았다면 갈대, 산과 들판에서 만났다면 억새다. 억새는 1m 20cm 내외이고 갈대는 사람 키를 훌쩍 넘기는 2~3m까지 자란다. 물가에서 자라는 억새를 닮은 물억새가 있긴 하지만 갈대처럼 꽃색이 칙칙하지 않고 은색에 가깝다. 어찌 되었든 산에서는 갈대를 볼 수 없다. 산에서 보는 것은 당연히 억새다.

억새는 꽃이 피고 씨앗을 맺어도 여전히 꼿꼿하게 서지만 갈대는 꽃이 피고 나면 고개를 푹 수그린다. 촘촘한 빗자루처럼 은색 꽃이 가지런하게 피면 억새, 야외용 빗자루처럼 황갈색의 꽃이 풍성하고 부스스한 느낌으로 피면 갈대다.

억새 여행지 1

산정의 온통 억새천지
정선 민둥산

10월   억새

한 달 내내 볼 수 있는
민둥산 억새

산을 오르는 행위는 그 산이 높고 낮음을 떠나서 언제나 버겁다. 아무리 산을 좋아하여 산을 자주 가는 사람도 마찬가지다. 민둥산 꼭대기에 억새가 피었다는 소식, 환상적인 가을이 펼쳐진다는 이야기를 들었다 해도 집을 나서서 그곳으로 향하기는 쉽지 않다. 억새는 오랫동안 개화한다. 꽃이 지고 난 후에도 나름 매력이 있다. 갓 피었을 때 붉은색이 도는 때가 가장 예쁘다 말하는 이가 있는가 하면 완전히 꽃이 피고 난 후의 풀풀 거리는 느낌이 좋다

고 하는 사람도 있다. 어떤 이는 꽃이 지고 난 후 갈퀴처럼 앙상한 모습에서 가을이 제대로 느껴져 최고라고 한다. 억새는 피기 시작해서 지고 난 후까지 감상 포인트가 다르다. 늑장을 부리다 억새가 절정인 시기를 놓쳤다 해도 억새밭 사잇길은 여전히 가을 냄새가 진하게 남아 있다. 억새가 피어 있는 시기는 거의 한 달이다. 조금 빨라도, 약간 늦어도 한결 같이 좋은 억새 평원, 억새를 만나기에 민둥산만큼 매력적인 산도 드물다.

광활한 억새평원과
굽이굽이 물결치는 능선

산은 처음부터 억새를 보여주는 것이 아니라 나중을 위해 숨겨둔다. 오르는 길은 여느 산과 다름이 없는 산길이지만, 정상부에 올라서면 완전히 다른 세상이 펼쳐질 것을 알기에 꿋꿋하게 오른다. 올라가는 데만 집중하려 했는데 햇살을 받아 황금색으로 빛나는 나무들이 걸음을 붙잡는다. 붉은 갈색으로 곱게 물든 일본잎갈나무가 민둥산을 오르는 산길에 가을의 생기를 불어 넣고 있다.

점점 나무가 줄어들더니 억새 산봉우리가 보이기 시작한다. 억새평원이 멀지 않았다. '민둥산 1,119m' 표지석이 있는 곳이 전망 포인트다. 20만 평에 달하는 광활한 억새밭 위로 강원의 산하가 유장하게 펼쳐진다. 저 멀리 굽이치는 산 능선이 겹겹이 주름져 있고 주름이 흘러내리는 곳에 산촌 마을이 자리한다. 나무가 없어 시원한 조망에 가슴 속까지 시원해진다. 산정을 뒤덮은 억새밭이 바람에 물결치며 산의 파고를 내려다보고 있다. 발아래로 억새가 줄달음질치더니 은빛 머리를 휘날리며 산 너머의 산정을 향해 달려간다.

발구덕 마을과 돌리네

민둥산 꼭대기는 뾰족함이 없이 순하다. 어디까지고 이어질 것만 같은 억새밭 사이로 커다란 밥사발 형태의 움푹 파인 땅이 보인다. 돌리네다. 돌리네는 전형적인 석회암 카르스트 지형으로 석회암층이 지하수에 침식되면서 바닥이 밑으로 푹 꺼져 만들어진 것이다. 돌리네 안쪽은 땅이 비옥하고 배수가 잘되어 밭으로 많이 이용한다. 돌리네 마을로 유명한 곳이 민둥산 800m에 있는 발구덕마을이다. 팔구뎅이에서 발구덕이라는 마을 이름이 나왔다. 마을에는 8개의 크고 작은 돌리네가 있다. 대부분 이곳에 고랭지 배추를 키운다.

민둥산 정상에서 내려다보면 3개의 돌리네 주변으로 억새가 강물처럼 흐르는 듯하다. 안쪽 바닥에는 약간의 물이 고여 있다.

본래부터 이 산이 억새만 자라는 민둥산은 아니었다. 산중에 자

10월   억새

리 잡은 사람들이 화전을 일구면서 불을 놓아 나무들은 다 없어지고 불에도 견디는 억새만 살아남아 지금의 드넓은 평원이 만들어졌다. 전망대에서 내려와 돌리네를 지나고 능선을 따라 억새밭이 끝나는 곳까지 걸어보자. 민둥산 억새밭은 산촌 마을의 애환 속에서 태어났다. 산간 마을 사람들과 함께해온 시간과 돌리네라는 특별한 공간 위에 너른 억새밭이 펼쳐진다. 가을을 느끼기에 최적이다.

10월　　　　　　억새

여행지 기본 정보

가기 좋은 시기　10월 초순~하순
주소　강원 정선군 남면 민둥산로 12(증산초교) 민둥산 등산로 입구
여행 팁　4개의 코스가 있다. 억새가 피는 시기에 증산초교에서 올라 민둥산 정상에서 발구덕 방향으로 하행해서 증산초교로 돌아오는 코스를 많이 이용한다. 증산초교에서 2.6km, 1시간 30분 정도 산행하면 정상에 도착한다. 증산초교에서 산행을 시작하면 표지판 안내에 따라 완경사, 급경사 구간을 선택할 수 있다. 발구덕마을에서 정상까지는 1km, 가장 짧게 정상에 오르는 코스다. 하지만 마을까지 가는 도로는 좁은 시멘트 포장길이다. 억새가 피었을 때는 찾는 이들이 많아 차로 발구덕마을까지 올라가는 것은 민폐가 될 수 있다. 증산초교 부근에 차를 세우고 산행하도록 한다.

민둥산은 열차로 갈 수 있는 여행지라는 점이 매력적이다. 청량리역에서 동해행 열차를 타고 민둥산역에서 내려 증산초교(1.7km, 도보로 30분 소요)까지 가서 산행을 시작한다. 열차는 청량리역에서 07:35을 시작으로 하루 5회 운행된다. 민둥산역에서 19:55 마지막 열차를 타면 22:40 청량리역에 도착한다(2022년 1월 기준).

함께 가볼 만한 곳

몰운대

화암8경의 하나로, 깎아지른 절벽 위에 위치한 절경이다. 커다란 반석은 자연 전망대의 역할을 하며 주변은 고사목과 소나무가 어우러져 멋스러운 풍경을 뽐내고 있다. 몰운정에서 몰운대의 층층이 쌓아올려진 절벽과 소나무 등 절묘한 풍경을 감상할 수 있다.

주소 강원 정선군 화암면 몰운리 산43 **가는 방법** 증산초교 주차장에서 14.4km, 자동차로 25분 소요.

화암약수

톡 쏘는 탄산수 맛이 나는 약수다. 철분, 칼슘 등을 함유한 약수는 위장병, 눈병, 피부병에 좋다고 알려져 있다. 1910년경 문명무라는 사람이 청룡과 황룡이 엉켜 하늘로 올라가는 꿈을 꾸고 나서 그 자리를 찾아가 땅을 파 보니 물이 솟아올랐다고 한다. 08:00~18:00까지 하루 1회, 최대 2리터까지만 가져가라는 안내문이 붙어 있다.

주소 강원 정선군 화암면 화암리 1175-1 **전화** 033-560-3413 **가는 방법** 증산초교 주차장에서 18km, 자동차로 30분 소요.

화암동굴

일제 강점기에 금을 캤던 광산이었는데 금을 채굴하다 드넓은 광장 형태의 천연 석회암동굴을 발견하였다. 강원도 기념물 이었다가 2019년 11월 천연기념물로 지정 되었다. 금광의 흔적을 따라가다 보면 유석폭포와 석순, 대형 종유석 등 자연의 신비로움이 가득한 종유동굴을 볼 수 있다. 총 길이 500m, 관람시간 약 1시간 30분.

주소 강원 정선군 화암면 화암리 산248 **전화** 033-560-3410 **운영** 09:00~18:00(모노레일 탑승 마감 17:00) **입장료** 성인 5,000원, 어린이 2,000원 **가는 방법** 증산초교 주차장에서 18.5km, 자동차로 30분 소요.

황기족발 맛집

요즘은 맛있는 족발집이 워낙 많이 생겨서 뭔가 확 다를 것이라고 기대하기보다는 정선 민둥산 산행 후 기운을 북돋는 의미에서 족발을 추천한다. 정선 시내에 있는 동광식당에서는 가지런하게 썰어나오는 족발이 아니라 찢겨서 나온다. 족발 가격이 착하고 콧등치기, 올챙이 국수까지 강원도의 별미 음식을 맛볼 수 있다.

[동광식당] 주소 강원 정선군 정선읍 녹송1길 27 **전화** 033-563-3100 **영업** 09:00~21:00, 월요일 휴무

10월 | 억새

억새 여행지 2

생태공원으로 재탄생한 쓰레기산 **서울 상암 하늘공원**

난지도
다시 태어나다

난지도(蘭芝島)는 모래톱이 쌓여 만들어진 모래섬이었다. 조선 후기 진경산수화의 대가 겸재 정선의 '금성평사(錦城平沙)'에서 모래섬의 모습을 확인할 수 있다. 홍수가 나면 섬의 모양이 바뀌곤 하였다. 영조 16년(1740년)에는 섬 뒤로 금성산이 자리해 있고 섬은 작은 모래톱이었으나 조선 후기로 갈수록 모래섬의 규모는 커지고 꽃과 풀이 많이 자라는 등 생태계가 풍부해졌다. '중초도(中草島)', '꽃섬'으로 불리며 양반들이 놀이를 하거나 선비들이 낚싯

10월   억새

대를 드리웠던 휴양지가 되었다. 이후 1960~70년대에는 서울 시민들의 신혼 여행지로 사랑받았다.

휴양지이자 신혼 여행지였던 명소가 악취가 코를 찌르는 곳으로 변해버렸다. 1978년 이곳에 쓰레기 매립을 시작한 지 15년 만에 높이 100m 가까운 쓰레기 산이라는 오명을 얻게 되었다. 이후 1993년 쓰레기 매립이 완전히 중단된 이후 환경을 복원하자는 목소리가 커졌고 안정화 작업을 통해 죽음의 땅에서 기사회생하였다. 쓰레기 산 위에 흙을 덮고 나무와 꽃을 심었다. 월드컵이 열리던 해인 2002년 5월, 쓰레기 섬은 생태공원으로 거듭났다. 억새와 메타세쿼이아, 생태연못, 잔디밭과 숲이 있는 시민들의 휴식처가 되었다.

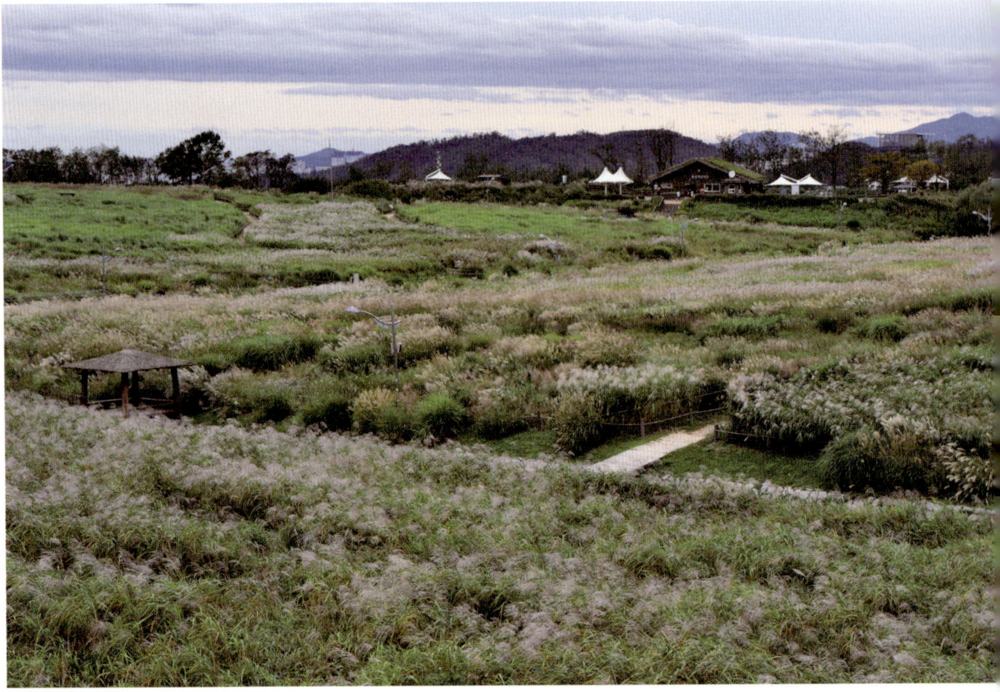

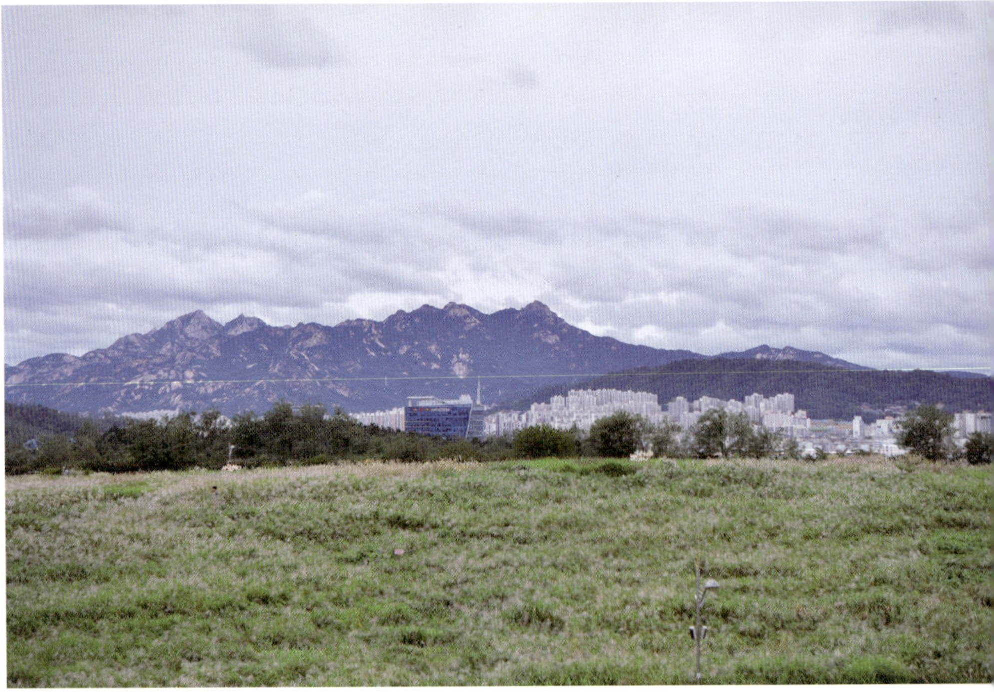

하늘과 가까운
은빛 억새벌판

하늘공원은 어느 계절에 올라도 뛰어난 서울 전망을 볼 수 있다. 이름처럼 하늘과 가까워 전망대 역할을 톡톡히 한다. 특히 18만 5,000m^2 규모의 억새밭이 만들어내는 멋들어진 가을 풍경은 입소문을 타 많은 사람이 찾고 있다. 9월~11월에는 하루 10만 명이 넘는 시민들이 다녀가는 서울 대표 억새 명소다.

하늘공원에 올라서면 시야가 확 트인다. 억새밭은 세로로 길게 조성되어 있다. 억새와 띠, 초지가 구획을 나누어 심어져 있어 리듬감이 느껴진다. 9월 하순에는 억새가 꽃을 피우기 시작한다. 이때 억새밭 아래를 눈여겨 보면 진한 핑크색의 꽃이 피는 야고를 발견할 수 있다. 제주도에서 이곳 하늘공원으로 옮겨 오면서 억새에 묻어온 부생식물이다.

남서쪽에 위치한 전망대(하늘을 담는 그릇)에 올라서면 한강이 내려다보이고 북한산, 인왕산, 매봉산이 병풍처럼 늘어서 있는 모습을 볼 수 있다. 남산 N서울타워와 잠실 롯데월드타워까지 서울의 모습이 한눈에 들어온다. 하늘공원의 억새 풍경을 위에서 내려다 볼 수 있는 포인트이기도 하다.

하늘공원을 둘러본 후 산책을 더 하고 싶다면 노을공원 쪽으로 향해보자. 억새풍경과는 다른 차분함이 느껴진다. 곳곳에 조각 작품들이 전시되어 있어 보는 즐거움을 준다.

여행지 기본 정보

가기 좋은 시기 9월 하순~11월 초순
주소 서울 마포구 하늘공원로 95
운영 05:00~22:00(월마다 유동적)
여행 팁 하늘공원에 억새가 피기 시작하면 많은 사람이 찾아온다. 주차는 가능하지만 혼잡할 수 있으니 대중교통을 이용하는 것이 좋다. 지하철 6호선 월드컵경기장역에서 하차하여 1번 출구로 나와 10분 정도 걸으면 난지천공원 입구가 나온다. 공원 내에는 화장실 외에는 이렇다 할 편의시설이 없다. 간단히 간식과 음료를 준비해 올라가는 것이 좋다.

난지천공원 입구에서 하늘공원으로 올라가는 방법은 세 가지다. 291개의 하늘계단을 이용하거나, 구불구불 완만하게 이어지는 도로를 따라 걸어서 올라가거나, 편하게 맹꽁이버스를 타고 올라가는 것이다. 맹꽁이버스를 타고 하늘공원에 도착해서 억새밭을 충분히 둘러본 다음 계단이나 도로로 걸어 내려오는 것이 좋다. 도로를 타고 걸어서 하늘공원까지 가는 데 걸리는 시간은 넉넉잡아 20분이다.

알고 가세요!

[공원 내 맹꽁이버스]

운행 시간 10:00~20:00, 주말 및 공휴일은 탄력 운행(운행 간격 3분)

요금 편도 2,000원, 왕복 3,000원

운행 코스 난지천공원 주차장 → 하늘공원 정상 → 노을공원 정상 → 바람의 광장 → 난지천공원 주차장

함께 가볼 만한 곳

선유도

한강 위의 작은 섬, 선유도는 선유교를 통해 걸어서 갈 수 있다. 겸재 정선의 '금성평사' 그림에 난지도와 함께 등장하는 산이었으나 한강 개발로 선유봉이라 불렸던 봉우리가 깎여 나지막한 섬으로 남게 되었다. 서울 서남부 지역에 수돗물을 공급하는 정수장으로 이용되었던 흔적이 남아 있다. 시간의 정원, 수생식물원 등 볼거리가 꽤 있다. 공원 내에 카페테리아 '나루'가 있어 공원 산책을 하면서 휴식의 시간을 갖기에 좋다.

주소 서울 영등포구 선유로 343 **전화** 02-2631-9368 **운영** 06:00~24:00 **가는 방법** 하늘공원 주차장에서 4.3km, 자동차로 5분 소요.

익선동

일제 강점기인 1920년대 도시개발업자였던 정세권이 익선동 일대에 대규모 한옥단지를 조성해서 종로에 진출하는 일본인들에 대항해 조선인들이 살도록 하였다. 작은 골목 사이로 나지막한 한옥이 촘촘히 자리하고 있고 작은 카페, 음식점, 소품숍 등 아기자기한 즐거움과 향수가 공존한다. 종로 3가 뒷골목인 익선동을 걷다 보면, 근대 시대를 시간 여행 하는 듯한 느낌을 받는다.

주소 서울 종로구 익선동 **가는 방법** 지하철 1·3·5호선 종로 3가역 하차. 4번 출구 건너편이 익선동 한옥거리 입구다.

SPECIAL PAGE

제주 오름에 퍼지는 억새의 노래
제주 억새 명소 5

땅할아버지의 은빛 수염
따라비오름

따라비오름의 '따라비'는 땅할아버지를 의미한다. 은빛 억새 수염을 쓸어내리며 좌정하여 모지오름, 장자오름, 새끼오름을 거느리고 호령하는 듯하다. 꼭 서당의 훈장 어른 앞에 앉아 있는 학동들 같다. 할아버지라면 뭔가 태산 같은 엄정함이 있을 것 같은데 막상 오름에 오르면 웅장하기보다는 잔잔한 풍경이 펼쳐진다. 오름 할아버지의 자애로움이 느껴진다.

오름은 하나의 굼부리가 아니라 좌우 양옆까지 모두 3개의 굼부리로 이루어져 있고 봉우리만 6개에 이르는 독특한 형태를 보인다. 말굽처럼 한쪽이 터진 굼부리와 원형의 굼부리가 이어져 있어 굽이굽이 능선을 따라 오르내리는 맛이 쏠쏠하다. 능선을 걷다 보면 한라산과 저 멀리 정석항공관, 그 옆으로 대록산, 소록산이 눈앞에 나타난다. 오름의 할아버지라는 별칭에 걸맞게 따라비오름 주변에는 크고 작은 오름들이 줄지어 있다. 예전에는 굼부리 안쪽에 원형의 담이 둘러져 있고 양하가 자랐다. 제주에서는 양하를 무쳐 먹고 장아찌로 담가 먹는 등 유용한 먹거리로 이용한다. 지금은 능선을 따라 다니도록 길이 나있다. 능선을 가득 메운 억새, 한라산을 배경으로 오름 자락 따라 억새가 물결치는 모습이 평화롭기 그지없다.

가기 좋은 시기 10월 초순~11월 초순 **주소** 제주 서귀포시 표선면 가시리 산 63 **여행 팁** 정석항공관을 지나 가시리사거리에서 성읍민속마을 쪽으로 120여m쯤 더 가면 좌측에 시멘트 포장길이 있다. 이 길을 따라 2.8km 정도 들어가면 따라비오름 기슭이 나타난다. 오름 산책로는 따라비오름 둘레를 돌다가 나무 계단을 따라 정상으로 향한다. 정상까지는 30분 정도 소요된다.

한라산 화산 폭발 이후 마그마가 땅속을 흐르다 약한 지반을 뚫고 흙과 돌을 분출해 만든 기생 화산체인 오름은 제주에서만 볼 수 있는 특별한 자연의 선물이다. 야트막한 산의 형태로 대부분 30~60분 이내에 다녀올 수 있다. 가을이 짙은 10월에 제주를 여행하다 보면 어디를 가나 억새가 나부낀다. 억새는 바람을 온전히 맞으며 제주의 속살 위에서 춤을 춘다. 가을의 제주는 바람에 흔들리는 억새의 섬이 된다.

달의 오름
다랑쉬·아끈다랑쉬오름

다랑쉬에서 아끈다랑쉬로 이어지는 오름길은 억새의 춤사위가 아름다운 길이다. 어머니와 자식처럼 두 오름을 함께 걸으면 제주 억새의 멋을 제대로 느낄 수 있다.
다랑쉬를 먼저 오른다. 억새의 춤은 초입의 삼나무 숲을 통과하자마자 시작된다. 가파른 사면을 따라 억새가 바람을 타며 춤을 추고 있다. 등산로가 없었을 때는 정상을 향해 거의 수직에 가깝게 난 길을 숨이 차도록 힘겨워하며 올랐었는데, 지금은 지그재그로 등산로가 놓여 있어 오르기 편해졌다. 오름 바깥 쪽부터 시작된 은빛 억새의 춤사위는 굼부리 능선에 다다라 절정에 이른다. 굼부리 안은 달이 떨어

아끈다랑쉬오름

다랑쉬오름

저 구멍을 만든 듯 둥글게 움푹 들어가 있고 그 안에서는 억새의 군무가 한창이다. 다랑쉬는 초대형 바구니에 억새를 가득 채워 건네는 가을 선물 같다.

굼부리를 빙 돌아 나와 시작점으로 향한다. 이웃한 아끈다랑쉬로 가기 위함이다. 하산길의 풍경은 또 새롭다. 위로만 향하느라 보지 못했던 풍경이 눈에 들어온다. 아끈다랑쉬가 도넛 모양으로 누워 있다. 희한할 정도로 우주비행선을 닮았다.

다랑쉬오름에서 내려와 밭 사이로 난 작은 소로를 지나 아끈다랑쉬로 향한다. 다랑쉬가 해발 382m인데 반해 아끈다랑쉬는 해발 58m에 불과하다. 다랑쉬에 붙은 아끈이라는 접두어는 제주 말로 '작은'을 뜻한다. 두 개의 오름이 모녀지간처럼 다정해 보이는 이유는 가까이 있어 크기가 확연히 비교되기도 하지만 가을 풍경이 너무도 닮아 있기 때문이다.

가기 좋은 시기 10월 초순~하순 **주소** 제주 제주시 구좌읍 세화리 **여행 팁** 다랑쉬오름은 꽤 높은 오름이지만 등산로가 잘 만들어져 있어 오르는 데 무리는 없다. 굼부리 둘레를 따라 걸으며 성산일출봉과 한라산을 볼 수 있다. 굼부리 안으로 들어갈 수는 없다. 아끈다랑쉬오름은 가볍게 산책하듯이 오를 수 있다. 어린이들도 오르기 쉽다. 주차는 다랑쉬오름 안내소 옆 주차장에서 한다.

은색 파도의 블랙홀
산굼부리

드넓은 벌판을 이루며 억새가 파도치는 곳이자 초대형 분화구를 지닌 산굼부리(천연기념물 제263호)는 은빛 바다의 블랙홀을 연상시킨다. 산굼부리는 밑에서부터 화산이 폭발하여 폭발물이 쌓인 형태가 아니라 흙과 암석을 날려서 구멍만 뻥 뚫린 분화구다. 산굼부리를 조금만 오르면 눈이 휘둥그레질 정도로 깊고 큰 분화구가 나타난다. 분화구 안은 나무가 빽빽하게 들어차 있다. 420여 종의 희귀한 식물과 여러 종의 동물이 서식하고 있는 생태계의 보고다. 분화구뿐만 아니라 주변 경관도 아름다워 촬영지로도 각광을 받는다. 돌로 쌓아올린 입구, 돌담, 초원, 목가적인 풍경 등 볼거리가 많다.

야트막한 오름이 이국적인 분위기를 자아내어 사계절 붐비는 곳이지만 그중에서도 가장 사랑받는 계절은 가을이다. 드넓은 벌판에는 억새가 가득하고 분화구 안에는 수림이 빽빽하게 우거져 있다. 분화구 남서쪽 경사면 약 5만 평이 온통 억새로 출렁인다. 분화구 둘레를 따라 약 2km에 이르는 억새가 해가 질 무렵 황금빛으로 물들면 주변의 제주적 풍경과 어우러져 환상적인 분위기를 만든다.

가기 좋은 시기 10월 초순~11월 초순 **주소** 제주 제주시 조천읍 교래리 산38 **전화** 064-783-9900 **운영** 09:00~18:40 3월~10월 (입장 마감 18:00), 09:00~17:40 11월~2월 (입장 마감 17:00) **입장료** 성인 6,000원, 청소년·어린이(만 4세 이상) 4,000원 **여행 팁** 제주시외버스터미널에서 212·222번 버스를 타고 갈 수도 있다(45분 소요). 산굼부리는 땅으로 푹 꺼진 형태의 분화구여서 시야가 확 트인다. 능선에 서면 한라산과 주변의 경치가 억새와 어우러지는 모습을 한눈에 볼 수 있다. 산굼부리란 산에 생긴 구멍(굼)이라는 뜻을 가진 제주말이다.

노을 지는 5개의 봉우리
새별오름

새별오름은 '초저녁 외롭게 떠 있는 샛별 같다'고 해서 붙여진 이름이다. 종종 안개가 넘나드는 평화로를 달리다 아스라이 고개를 내민 모습을 보면 언젠가는 꼭 한번 올라보고 싶다는 마음을 불러일으킨다. 도로에서 멀지 않아 평화로 서쪽 편의 랜드마크처럼 우뚝 솟아 있는 데다 말쑥하게 보여 시선을 끈다.

매년 정월대보름 무렵 오름을 통째로 태우는 들불축제가 이곳에서 열린다. 가축방목을 위해 해묵은 풀을 없애고, 해충을 구제하기 위해 마을별로 들불 놓기를 하는 풍습을 재현한 축제다. 오름 사면 전체에 불을 놓고 하늘에는 휘황찬란한 불꽃을 터뜨리는 들불축제는 제주인뿐만 아니라 세계인이 즐기는 초대형 축제다. 오름의 북동쪽 사면은 불을 놓기 때문에 몇 개의 산담을 제외하면 대부분 초지다. 새까맣게 탄 오름이 여름에는 노랗게 갯취가 피고 가을에는 은빛의 억새가 흐드러지게 핀다.

새별오름은 서쪽에 우뚝 솟은 오름 답게 해가 지는 풍경이 아름답다. 노을이 질 때

갯취

정월대보름 들불축제

억새가 황금색으로 물드는 풍경 너머로 제주 섬이 점차 어둠에 사위어가고 바다에는 어선이 하나 둘씩 불을 밝힌다. 어느 순간 까만 바다에 별들이 반짝인다. 새별오름은 오후부터 저녁까지 시시각각 변하는 억새와 제주 야경을 감상하기에 좋다.

가기 좋은 시기 10월 초순~하순 **주소** 제주 제주시 애월읍 봉성리 4554-12 **여행 팁** 대부분 오름의 한쪽에서 다른 쪽으로 내려오는 단순한 코스로 새별오름을 다녀온다. 새별오름은 오름 정상인 남봉을 정점으로 등성이가 뻗어 내려가고 사이사이 4개의 봉우리가 솟아 있다. 이웃한 이달봉에서 5개의 봉우리가 솟아오른 모습을 확인할 수 있다. 새별오름의 평화로 쪽 능선만 오를 것이 아니라 가지를 뻗듯이 남서쪽으로 연결된 길을 걸어 보자. 산담이 있고, 멀리 바다 위에 비양도가 보인다. 가까이는 에버리스CC가 눈에 들어온다. 이달봉의 두 봉우리가 지척에 있다. 가을에 걷기 좋은 길로 새별오름에서 이달봉으로 이어지는 트레킹 코스를 추천한다. 새별오름에서 평화로 쪽으로 있는 카페 '새빌'은 빵이 맛있기도 하지만 새별오름과 어우러진 석양을 감상할 수 있어 인기가 있다.

은빛 숨결 너머 한라산과 바다
금오름(금악오름)

최근 핫한 가을 억새 여행지다. 금오름은 인기를 끌었던 TV 프로그램 '효리네 민박'에서 이효리와 아이유가 올라 유명해진 이후 젊은이들 사이에서 SNS에 인증 샷을 올리는 곳으로 인기가 높다.

금오름의 '금'은 '검', '곰', '감'과 함께 신(神)을 뜻한다. 제주 서부에 금오름이 있다면 동부에는 거문오름이 있다. 거문오름은 세계문화유산인 거문오름 용암동굴계가 태동한 오름으로 거문이 '검'을 말한다. 두 오름 모두 예부터 신성시되어 온 오름이다.

입구의 생이못을 지나 삼나무 숲을 통과하면 시멘트 포장로가 나온다. 길을 따라 20분이면 정상에 도착한다. 길이 쉽고 편할 뿐 아니라 중산간 마을의 전경을 눈에 담으며 오르다 보면 금세 굼부리에 다다른다. 정상에 올라서면 한림읍을 비롯한 서부권 풍광, 바다, 한라산이 파노라마처럼 펼쳐진다. 동쪽을 걸을 때는 한라산이 가까워지고 서쪽을 걸을 때는 바다가 가까워진다. 굼부리 바깥쪽과 안쪽 사면에 은빛 억새가 하염없이 흔들린다. 바람이 억새를 뉘였다 세웠다 자유자재로 갖고 놀고 있다. 초대형 원형 분화

구 안에는 찰방찰방 물이 고여 있다. 여름 장마철에는 수량이 꽤 되지만 가을에는 물이 거의 없거나 말라있다. 일제 강점기에는 이곳에 수없이 많은 진지동굴이 뚫렸고 제주 4·3 때에는 피난처였다. 진지동굴은 거의 메워지고 두 곳만 남아 있다.

가기 좋은 시기 9월 하순~10월 하순 **주소** 제주 제주시 한림읍 금악리 산1-1번지 **여행 팁** 예전에는 금오름 정상부까지 차가 올라갔지만 지금은 오름 아래 주차장에 차를 세우고 올라가야 한다. 날씨가 좋은 날에는 오름 위에서 패러글라이딩을 체험할 수 있다. 체험하는 이들을 실어 나르는 차량이 도로를 지나다니기 때문에 조심해야 한다. 정상에 KBS 중계국이 있어 시멘트 도로가 나 있고 굼부리를 따라서는 야자매트가 깔려 있어 가족 단위 여행자들이 많이 찾는다. 정상부는 조망이 좋은 만큼 주변에 가려줄 만한 것이 없다. 바람이 세차게 불면 춥게 느껴질 수 있으니 따뜻한 겉옷을 챙겨가는 것이 좋다. 분화구 안으로 내려가서 억새와 굼부리, 그 위에 한라산을 함께 넣은 사진을 찍으면 제주 분위기가 가득 담긴다.

10월의 꽃

핑크뮬리
핑크뮬리가 보여주는 환상

요즘에는 국화, 코스모스 대신에 댑싸리, 가우라, 버베나, 핑크뮬리 등 이름조차 생소한 꽃들이 가을꽃 자리를 차지하고 있다. 그중 가장 인기 있는 식물은 핑크뮬리다. 2014년 제주의 사설 관광지에서 처음 선보인 후 순식간에 전국으로 퍼져나갔다. 아련한 핑크색 구름을 보는 듯한 환상을 보여주는 식물에 열광하는 사람들이 많아지자 지자체와 관광지에서 앞다투어 심기 시작하였다.

2019년에 환경부에서 생태계위해성2급으로 지정하여 핑크뮬리밭을 갈아엎는 등 잠시 주춤한 때도 있었다. 생태계위해성2급은 현재는 괜찮지만 생태계 균형을 깨고 생물 다양성을 떨어뜨릴 여지가 있으므로 지속적으로 관찰해야 하는 생물을 말한다. 핑크뮬리는 생태계 교란종 전단계로, 주의해서 관찰해야 하는 단계다. 아직 우리나

라 생태계에 어떤 영향을 미칠지는 미지수다. 2021년에 지정된 생태계교란 생물은 동물 19종과 식물 16종이다. 미국가재, 황소개구리와 돼지풀, 환삼덩굴 같은 생태계 교란종이 된다면 이를 없애기 위해 온갖 노력을 기울여야 한다.

우리나라 산과 들의 동식물에 어떤 영향을 줄지 모른다는 위험 부담을 안고 있는데도 계속 핑크뮬리밭이 늘어나는 가장 큰 이유는 사람들이 너무나 좋아해서다. 핑크뮬리는 예쁜 색감과 압도적인 분위기 때문에 각 지자체와 관광지, 공원, 카페 등에서 사람을 불러 모으는 최고의 관광자원으로 사용되고 있다. 앞으로 핑크뮬리가 우리나라에서 어떤 모습을 보여줄지 눈여겨 살펴보아야 할 것 같다.

핑크뮬리
여행지

신비로운 야환의 핑크 경주 첨성대

사진제공(두드림)-한국관광공사

10월 핑크뮬리

첨성대를 둘러싼
형형색색의 꽃들

첨성대는 교과서에 나와 친숙하기도 하지만 수학여행, 역사 현장 학습 등 이런저런 이유로 가본 이들이 많다. 설령 가보지 않았다 해도 형태를 알고 있고 경주에 가면 꼭 가서 봐야 할 곳으로 꼽힌다.
첨성대(국보 제31호)는 점성대라고도 하였다. 별과 하늘을 관측하여 나라의 길흉화복을 점쳤던 천문 관측소다. <삼국유사>에 선덕여왕(632~647년) 때 돌을 다듬어서 쌓았다는 기록이 있어 1,300년 전으로 축조연대를 추정하고 있다. 높이 약 9.5m로 기단부, 술병 형태의 원통부, 제일 윗부분에 정자석이 놓여 있다.
요즘 들어 1,300년 된 투박한 돌로 만든 첨성대가 한결 소프트해진 느낌이다. 주변은 주민들이 애용하는 산책로가 되었고 가까이

야생화 꽃밭이 있어 계절마다 다른 꽃이 피고 진다. 첨성대를 생각하며 떠올리는 색이 다채로워질 수밖에 없다. 야생화 꽃밭은 구획별로 꽃의 높이와 색상을 고려해서 만들어 놓아 보는 재미를 더했다. 역사 유적이 중요하긴 하지만 마음이 가는 것은 꽃밭인 때문일까? 첨성대보다 주변의 야생화 정원에 사람이 더 많이 모여 있다. 첨성대 옆으로 봄에는 유채, 여름에는 백일홍과 접시꽃, 가을에는 핑크뮬리가 군락으로 핀다.

**핑크색 물결을 배경으로
인생샷 찰칵**

첨성대를 찬찬히 돌아본 후 야생화 단지에서 약간 위쪽에 자리한 핑크뮬리 밭으로 향한다. 핑크뮬리는 2017년부터 심어졌다. 동양에서 가장 오래된 첨

성대와 감각적인 색의 핑크뮬리가 어우러져 시너지 효과를 낸다. 유적지답게 차분한 분위기를 유지했다고 하여도 핑크뮬리에 가까이 가면 마음이 몽글몽글 풀어진다. 난생처음 보는 핑크색 몽환의 바다 앞에서 설레지 않는 것이 더 어렵다. 핑크색은 귀여움, 사랑스러움, 부드러움, 풋풋함 같은 감정을 느끼게 한다. 꽃을 세심히 들여다보면 그리 예쁘다고 할 수는 없다. 초록의 잎과 날씬한 줄기 위에 핑크색 꽃이 날아갈 듯 가볍게 매달려 있다. 하나씩 있으면 미약해보이지만 대단위로 군락을 이루면 큰 위력을 발휘한다. 깃털처럼 가벼운 꽃들이 무리지어 핑크색의 솜사탕을 만들고, 분홍색으로 번져가는 구름을 이루더니 일대가 연분홍색 안개에 싸인 듯하다.

최근에 다시 핑크뮬리를 심는 곳이 늘어나고 있다. 핑크뮬리가 있다면 어디나 사람들이 몰려들지만 이곳 경주만큼 감성적인 곳은 없을 것이다. 핑크뮬리와 첨성대를 사진에 담기 위해 오는 사람들의 발길이 끊이지 않을 만하다. 첨성대가 보이는 핑크색 바다, 안개구름 앞에서 '인생샷'을 남겨보자. 꽃과 유적지라는 콘셉트가 경주를 웃게 만들고 사람들이 경주에서 웃게 만든다.

여행지 기본 정보

가기 좋은 시기 10월 초순~하순

주소 경북 경주시 첨성로 160-8

여행 팁 핑크뮬리 시즌에는 첨성대 가까이에 주차하기는 힘들다고 보아야 한다. 특히 주말에는 뱅글뱅글 돌아도 주차장 자리를 찾기가 쉽지 않다. 경주에서 묵는 여행자라면 도보로 다니거나 택시를 이용하는 것이 좋다.

이른 아침에 도착했다면 첨성대 옆 도로의 유료 주차장을 이용하도록 하고 좀 멀더라도 대릉원 주차장, 동궁과 월지 주차장 또는 임시 주차장에 차를 세우고 걷도록 한다. 아이, 부모님과 함께 경주를 여행 중이라면 경주 주요 유적지를 도는 비단벌레 전기자동차를 타고 경주 시내 관광지를 편하게 둘러보는 것을 추천한다. 첨성대 동쪽으로 야생화 단지가 있고 언덕 쪽으로 핑크뮬리, 남쪽으로 억새 정원을 만들어 놓았다. 핑크뮬리 위에 첨성대와 대릉원의 봉긋한 능을 함께 넣어 사진을 찍으면 경주 분위기가 물씬 풍기는 사진이 나온다. 문화재 보호를 위해 ATV, 자전거, 전동킥보드, 스쿠터, 오토바이, 애완견은 출입 금지다.

알고 가세요!

[비단벌레 전기자동차 운행 정보]

이용료 성인 4,000원, 어린이 2,000원

전화 054-750-8658

운행 시간 09:00부터 하루 11회 운행, 35분 소요

운행 노선 계림 → 향교 → 최부자집 → 교촌마을 → 월정교 → 월성 → 꽃단지 → 월성홍보관(U턴) → 첨성대 → 출발지 도착

함께 가볼 만한 곳

대릉원

경주에는 크고 작은 고분이 산재해 있다. 무료로 볼 수 있는 곳도 있지만 천마총이 있는 대릉원은 입장료를 내고 들어가 20기가 모여 있는 고분을 가까이 둘러볼 수 있다. 특히 황남대총분을 배경으로 두 개의 능 사이에 나무를 넣고 찍은 사진이 SNS에서 화제가 되면서 방문자들이 많아졌다.

주소 경북 경주시 계림로 9(첨성대에서 가까운 정문 주차장), 경북 경주시 태종로 767(후문 주차장) **전화** 054-750-8650 **운영** 09:00~22:00(매표 및 입장 마감 21:30) **입장료** 성인 3,000원, 어린이 1,000원 **가는 방법** 첨성대에서 500m, 도보로 10분 소요.

삼릉숲

경주시 배동 삼릉은 신라의 8대 아달라왕, 53대 신덕왕, 54대 경명왕의 능을 말한다. 세 능이 모여 있어 삼릉이라 한다. 한가로이 산책을 즐기기 좋다. 작은 개울 너머 55대 경애왕릉이 자리한 곳의 소나무 숲이 소나무 사진작가로 알려진 배병우의 작품에 등장하는 곳이다. 안개가 자욱한 날 새벽이라면 비슷한 분위기의 사진을 찍을 수 있다.

주소 경북 경주시 배동 708(경주국립공원 삼릉탐방지원센터), 주차는 서남산 주차장 이용(경북 경주시 탑동 67-1) **주차료** 2,000원 **가는 방법** 첨성대에서 4.5km, 자동차로 10분 소요.

문무대왕릉

삼국통일을 이룬 문무왕은 죽어서도 바다의 용이 되어 나라를 지키겠다는 뜻을 가졌다. 이에 따라 화장한 유해를 동해의 수중릉인 대왕암 일대에 뿌려 그의 호국 의지를 받들었다. 이러한 염원 때문인지 문무대왕릉 주변은 영험하고 신기가 좋다고 알려져서 전국에서 무당, 보살들이 몰려와 굿을 하는 곳으로 오랫동안 떠들썩했다. 정비가 되었다 하는 지금도 종종 기도를 하거나 굿을 하는 모습이 보인다.

주소 경북 경주시 문무대왕면 봉길리 30-1 **전화** 054-779-8743 **가는 방법** 첨성대에서 33.9km, 자동차로 40분 소요.

황남빵 맛집

1939년 경주시 황남동 30번지에서 만들어져 사람들이 황남빵이라 불렀고 이것이 공식 빵 이름이 되었다. 경주시 지정 전통음식으로, 수작업으로 빵을 만들며 표면은 빗살무늬가 있고 안에는 경주에서 자라는 붉은 팥으로 만든 팥앙금이 가득 들어 있다. 빵 껍질은 얇은 편으로 단맛이 강하다.

[경주 황남빵]주소 경북 경주시 태종로 783 **전화** 054-749-7000 **영업** 08:00~22:00

10월의 꽃

해국
바다에 피는 국화

해국(海菊)은 말 그대로 바다의 국화다. 거친 해풍을 온몸으로 맞으며 모래 흙, 바위 틈새에 뿌리를 내려 가을에 풍성하게 꽃을 피운다. 전국의 해안가에서 자란다고 해도 무방하다. 북쪽 강원도 추암해변은 10월 초쯤 피기 시작하고, 동해와 서해를 지나 제주도 위쪽에 위치한 추자도는 10월 20일경에 절정으로 핀다. 제주도 남쪽 해안에는 11월 하순까지 피어 있다.

조금만 관심을 기울이면 가을날 바위 절벽에 보송보송 솜털이 난 잎에 연보라색 꽃이 피어 있는 것을 발견할 수 있다. 해국은 이렇듯 바닷가에서 햇볕을 받으며 모진 바람에 저항하며 자라야 한다. 집에서 키우면 60cm 이상으로 웃자라고 줄기가 구불구불해지는 등 강인한 맛이 없다.

해국에는 슬픈 설화가 전해 내려온다. 옛날 바닷가에 살던 사이 좋은 부부가 어느 날 사소한 일로 다투게 되었다. 남편은 아무런 말도 없이 배를 타고 떠나 돌아오지 않았다. 아내는 딸을 데리고 매일같이 갯바위 위에서 남편을 기다렸다. 그러던 어느 날 갯바위에 갑자기 높은 파도가 들이쳐서 둘은 파도에 휩쓸려 죽고 말았다. 훗날 날씨가 나빠 다른 섬에 피해 있던 남편이 돌아왔다. 이 사실을 알고 대성통곡하고는 매일 갯가에 나가 멍하니 바다를 바라보았다. 바위에 핀 꽃을 보고는 자기를 기다리다 숨진 아내와 딸이 환생한 꽃이라 여겨 해국이라 불렀다. 그래서 해국의 꽃말에는 '기다림'이 있다.

해국
여행지

바람과 파도가 빚은 야생화
야외 조문의 별

10월   해국

바위 틈새에 놓은 꽃수
동해 일출과 추암해변

강원 추암해수욕장과 촛대바위 부근에 10월 초부터 해국이 피는 것을 아는 이는 많지 않다. 해국은 포말이 바로 곁에서 일어도, 거센 바람이 몰아쳐도 아랑곳하지 않고 자리를 지킨다. 태풍이 할퀴고 지나갔을지라도 가을이면 어김없이 꽃을 피운다. 이렇듯 여린 꽃이 역경에도 굴하지 않는 강인함을 보여주면 사람들은 꽃을 통해 용기를 얻는다. 해국은 사람들에게 강한 생명력과 의지를 일깨우는 꽃이다.

해국은 추암해수욕장 해변가 바위 위와 촛대바위 부근 석림에 드문드문 피어 있다. 추암해수욕장은 능파대 쪽과 달리 파도가 잔잔하고 수심이 그리 깊지 않다. 맑은 물빛을 따라 걸어 내려가면 바위군들이 나타나는데 바위 사이에 해국이 피어 있는 것을 볼 수 있다.

촛대처럼 길쭉하게 튀어나온 촛대바위는 일출 명소로 이름이 높다. 우암 송시열이 이곳에 왔다가 발길을 떼지 못했다 하는데, 몇 번을 와도 감탄이 나오는 바닷가 비경이다. 바다 위에 솟아오른 길쭉한 바위 너머로 떠오르는 해는, 영상으로 보는 애국가 첫 소절에 등장할 정도로 웅장하다. 1월 1일, 해맞이만 큰 의미가 있는 것은 아니다. 새벽에 길을 나서 해를 맞는 것은 희망을 보고 싶다는 강렬한 의지를 나타낸다. 가을, 해국이 필 무렵에는 해와 바다에 꽃이 들어간 특별한 해맞이를 할 수 있다. 촛대바위 부근에 핀 해국은 바다를 향해 있기 때문에 유심히 살펴보아야 한다. 많은 이들이 희망을 담기 위해 촛대바위 앞에서 숨죽여 해가 뜨기를 기다린다. 동해 바다와 촛대바위, 형제바위에 햇살이 비쳐들기 시작하고 파도와 바람을 이기고 핀 해국이 어둠 속에서 서서히 얼굴을 드러낸다. 해국과 함께하는 일출은 강렬하면서도 마음을 화사하게 만든다. 추암 촛대바위만의 특별한 가을 해맞이다.

파도 위를 걷다
능파대와 출렁다리

추암해변은 자그마한 해수욕장에 부딪쳐오는 거센 파도, 바위 사이에 핀 들꽃, 해암정, 추암조각공원 등 흥미로운 것들이 많이 있는 데도 일출과 촛대바위의 명성에 가려져 잘 알려져 있지 않다.

최근에는 군 초소 자리에 능파대가 세워졌다. 능파대(凌波臺)는 바닷가에 솟아오른 바위산이 석림(石林)을 이루고 모래가 쌓여 육지와 연결된 모습을 함께 일컫는다. 조선 세조 때 한명회가 황해, 평안, 함길, 강원 4도의 병권을 가진 체찰사로 있으면서 이곳 동해를 찾아 촛대바위의 경승에 취해 능파대라고 불렀다고 한다. 미인의 걸음걸이 같아서라고 하지만 추암해변 석림은 촛대바위를 비롯해 거친 느낌의 바위군이다. 몰아치는 파도 또한 거세어 사뿐한 걸음걸이가 떠오르지는 않는다. 짙푸른 바다 위에 솟은 기기묘묘한

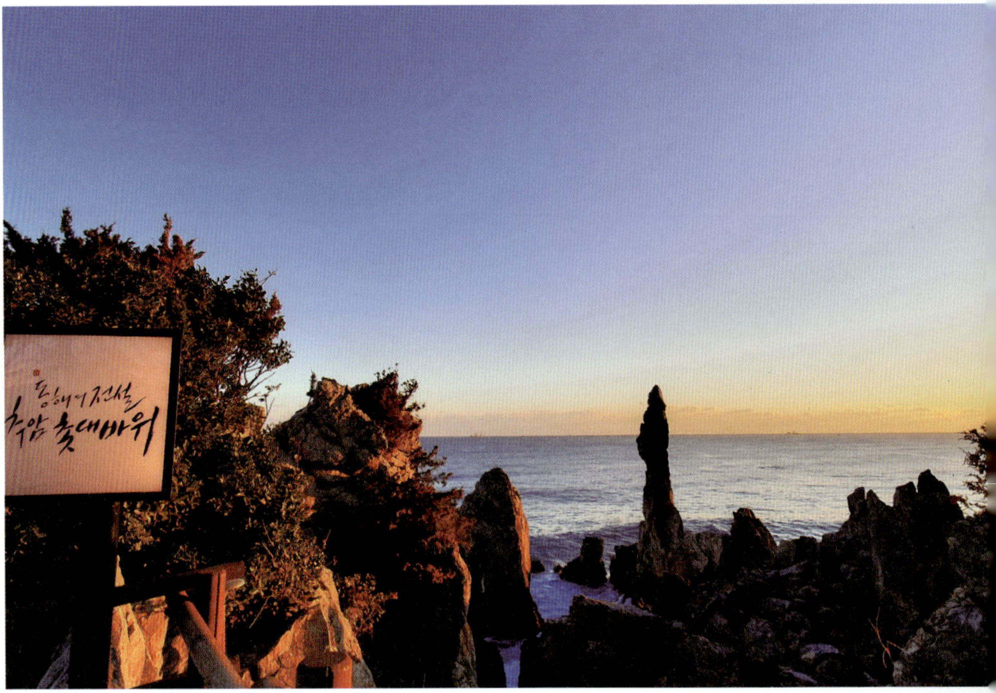
동해의 전설
추암 촛대바위

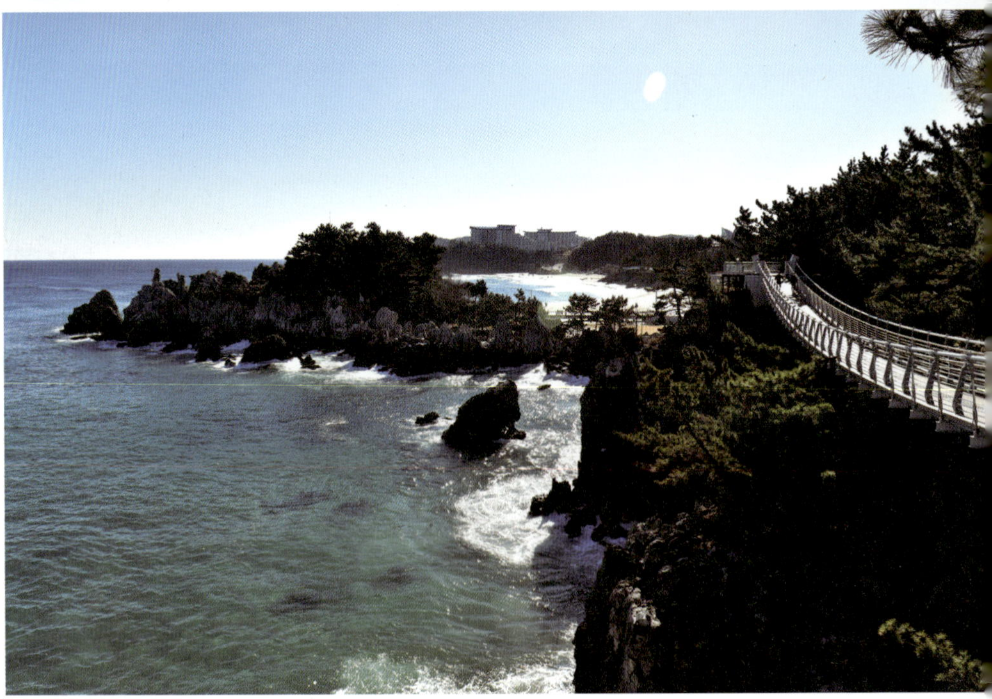

바위 절경이 가히 동해의 해금강이라 불릴 만하다.

촛대바위와 출렁다리 사이 작은 동산에는 해암정이 있다. 고려 공민왕 10년(1361년) 심동로가 낙향하여 이곳에 정자를 세웠다. 지금의 정자는 본래 건물이 소실된 후 다시 세워져 정조 18년(1794)년에 중수한 것이다. 석림에 둘러싸인 정자는 거친 파도에도 평온하기만 하다.

파도 위를 걷고 싶다면 출렁다리를 건너야 한다. 길이 72m, 폭 2.5m의 출렁다리를 건너면서 뒤돌아보면 능파대의 면모가 한눈에 들어오고 발아래로 파도와 포말이 요동친다. 크고 작은 바위섬에 파도가 부딪쳐 포말을 일으키며 강렬하게 부서진다. 가슴까지 일렁이게 만드는 풍경이다.

여행지 기본 정보

가기 좋은 시기	10월 중순
주소	강원 동해시 추암동 474-3(추암조각공원 주차장)
여행 팁	해변 가까이 추암조각공원 주차장이 있고 길 건너편에도 공영주차장이 마련되어 있어 주차하는 데 어려움은 없다. 최근에는 해안가 상점들이 깔끔하게 단장되어 찾는 이들을 편안하게 맞이하고 있다. 추암촛대바위 해안의 출렁다리를 건널 수 있는 시간은 09:00~20:00이다. 일출을 보았다면 해안가 카페 등에서 커피를 마시거나 간단히 요기를 한 후 가면 시간이 맞다. 추암의 마스코트인 거위와 함께 오리 가족이 해수욕장 인근 냇가에서 날개를 접은 채 쉬거나 얕은 물에서 헤엄을 치는 모습을 바라보며 여유를 느껴보자.

함께 가볼 만한 곳

천곡황금박쥐동굴

천연 석회동굴이 동해시 천곡동 시내 한복판에 있다. 박쥐동굴 안으로 들어가면 다양한 형태의 석순과 석주, 종유석, 동굴산호와 비단천처럼 유려한 자태를 뽐내고 있는 커튼 형태까지 다양한 동굴 생성물을 관람할 수 있다. 수억 년의 시간을 뛰어넘은 신비경이 동굴 안을 가득 채우고 있다. 동굴 내부가 어둡고, 좁은 데다 어느 구간은 천장이 낮아서 머리를 부딪힐 우려가 있어 안전모는 필수다.

주소 강원 동해시 동굴로 50 **전화** 033-539-3630~1(천곡동굴팀) **운영** 09:00~18:00(7~8월 08:00~20:00) **입장료** 성인 4,000원, 어린이 2,000원 **가는 방법** 추암조각공원 주차장에서 10km, 자동차로 15분 소요.

묵호논골담길

사람 한 명 겨우 지나갈 만한 좁은 골목길이 담과 담을 잇대고 있고 담 위에는 윗집의 지붕이 또 그 위에는 더 윗집의 지붕이 층층이 쌓여 묵호등대마을을 알록달록하게 수놓는다. 논골담길 최고의 전망은 바람의 언덕이다. 등대를 바라보고 좌측에 있다. 현대적인 건물의 논골카페를 지나 포토 존에 서면 묵호항과 묵호마을이 한눈에 들어온다. 묵호등대와 스카이워크를 함께 둘러보자.

주소 강원 동해시 논골1길 2 **전화** 033-530-2231 **가는 방법** 추암조각공원 주차장에서 14km, 자동차로 25분 소요.

킹크랩·대게 맛집

킹크랩과 대게는 동해안의 특미다. 그날그날 시가에 따라 가격이 달라진다. 러시아대게마을은 킹크랩이 주력이다. 1층에서 킹크랩를 구입하고 2층 식당에서 주문해 먹는다. 가격 면에서 부담이 느껴지면 묵호항자연산활어센터에서 대게와 홍게를 맛보도록 한다. 가게를 돌면서 가격을 비교해 본 후 구입해 상차림 식당을 이용한다. 대게는 다리가 몸에 비해 가늘고 긴 것이 좋다. 들어서 무겁고 특히 배 부분이 색이 짙고 단단한 것이 살이 차 있다.

[러시아대게마을] **주소** 강원 동해시 추암길 198 **전화** 033-521-4776 **영업** 10:00~22:00 **예산** 상차림(4,000원/1인), 게딱지 볶음밥(3,000원), 포장 시 찜 포장비 무료

[묵호항자연산활어센터] **주소** 강원 동해시 묵호동 15-128 **영업** 06:00~20:00 **예산** 대게 찌는 값(1솥에 1만 원), 박스 포장(4,000원), 식당 이용 시 상차림(3,000원/1인), 활어회 떠주는 곳 이용(회 값의 10% 현금 지불)

10월의 꽃

단풍
올해 단풍은 얼마나 예쁠까?

녹색의 숲이 가을이 되면 알록달록 색색의 조각보가 된다. 이는 엽록소와 다른 색소의 교체 과정이다. 엽록소는 봄과 여름에 식물 성장에 필요한 탄수화물(당)을 왕성하게 만든다. 해가 짧아지고 밤이 길어지는 가을이 되면 활동이 줄어든다. 잎은 떨켜를 만들어 가지에서 떨어뜨릴 준비를 하고 엽록소는 점차 분해되어 마침내는 사라진다. 녹색의 엽록소 자리에 다른 색소가 만들어지면서 단풍이 든다. 남아 있던 당이 안토시아닌 색소로 바뀌면 붉은색을 띠고 녹색에 가려졌던 카로티노이드 색소가 많으면 주황색, 크산토필은 노란색으로 잎을 물들인다.

어떤 색소가 많으냐에 따라 단풍의 색이 달라진다. 일례로 아메리카는 붉은 단풍이 주로 들고 유럽의 단풍은 대부분 노란색이다. 사계절이 뚜렷한 우리나라 산은 가을에는 패션쇼장을 방불케 한다. 빨간색, 주황색, 노란색, 갈색, 자주색… 다양한 색으로 옷을 갈아입은 나무들이 런웨이를 누비며 사람들을 매혹한다. 화사해지는 숲의 아름다움을 즐기기 위해 단풍놀이를 나설 준비를 하며 '올해 단풍은 잘 들었다, 예년만 못하다'는 단풍 소식에 귀를 쫑긋 세운다. 과연 올해 단풍은 예쁠까?

단풍이 화려하고 색이 고우려면 봄과 초여름에 나무의 생장이 활발해야 한다. 따뜻하고 비가 많이 오는 날씨여야 하는데 가뭄이 들면 성장 시기가 늦춰져 단풍 시기도 늦어진다. 늦여름과 초가을에는 비가 적고 햇살이 풍부해야 한다. 이때 비가 많이 오면 잎이 일찍 떨어져버려 단풍을 제대로 즐기기 어렵다. 가을이 가장 중요하다. 9월부터 10월에 따뜻하고 맑은 날과 서늘한 밤이 계속되었다면 그해의 단풍은 아주 좋을 것이다.

단풍 여행지 1

음악의 맑은 물에 비친 오색 단풍
속초 설악산 천불동계곡

10월 단풍

카리스마 넘치는
악산

단풍의 첫 소식을 알리는 설악산(雪嶽山), 설악산의 매력은 팜므파탈에 가깝다. 산세는 카리스마 넘치게 남성적인데 계절마다 달라지는 풍경은 섬세한 데다 유혹적이다. 설악산은 <동국여지승람>에 '한가위부터 내리기 시작해 쌓인 눈이 하지에 이르러 비로소 녹으므로 설악(雪嶽)이라 한다'고 기록되어 있다. 높은 산정의 바위가 눈같이 희다. 남한의 금강산이라 불린다.

설악산 정상은 대청봉(1,708m)이다. 산에는 700여 개의 봉우리

10월 단풍

가 솟아 있다. 수많은 봉우리와 폭포, 계곡이 즐비하다. 산은 매우 가파르고 웅장하다. 산 이름에 악(岳, 嶽)이 들어가면 대부분 크고 험한 산이지만 그중에서도 설악산은 악산의 대장 격이다. 산은 공룡능선을 중심으로 크게 대청봉, 천불동계곡, 울산바위, 권금성, 토왕성폭포 등 암릉과 폭포 절경이 있는 외설악(속초)과 백담계곡, 대승폭포, 백담사, 봉정암 등 절과 계곡이 수려한 내설악(인제) 그리고 오색, 만경대의 남설악(양양)으로 구분한다.

설악산은 어느 계절에 가도 가슴 벅찬 감동을 안기지만 가을에 느끼는 감동의 폭과 깊이가 남다르다. 설악산의 단풍을 보지 않으면 무슨 일이라도 나는 양 많은 이가 찾는다. 악산답게 산마루는 산을 꽤 탄다는 사람이 차지하고, 비선대, 권금성, 울산바위는 산은 못 타도 설악산은 보고 싶은 사람들로 가득하다. 아무리 올해 단풍이 시원치 않다고 하여도 설악산은 다르다. 기암괴석 사이에 단풍 든 나무 몇 그루, 암벽에 자리 잡은 소나무가 귀한 풍경을 만든다. 설악산의 산 맛을 보게 되면 설악산앓이에 빠질 수밖에 없다.

바위 절경과
옥빛 비단결 계곡

설악산 단풍으로 천불동계곡 만한 곳이 없다. 천불동계곡은 지리산 칠선계곡, 한라산 탐라계곡과 함께 우리나라 3대 계곡으로 꼽힌다. 천불동(千佛洞)은 천 개의 바위가 마치 불상이 서 있는 듯하

여 붙여진 이름이다. 좌우로 하늘을 향해 높이 솟은 암봉과 바위들이 겹겹이 에워싼 계곡은 빼어난 풍경을 자랑한다. 고개를 높이 들어 산정을 바라보면 이미 단풍이 져버려서 마른 나뭇잎처럼 갈색을 띠고 있다. 단풍은 설악산 꼭대기에서 시작해 하루하루 아래로 내려와 천불동계곡 주변을 흐르다 우리나라 남쪽지방으로 방향을 틀어 썰물처럼 한반도를 빠져나간다.

천불동계곡은 접근이 쉬워 많은 사람들이 찾는 단풍 명소다. 설악동 소공원에서 시작하여 신흥사를 지나 비선대까지 3km는 탄탄대로다. 대부분 비선대까지만 올랐다가 돌아가는 경우가 많다. 비선대부터 단풍 절경이 시작되므로 꼭 계곡 끝까지 올라가보도록 하자. 조금 더 힘을 내어 올라가면 산은 그만큼 멋스러운 가을 단풍으로 답을 한다. 협곡 길은 충분히 오를 만한

가치를 느낄 수 있는 가을 명품길이다.

비선대는 마고선이라는 신선이 이곳에서 하늘에 올라갔다 하여 붙여진 이름이다. 너른 바위 암반이 자리한 비선대에서 양폭대피소까지 3.5km 구간은 그동안 올랐던 길보다는 확실히 힘이 든다. 힘든 만큼 나타나는 풍경이 깊고 비범해진다. 단풍은 오련폭포 일대가 가장 절경이다. 기암괴석이 병풍처럼 따라붙고 계곡은 암반 바닥이 환히 보이도록 맑다. 옥빛의 물이 비단결처럼 흘러내린다. '이곳이 무릉도원이구나' 싶다. 청량한 물소리와 함께 크고 작은 폭포와 소가 이어져 마음속 묵은 때를 말끔히 씻어준다. 우락부락 근육이 잘 발달한 산악에 핀 단풍은 넘볼 수 없는 고귀함을 풍긴다. 이것이 헤어 나오지 못하게 만드는 위험한 매력을 지닌 설악의 가을이다.

10월　　　　단풍

여행지 기본 정보

가기 좋은 시기	10월 중순
주소	강원 속초시 설악동 227(설악동탐방지원센터)
입장료	성인 3,500원, 어린이 500원(설악산 문화재구역 입장료), 주차료 5,000원(1일)
여행 팁	단풍 시즌에는 도로가 설악산 가는 차량으로 행렬을 이룬다. 일찍 서두르는 것이 좋다. 신흥사 앞 소공원 주차장(소형 5,000원)에 차를 대기가 어렵다. 07:00 이전에 도착해야 소공원 주차장에 주차할 수 있다. 08:00 이후에 도착했다면 아래쪽 주차장에 차를 대고 20분 이상 걸어 올라가는 것이 나을 수도 있다. 주차 요금은 현금으로 준비하는 것이 좋다. 현금과 카드 결제가 가능하지만 카드 결제 시 대기 줄이 길다. 현금으로 지불하고 빨리 입장하도록 한다. 설악동에서 비선대를 지나 양폭대피소까지 왕복 6시간(편도 6.5km, 3시간 10분 소요) 정도 잡도록 한다. 초입은 아스팔트길과 숲길이 이어져 관광하듯 편하게 갈 수 있다. 비선대지킴터를 지나 삼거리에서 우측으로 가면 마등령과 금강굴을 지나 대청봉까지 산행하는 길이고, 좌측으로 가면 철조망으로 된 문을 지나 천불동계곡 가는 길이 나온다.

함께 가볼 만한 곳

장사항·동명항·외옹치항·대포항·설악항

속초에는 5개의 항구가 있다. 제일 북쪽의 장사항, 등대전망대가 있는 동명항, 정감있는 항구 마을 외옹치항, 유명세가 남다른 대포항과 가장 남쪽에 위치한 설악항이다. 대포항이 널리 알려진 곳인 데 비해 설악항은 자그마하고 비교적 한산하다. 최신식으로 변모한 대포항에 이웃하여 설악항이 있다. 원래 이름은 내물치다. 속초 최고의 전망대가 있는 곳은 동명항이다. 바다 쪽으로는 갯바위가 드넓고 산 쪽으로는 등대전망대가 자리한다. 가파른 철제 계단을 10분 정도 올라 등대전망대에 서면 앞으로는 끝없는 바다가, 뒤로는 설악산의 능선과 주름진 계곡이 눈앞에 펼쳐진다. 인근의 일출맞이 명소 영금정이나 빨간 등대가 서 있는 방파제까지 산책을 다녀와도 좋다. 외옹치항은 옛 모습이 남아 있고 한적하다. 속초 토박이들이 추천하는 정감 있는 항구다. 항구 하면 역시 싱싱한 수산물이다. 수산시장에서 회를 떠서 회타운에서 상차림하여 먹는 것을 추천한다.

주소 [장사항] 강원 속초시 장사항해안길 58, [동명항] 강원 속초시 동명동, [외옹치항] 강원 속초시 대포항길, [대포항] 강원 속초시 대포동, [설악항] 강원 속초시 동해대로 3666 **가는 방법** 설악산국립공원 입구에서 대포항까지 11.5km, 자동차로 20분 소요.

속초 아바이마을

아바이마을은 행정구역상 청호동이다. 한국전쟁 당시 남하하여 고향 땅이 가까운 이곳에서 잠시 머물다 고향으로 돌아갈 요량으로 임시로 거처하였던 동네다. 하지만 결국 고향으로 돌아가지 못한 피란민들이 정착하여 살았고 지금은 쇠락하였지만 그 시절 그 모습이 많이 남아 있다. 이곳에 정착한 이들은 함경도 사람이 대부분이었으며 '아바이'는 함경도 말로 '아버지'를 뜻한다.

주소 강원 속초시 청호로 122 **전화** 033-633-3171 **가는 방법** 설악산국립공원 입구에서 14km, 자동차로 25분 소요.

아바이순대·오징어순대 맛집

속초의 시장 어느 곳을 가도 흔히 볼 수 있는 메뉴 아바이순대의 원산지가 아바이마을이다. 함경도식으로 조리한 오징어순대(오징어에 각종 야채와 두부 버섯, 고기 등을 넣어 쪄낸 음식)와 아바이순대(돼지의 대창 속에 익힌 찹쌀밥, 선지, 여러 가지 부재료 등을 넣어 쪄낸 음식)는 속초 별미다. 속초 중앙시장이나, 항구의 시장, 아바이마을 등 어디서나 쉽게 만날 수 있다.

10월 단풍

단풍 여행지 2

폭포에 드리운 붉은 가을 인제 방태산 이단폭포

사진가들의 명소
그만큼 절경인 방태산계곡

방태산계곡은 이단폭포와 단풍을 프레임 안에 담기 위해 사진작가들이 많이 찾는 곳으로, 사진이 목적인 사람은 오직 이단폭포에 집중하여 그곳으로 직행한다. 하지만 방태산의 가을 단풍을 온전히 느끼고 싶다면 계곡을 따라 유유자적 걸어보자. 마당바위 근처에서 느긋하게 머물다가 단풍으로 빨갛게 물이 든 숲길을 천천히 걷는다. 어찌되었든 방태산의 백미는 놓칠 수 없으니 이단폭포는 꼭 보도록 한다. 폭포는 적가리에 숨어 있다.

방태산 기슭에는 삼둔 사가리라고 불리는 산마을이 있다. 조선시대 예언서인 <정감록>에서 물, 불, 바람 등 세 가지 재난이 들지 않은 '난을 피해 편히 살 수 있는 곳'으로 꼽는 오지다. 삼둔은 산 남쪽 내린천을 따라 있는 3개의 평평한 지형인 살둔(생둔), 달둔,

월둔이다. 사가리는 북쪽 방대천계곡의 아침가리, 명지가리, 적가리, 연가리의 작은 경작지를 말한다.

사람의 발길이 드물어 있는지 없는지도 모를 듯한 오지, 적가리에 맑은 물이 흐르는 계곡과 원시 상태의 숲이 있다. 이젠 꽤 알려져 사계절 찾는 이들이 많아졌다. 그래도 다른 단풍 명소에 비해서는 발길이 적은 편이다. 방태산 이단폭포는 단풍, 암반에 떨어지는 폭포수가 선경을 그린다. 높이 10m의 이 폭포와 3m의 저폭포가 두 단의 치마폭이 되어 역동적으로 흘러내린다. 방태산계곡을 따라 고운 단풍이 이어진다. 계곡가 평평한 바위에 엉덩이를 붙이고 앉아 물에 비친 가을 단풍을 보느라 시간이 한참 지난 것도 모른다.

여행지 기본 정보

가기 좋은 시기 10월 초~중순
주소 강원 인제군 기린면 방태산길 377(방태산자연휴양림)
전화 033-463-8590
입장료 성인 1,000원, 어린이 300원
여행 팁 이단폭포는 방태산자연휴양림 제1야영장과 제2야영장 중간쯤에 있어 차량으로 근처까지 갈 수 있다. 관리사무소에서 이단폭포까지 1.4km, 걸어서는 20분이다. 활엽수가 우거진 산책로는 왕복 5km 거리다. 이단폭포 정면은 자리싸움이 치열하기로 유명하다. 장노출로 폭포를 찍기 위해서는 삼각대를 설치해야 하고 그러려면 새벽에 도착해야 한다. 휴양림 입장이 09:00부터이니, 아예 휴양림에서 숙박을 하는 것이 자리 확보 가능성이 높아 보인다.
카메라가 놓여 있는 앞으로 나가지 않도록 하고 설치된 카메라를 건드리지 않도록 각별히 주의하자. 장노출로 이단폭포를 찍고 싶다면 ND필터와 삼각대는 필수다.

단풍 여행지 3

불타오르듯 새빨간 단풍 터널 **정읍 내장산**

10월 단풍

남도의 명불허전
단풍 명승지

단풍철에 사람들이 가장 많이 방문하는 곳은 어디일까? 11월 단풍 시즌에 내장산을 찾는 인원은 하루 1만 명은 가뿐하고 절정일 때는 4만 명을 넘긴다. 어찌 보면 가을철 단풍보다 사람 꽃이 더 많이 피는 것 같다.

내장산의 본래 이름은 영은산(靈銀山)이었다. 영은 조사가 영은사를 창건하고 이에 따라 산 이름이 붙여졌으나 이후 산 안에 숨겨진 것이 무궁무진하다는 의미와 구불구불 이어진 계곡과 산세가 양의 내장 속에 숨어들어간 것 같다고 하여 내장산(內藏山; 763m)이라고 불리게 되었다는 유래가 전해진다.

내장산의 구불구불한 산세 속에 1년 반 동안 숨어 있다 살아남은 보물이 있다. 세계기록유산 6위의 조선왕족실록이다. 임진왜란 당시 춘추관, 성주, 충주, 전주의 4개 사고 가운데 3개가 불타버리고 마지막으로 전주사고에 남아 있던 조선왕조실록과 조선 태조의 영정을 선비인 안의와 손홍록 그리고 백성 100여 명이 은밀

하게 움직여 내장산의 용굴암에 숨겨 지켜낼 수 있었다. 내장산의 이름값을 톡톡히 한 것이다.

단풍 터널 지나
단풍 호반

가을 단풍이 고우려면 산에 침엽수보다는 활엽수가 많아야 한다. 내장산의 수목은 95% 이상이 활엽수다. 특히 화려한 단풍의 대명사인 단풍나뭇과 나무가 많다.

내장산의 단풍 최고 경승지는 일주문에서 내장사까지 108그루의 단풍나무가 열을 지어 만드는 단풍 터널이다. 1950년대에 심은 나무가 원숙미를 풍기며 아름다운 숲길을 만들고 있다. 108그루는 불교의 백팔번뇌를 뜻하며 이 길을 따라 걸으며 하나씩 번뇌를 내려놓으라는 의미다. 번뇌는 내려놓고 빈자리는 고운 가을색으로 채워 넣을 수 있는 길이다.

내장산의 단풍은 잎이 얇고 작은 것이 아기 손바닥 같다고 하여 '애기단풍'이라 불린다. 다른 단풍나무에 비해 햇살에 비친 색이 맑고 선명하며 크기가 앙증맞다. 단풍 터널을 따라 나뭇잎이 오색찬란하게 빛난다. 단조로운 붉음이 아닌 초록에서 붉음으로 가는 스펙트럼이다. 색의 변화가 하나의 잎 안에서 벌어지기도 한다. 나뭇잎 하나에도 계절이 담겨 있고 우주가 담겨 있는 듯 오묘하다.

단풍 터널뿐만 아니라 물소리 흐르는 계곡가의 단풍 또한 곱다. 푸르게 이끼가 덮인 바위와 조촐하게 흐르는 물길 위에 떨어진 낙엽이 가을을 그리며 흘러간다. 우화정까지 걷는 발걸음은 한없이 느리다. 화려한 단풍의 미혹에 흔들리는 마음이 날개가 돋아 승천하였다는 전설을 가진 우화정을 보며 갈무리한다.

아담한 내장사를 돌아나와 첫 시작인 일주문까지 걸으며 자꾸만 뒤를 돌아보느라 앞으로 나가는 발걸음이 더디다. 시작이 있으면 끝이 있듯, 단풍 터널의 끝에서 불타는 가을에 '안녕'이라고 말한다.

여행지 기본 정보

가기 좋은 시기	10월 하순~11월 초순
주소	전북 정읍시 내장호반로 606(국립공원 내장매표소)
전화	063-538-8744
여행 팁	내장사 입구에 주차장이 4주차장까지 있지만 거리가 꽤 멀다. 그나마 가까운 1주차장이 매표소까지 도보로 10분 거리에 있다. 단풍 시즌 주말에는 1주차장(주차료 5,000원)에 주차를 하려면 07:00 이전에 도착하는 것이 좋다. 정오 무렵이면 4주차장까지 만차다. 식당에서 식사를 하면 무료 주차가 가능하고 민영주차장을 이용하면 주차료가 1만 원이다. 매표소에서 내장산 케이블카까지 수시로 순환버스를 운행하므로 올라갈 때든, 내려올 때든 한 번 정도는 이용해 봐도 좋다. 사람이 너무 많아 사람들 간 부딪침이 없도록 길 이용을 안내할 때도 있다. 단풍 사진을 찍을 땐 무조건 풍경을 담으려 하지 말고 S자로 휘어진 길, 유난히 고운 단풍 잎 하나, 냇가에 떨어진 붉은 낙엽처럼 주제를 부각시키는 사진을 찍어보자.

알고 가세요!

[내장산 입장료]

입장료 성인 4,000원, 어린이 1,000원 **내장산 순환버스** 탐방안내소에서 금선교까지 2.3km, 편도 요금 성인 1,000원, 어린이 500원 **내장산 케이블카(왕복 요금)** 성인 9,000원, 어린이 6,000원

함께 가볼 만한 곳

내장산 백양사

내장산국립공원의 전남 장성군 백암산 구역에 있는 백양사는 물에 비친 쌍계루가 유명하다. 단풍 시즌에는 연못 건너편에 사진작가들이 진을 치고 있다. 쌍계루 뒤편으로는 백학봉이 우뚝 솟아 있다. 고려말 대학자 목은 이색(1328~1396)이 쌍계루(雙溪樓)라는 누각의 이름을 짓고 기문을 썼다. 기문에는 '누각의 그림자와 물빛이 위아래로 서로 비치어 참으로 좋은 경치다'라는 구절이 있다. 내장사가 잘 가꾼 느낌의 단풍길이라면 백양사 단풍은 자연미가 있는 단풍길이다.

주소 전남 장성군 북하면 약수리 595(백양사 매표소) **입장료** 성인 4,000원, 어린이 1,000원, 주차료 5,000원 **가는 방법** 국립공원 내장매표소에서 18km, 자동차로 30분 소요.

김명관고택

조선 양반 가옥의 규모를 볼 수 있는 주택이다. 김명관이 정조 8년(1784년)에 건립한 이 주택은 뒤로는 청하산이, 앞으로는 동진강이 흐르는 명당터에 자리 잡고 있다. 특히 눈에 띄는 것은 사랑채 부엌이 며느리의 부엌과 시어머니의 부엌으로 분리되어 있다는 점이다. 곳곳에 집안 여자들의 독립과 편안함을 배려한 점이 돋보인다.

주소 전북 정읍시 산외면 공동길 66 **전화** 063-536-6776 **운영** 09:00~18:00 **가는 방법** 국립공원 내장매표소에서 27km, 자동차로 35분 소요.

정읍한우·육사시미

정읍은 한우가 유명하다. 한우를 합리적인 가격으로 맛보려면 식육식당을 이용하도록 한다. 원하는 고기 부위를 사서 식당에 가면 상차림비(1인당 3,500원)를 내고 야채와 쌈, 김치 등을 제공받아 한우를 맛볼 수 있다. 마블링이 잘 되어 있는 최상급 고기가 입안에서 살살 녹는다.

[내장산정읍한우] **주소** 전북 정읍시 해평복룡길 53 **전화** 063-533-1295 **영업** 11:30~21:00(브레이크타임 15:00~17:00) **예산** 상차림비 1인당 3,500원

[산외장터한우마을] **주소** 전북 정읍시 산외면 산외로 450-1 **전화** 063-536-9244 **영업** 10:30~21:00, 매주 화요일 휴무 **예산** 상차림비 성인 5,000원, 어린이 3,000원

10월　　　단풍

단풍
여행지 4

오래된 숲속에서 만난 단풍 마을 **고찰 문수사**

고창의 숨겨진 보물
문수사 애기단풍

우리나라에는 단풍나무가 천연기념물로 등재된 곳이 두 곳이있다. 먼저 정해진 것은 숲이고 최근에는 나무 한 그루가 이름을 올렸다. 2005년 9월에 지정된 고창 문수사 단풍나무숲(천연기념물 제463호)은 숲 전체가 천연기념물이다. 2021년 8월엔 정읍 내장산 금선계곡의 단풍나무(천연기념물 제563호) 한 그루가 지정됐다. 천연기념물의 가치를 범위로 따질 수는 없지만 호수와 연못처럼 그 규모에서는 확연히 차이가 난다.

문수사는 선운사의 말사다. 의자왕 4년(644년)에 신라의 자장율사가 창건하였다고 한다. 문수사는 문수산(621.6m)의 북쪽 기슭에 있다. 산을 부르는 이름은 세 가지다. 고창에서는 문수산, 장성에서는 축령산, 불가에서는 청량산이라고 부른다.

아름드리 단풍나무숲은 일주문에서부터 시작한다. 아름드리라는 말에 걸맞게 우람한 둥치를 가진 거목이 즐비하다. 100년에서 400년은 됨직한 500여 그루의 단풍나무 노거수와 고로쇠나무,

개서어나무, 느티나무 등 굵은 몸체의 나무들이 앞서거니 뒤서거니 숲을 채우고 있다. 숲은 연륜이 묻어난다. 노목이 되었어도 단풍에는 패기가 넘친다. 숲길을 걷는 내내 다채로운 색감이 눈앞에 펼쳐져 즐겁다.

숲도 명품이지만 절 주변의 단풍 또한 고아하다. 문수사 입구의 돌계단 위에서 느티나무가 늘어진 가지 끝에 노란 가을을 매달고 있다. 단풍을 쳐다보느라 하늘을 향한 사람들의 얼굴에는 가을의 찬란함이 빛나고 있다.

문수사를 돌아보고 나오는 길, 할머니 두 분이 절을 향해 두 손 모아 절을 하며 "너무 잘 봤습니다. 이제 갑니다"라며 말을 남긴다. 지팡이를 의지해야 하는 한 분, 그리고 곁의 다른 분. '다시 와서 이 아름다운 걸 볼 수 있을까'라며 한숨처럼 내뱉는 말이 가슴을 저민다. 문수사 단풍이 고운 계절에 미련을 남긴다.

여행지 기본 정보

가기 좋은 시기	11월 초순~중순
주소	전북 고창군 고수면 칠성길 135(문수사)
전화	063-562-0502
여행 팁	주차장에 차를 세우고 문수사까지 가는 700m의 길은 살짝 오르막이긴 하지만 무리 없이 걸을 만하다. 일주문에서 문수사 절 입구까지 단풍 구경을 하며 천천히 걸어 15분이면 도착한다. 숲은 천연기념물로 보호되고 있어서 들어가 볼 수 없다. 문수사까지 걸으며 숲을 바라보고 경내의 단풍나무를 비롯한 노거수를 감상하도록 한다. 담장과 돌계단, 돌부처가 모셔진 문수전 등 사찰과 어우러진 단풍을 보며 여유를 느껴보자.

11월의 꽃

갈대

여자의 마음은 갈대?
갈대의 강인함을 모르고 하는 말

'여자의 마음은 갈대와 같이', 베르디의 '리골레토' 3막에 나오는 유명한 아리아 '여자의 마음(La donna e mobile)'에 나오는 가사다. 이 때문에 우리는 흔히 갈대와 흔들리는 여자의 마음을 연결 짓곤 한다. 실제 베르디의 오페라에서는 피우마(Piuma), 즉 깃털을 말하는데 우리나라에서 갈대로 번역하면서 이런 사달이 났다. 이 여자 저 여자를 꾀는 난봉꾼 공작이 여자를 가볍게 생각하며 의기양양 부르는 노래다. 이리저리 흔들리는 여자의 마음이 갈대와 같으니 쉽게 얻을 수 있다는 의미일 것이다. 하지만 갈대는 깃털처럼 가볍지 않다. 단단한 뿌리를 통해 자연에서 궂은일을 도맡아 한다.

갈대는 산소를 내보내고 제 뿌리 안에는 구리나 카드뮴, 납 등의 중

금속을 빨아들인다. 살신성인에 가까운 이타적인 성향이다. '갯벌의 환경미화원'이라는 칭호가 잘 어울린다. 시화방조제 공사 후 수질 개선을 위해 갈대습지를 조성한 것은 자연 정화능력이 뛰어난 갈대의 특성을 활용하기 위해서다.

좋은 것은 자식 주고 궂은 일은 마다하지 않는 모습이 정성을 다해 키워 너른 세상으로 내보내는 어머니의 모습과 같다. 날씨가 추워지면 갈대밭 안쪽으로 갯벌 생물들이 모여드는데, 한기를 피해 온 자식에게 품을 내어주는 것 또한 어머니의 모습 같다. 바람에 흔들리는 갈대를 지탱하는 것은 굳건한 뿌리다. 줄기는 세상의 흔들림을 알기에 장단을 맞춰주는 것뿐이다.

갈대 여행지

세계 5대 갯벌과 최고의 갈대밭
순천 순천만 습지

11월   갈대

순천만 연안습지와 갈대

11월, 순천만은 가을에 휩싸인 갈잎의 노랫소리로 가득 찬다. 갈대는 저녁이면 황금빛 아래 붉게 빛나고 아침이면 갯골 주변을 맑은 갈빛으로 채운다. 순천만은 가을 뿐만 아니라 사철 관광객이 많이 찾는 연안습지로, 연간 관광객 수가 300만 명에 이르는 습지 생태계의 보고다.

11월　　　　갈대

우리나라 서남해안 갯벌은 세계 5대 갯벌 중 하나다. 여수반도와 고흥반도가 에워싼 여자만의 일부인 순천만은 항아리 모양을 하고 있다. 순천 시내를 관통하는 동천과 시내 서쪽 편을 흐르는 이사천이 만나 순천만으로 흘러간다. 이 물길이 항아리의 북동편, 3km의 강길을 따라 5.4km^{2}의 갈대밭을 만들고 있다.

하천을 통해 흘러내린 흙이 바다의 완만한 경사를 따라 점점 쌓여갔고 조수간만의 차이에 따라 이리저리 움직이던 바닥면은 해수면 아래에서 조금

씩 높아졌다. 점차 바다의 영향력이 줄어들면서 순천만은 담수와 해수의 중간인 기수(바닷물과 민물이 섞여 염분이 적은 물)가 되었다. 고여 있는 물과 기수는 갈대에겐 천혜의 서식지다. 22.6km^2(690만 평)의 연안습지 가운데 갈대숲은 1997년에는 15만 평이었다가 지금은 160만 평으로 늘어났다.

갯벌 생물과
철새들의 천국

2021년 7월, 순천만 갯벌을 포함한 한국의 갯벌 4곳이 유네스코 세계자연유산에 이름을 올렸다. 순천만은 갯벌 면적으로 따지면

가장 작지만 다양한 철새와 물새의 서식지로서의 가치를 인정받아 등재되었다.

순천만의 갈대밭 너머에 생명이 소용돌이친다. 갯벌과 갈대밭은 갯벌생물과 철새들의 낙원이다. 온통 뻘밭인 진흙더미 속에는 짱뚱어, 칠게, 농게, 갯지렁이들이 많이 산다. 그리고 꼬막과 피조개, 바지락 등을 캘 수 있는 패류의 산지이기도 하다. 갯벌은 풍부한 먹이 창고이고 넓은 갈대밭은 새들의 은신처다. 풍부한 먹이를 바탕으로 겨울이면 흑두루미와 검은머리갈매기 등 45종의 철새가 날아와 순천만에서 월동을 한다.

이는 저절로 이루어진 것이 아니다. 친환경적으로 농사를 짓고 가장 늦게

벼를 수확한다. 새들이 오래 머물 수 있도록 하기 위함이다. 새들이 날개가 걸려 다치지 않도록 전봇대를 없애고 가로등의 키를 낮춰 불빛의 반사를 줄였다. 순천만은 자연의 섭리대로 순응하기 위해 사람 손길을 줄이고 지구의 허파인 갯벌을 보존하는 노력을 기울이고 있다. 점점 더 자연의 모습에 가까워지는 순천만 갈대밭에서 사람들은 자연의 너른 품에 안긴다.

S자 물길을 따라 펼쳐진
드넓은 갈대밭

갈대 정원은 입구에서 무진교를 건너 나무 데크 산책로를 따라 10분 정도 걸으면 나온다. 너른 갈대밭이 바람에 흔들리면 마음도 갈 곳을 잃어버린 듯 휘청거린다. 그 모습이 좋아서 가을이면 갈대를 만나러 간다. 뻣뻣하지 않게 좀 더 유연하게 세상을 살고 싶은 마음을 갈대가 알아주는 것 같다. 가을이면 갈대꽃뿐만 아니라 갯벌 위에 붉게 물든 칠면초가 갈대밭 가까이에서 자라고 있다. 1년에

11월　　　　갈대

일곱 번 색이 변한다는 칠면초는 해가 높이 떠 있을 때 고운 색이 드러난다. 검은 갯벌 위에 붉은색이 칠해지고 갈빛의 갈대가 둥근 원형의 옹성을 만들며 가을 순천만의 풍경을 그려 나간다.

갈대를 가까이 본 다음에는 용산전망대로 향한다. 예전에는 흙길을 따라갔는데 이제는 나무 데크가 놓여 있어 걸음이 가볍다. 용산전망대는 장개산 기슭에 있다. 갈대를 보러 와서 웬 산인가 싶겠지만 이곳은 반드시 올라야 한다. 용산전망대는 순천만을 한눈에 내려다보는 전망대이자 노을 명소이기 때문이다. 이곳에서 바라본 순천만의 S자형 수로, 여러 개의 공기방울처럼 보이는 원형

의 갈대밭과 갯골, 칠면초 군락이 어우러진 모습은 자연이 빚은 걸작이라고 할 수 있다.

저녁 무렵이 되면 순천만이 고요에 잠기면서 저무는 햇살이 갯골에 스며든다. 순천만국가정원이 따로 있지만 이곳은 자연 그대로의 거대한 바닷가 정원이다. 그 누가 이런 가을 꽃밭이 완성되리라고 예측했을까? 습지를 따라 걸으며 가을을 만끽한 후 갈대밭 사이에서 휴식을 취하는 새들과 갯벌 생물들에게도 염려 말고 푹 쉬라는 인사를 건네고 돌아선다.

여행지 기본 정보

가기 좋은 시기 10월 하순~11월 중순(겨울에도 갈대는 남아 있다)
주소 전남 순천시 순천만길 513-25
전화 061-749-6052
운영 08:00~18:00(입장 마감 17:00, 계절별 일몰 시간에 따라 조정)
입장료 [순천만 습지+순천만국가정원] 성인 8,000원, 어린이 4,000원
여행 팁 갈대밭은 데크길을 따라가면 한 바퀴 돌 수 있도록 길이 쉽다. 용산전망대는 조금 힘들 수는 있지만 꼭 가보길 권한다. 매표소에서 용산전망대까지는 30분 정도 잡아야 하고 일몰 풍경이 유명해 늦은 오후에 훨씬 사람이 많다. 일몰 후 내려올 때 가로등이 밝지 않으니 손전등을 준비하면 좋다. 아침녘에도 갈대밭 풍경은 충분히 근사하다. 색다르게 순천만을 즐기고 싶다면 순천만 선상투어(약 35분 소요, 월요일 휴무, 신분증 지참 필수)를 체험하거나 친환경 모노레일인 스카이큐브(15분 소요, 월요일 휴무)를 이용하도록 한다. 순천만 습지+순천만국가정원 단일권을 매표 마감 1시간 전에 발권하면 당일+다음 날 입장 허용으로 바뀌어 다음 날에 순천만국가정원을 관람할 수 있다.

함께 가볼 만한 곳

순천만국가정원

대한민국 국가 1호 정원으로 순천을 형상화한 호수 정원이 랜드마크다. 호수 위에 봉화언덕을 중심으로 인제언덕, 해룡언덕, 앵무언덕 등 나선형으로 올라가는 봉우리와 나무 데크 길이 우아하다. 한국 정원을 비롯해 세계 각국의 정원을 꾸며놓았고 곳곳에 감각적인 공간을 만들어 놓았다. 산책로가 잘 정비되어 있지만 규모가 꽤 넓어서 둘러보는 데만 족히 4시간은 잡아야 한다.

주소 전남 순천시 국가정원1호길 47 **전화** 061-749-2860 **운영** 08:30~18:00(입장 마감 17:00) **입장료** [순천만 습지+순천만국가정원] 성인 8,000원, 어린이 4,000원 **가는 방법** 순천만 습지 주차장에서 6km, 자동차로 10분 소요.

낙안읍성민속마을

우리나라 3대 읍성 중 하나. 정사각형의 자연석을 사용해 총 길이 1,420m, 높이 4m, 너비 3~4m로 쌓은 네모 형태의 석성(石城)이다. 전통마을 안에는 108세대가 실제로 생활하고 있다. 옛 마을을 둘러싼 성곽 위를 한 바퀴 돌아보다 보면 오밀조밀 모여 있는 초가집이 정감과 향수를 불러일으킨다.

주소 전남 순천시 낙안면 평촌리 6-4 (낙안읍성 동문 주차장) **전화** 061-749-8831 **운영** 5월~9월 08:30~18:30, 11월~1월 09:00~17:30, 2월~4월·10월 09:00~18:00 **입장료** 성인 4,000원, 어린이 1,500원 **가는 방법** 순천만 습지 주차장에서 23km, 자동차로 30분 소요.

꼬막정식 맛집

순천만에서 잡히는 찰진 꼬막이 한상차림으로 나오는 꼬막정식은 순천만에서 맛봐야 할 음식이다. 껍질의 골이 깊게 팬 것은 참꼬막이고 골이 얕고 흰빛이 도는 것은 새꼬막이다. 시장에서 흔히 보는 것이 새꼬막이다. 꼬막정식에는 기본적으로 꼬막전, 꼬막회무침 등 꼬막이 들어간 다양한 요리와 함께 게장이 나오는 경우가 많다.

[순천만명품식당] 주소 전남 순천시 순천만길 518 **전화** 061-742-0899 **영업** 07:00~21:00

대나무

대나무와 망태버섯

대나무는 우리 생활과 관계가 깊다. 선인들은 군자라 하면 모름지기 대나무처럼 맑고 굳은 절개를 지녀야 한다고 여겨 흠모하였다. 대나무에는 단순히 상징적 의미만 있는 것이 아니라 실질적 효과도 크다. 집 뒤에 대나무를 울타리처럼 심어놓고 산짐승을 막거나 자란 대나무를 베어 대자리와 바구니, 부채 등 생활에 필요한 물품을 만들어 사용했다. 대숲을 통과하여 자연 정화된 물을 길어 썼고, 죽순을 먹고, 죽통에 밥을 해먹었다. 이토록 다방면으로 요긴한 대나무를 많이 심었던 것은 어쩌면 당연한 일이었다.

크고 작은 대숲이 중부 이남에 분포한다. 습하고 따뜻한 지역에서 잘 자라는 특성상 남쪽 지방에 치중되어 있다. 대나무는 이름에 나무가 들어갔으니 나무라 생각할 테지만 나이테 없이 속이 텅 비어 있고 위로만 자랄 뿐 옆으로는 더 이상 커지지 않기 때문에 풀에 가까운 식물이다. 대나무와 다른 식물과의 동거는 힘들다. 울창한 대숲 안으로 들어가면 대나무만 있을 뿐 다른 풀과 나무를 거의 볼 수가 없다. 대나무가 뿜어내는 타감 물질 때문이다.

그런 대숲에 습한 여름날이면 땅 속 요정의 공연이 열린다. 흰망태버섯(망태말뚝버섯)이 아침 햇살에 발레리나처럼 하얀 치마를 펼치며 무대로 나아가고 공연자는 하루가 지나면 다른 배우로 바뀐다. 워낙 파리, 모기 등 곤충들이 너무 좋아해 이 버섯을 보고 싶다면 벌레들의 습격을 견딜 수 있어야 한다. 혹시라도 왕대가 자라는 숲에 여름과 가을, 비가 흠뻑 내린 다음날 아침에 가게 되었다면 눈을 크게 뜨고 망태버섯을 찾아보자. 흰 망사치마를 입은 요정을 만날 지도 모른다.

대나무 여행지

태화강 젖줄 따라늘 푸른 대나무 숲
울산 태화강 십리대숲

11월 　　　대나무

강변 대나무숲
십리길

단풍이 지고 난 뒤의 나무는 처연해 보인다. 알록달록 산천을 물들였던 나뭇잎이 떨어지고 난 뒤의 쓸쓸함은 가을을 탄다는 말과 함께 기분을 센티멘털하게 만드는 경향이 있다. 이럴 때는 기분을 청량하게 바꿔줄 수 있는 여행지로 떠나보자.

담양 죽녹원, 익산 구룡마을 등 남쪽 지방에 알려진 대나무숲이 꽤 있지만 울산 태화강 십리대숲은 강가라는 위치와 대숲의 축축하고 배타적인 성향보다는 잘 정돈된 사철 푸른 숲길이라는 매력을 가지고 있다. 십리대숲은 가을이나 겨울에도 여전히 맑고 싱그러움이 가득하다.

울산은 공업도시로 알려져 있다. 울산대교 전망대에서 바라본 울산의 밤은 밤의 도시를 방불케 하는 열기와 생동감으로 보는 이

11월   대나무

를 흥분하게 한다. 그런 울산이 달라졌다. 이제는 울산이라는 도시 이름에 따라오는 수식어로 '공업' 보다는 '생태'라는 단어가 더 어울린다. 영남알프스를 병풍처럼 두르고 대숲이 우거진 태화강을 가슴에 품은 울산은 '전국 12대 생태관광지역'이라는 새로운 이름으로 우리에게 다가오고 있다.

태화강 물줄기는 울산의 젖줄이다. 서쪽의 오산을 중심으로 태화루까지 10리(길이 4km, 폭 20~30m)에 이르는 십리대숲은 울산의 사계절을 싱그러움으로 채운다. 사라질 위기에 처했던 대숲이 주민들의 힘으로 가까스로 살아남았다. 비 온 뒤에 땅이 굳어지는 것처럼 대숲의 창창한 푸르름은 한층 더 짙어졌다.

늦가을에 단비처럼 쏟아지는 청량함

십리대숲은 우리나라 제2호 국가정원인 태화강국가정원의 태화지구에 자리한다. 태화강의 상징은 십리대숲이 되었고 울산 하면 이곳을 떠올리게 된 것은 자연스러운 수순이다. 울산은 대도심으로는 유일하게 '전국 12대 생태관광지역'으로 선정된 도시다.

대나무 중에서 직경 20cm까지 커지는 것이 맹종죽인데, 죽순을 먹을 수 있고 하루 동안에 1m까지 자랄 수 있다. 십리대숲을 가득 채우는 대나무가 이 맹종죽이다. 거대한 대숲 안으로 깊숙이 들어가면, 잘 정돈된 길을 따라 하늘을 향해 솟구쳐 자라는 맹종죽을 만날 수 있다. 하늘을 찌를 듯한 대쪽 같은 기상에 가슴속이 뻥 뚫리는 느낌이다.

대숲 사이로 넘쳐나는 음이온과 청량한 공기는 계속 앞으로 나아가도록 만든다. 쭉쭉 뻗은 대숲에 싱그러운 바람이 분다. 도심 중심지에서 그것도 11월에, 초록숲에서 한가로이 산책을 즐긴다. 피톤치드, 눈이 시원해지는 초록빛, 기분이 상쾌해지는 숲 향기에 산책 시간은 마냥 길어진다.

여행지 기본 정보

가기 좋은 시기	사계절
주소	울산 중구 태화강국가정원길 154
전화	052-229-3147
여행 팁	태화강국가정원 노상 공영주차장은 13:00~19:00까지 운영(주차료 30분당 500원, 1시간 1,100원, 2시간 2,300원)된다. 국가정원은 생태·대나무·계절·수생·참여·무궁화 등 6가지 주제를 가진 30여 개의 테마정원으로 구성되어 있으며 삼호지구, 태화지구로 나뉜다. 대숲과 은하수길 등은 태화지구에 있다. 대숲에서 나와 작은 실개천을 가로지르는 돌다리를 건너 계절마다 다른 꽃이 심어지는 계절정원과 참여정원 등 다른 정원들도 둘러보자. 계절정원에는 봄에는 양귀비와 작약, 여름에는 수레국화, 가을에는 국화 등 꽃밭이 조성되어 계절마다 볼거리가 풍부하다. 태화강 건너편 서쪽인 삼호지구에는 은행나무정원, 조류생태원, 숲속정원 등이 있다.

함께 가볼 만한 곳

반구대암각화

국보 제285호인 반구대암각화가 있는 반구대는 거북이가 엎드린 형상을 하고 있다. 암각화까지 호젓한 마을길과 대곡천 풍광이 이어진다. 암각화에는 고래, 멧돼지, 호랑이 등의 동물과 수렵 어로 도구, 고래 잡는 모습 등 신석기인이 새겨 넣은 200여 점의 그림이 있다. 대곡천 너머에 있어 설치된 망원경을 통해 확인할 수 있다.

주소 울산 울주군 언양읍 대곡리 산234-1 **가는 방법** 태화강 국가정원 노상 공영주차장에서 29km, 자동차로 40분 소요.

대왕암공원

대왕암은 문무대왕의 왕비가 호국룡이 되었다는 울산 동구의 기암괴석 더미로, 일출·일몰과 야경 명소로 많이 알려져 있다. 해안선을 따라 슬도까지 이어지는 바닷가길, 나무 데크로 놓인 전설바위길, 1만 5,000그루의 해송 사이에 난 송림길, 봄 벚꽃이 아름다운 사계절 길 등 둘레길이 잘 조성되어 있어 산책하기에 좋다. 최근 출렁다리가 만들어져 새로운 즐길 거리가 생겼다.

주소 울산 동구 일산동 산907 **전화** 052-209-3738 **가는 방법** 태화강 국가정원 노상 공영주차장에서 18km, 자동차로 30분 소요.

장생포고래문화특구

1986년까지 고래잡이가 성행하였던 장생포의 특성을 살려 고래문화특구로 조성하였다. 고래박물관, 생태관, 문화마을, 울산함이 모여 있다. 특히 고래잡이가 전성기였던 1970년대 장생포의 어촌 풍경을 재현한 고래문화마을은 레트로 감성이 가득해 사진 찍기에 좋다. 모노레일을 이용하여 시설 간 이동이 가능하고 통합권으로 함께 둘러볼 수 있다.

주소 울산 남구 장생포 고래로 244 **전화** 052-256-6301 **가는 방법** 태화강 국가정원 노상 공영주차장에서14km, 자동차로 25분 소요.

언양불고기 맛집

언양지방의 향토 음식으로, 불고기보다 작게 썰어 양념한 고기를 고슬고슬 물기 없이 불에 구워내는 요리다. 양념하여 초벌로 구워낸 불고기를 내오면 식탁 위에서 다시 한번 열을 가해 먹는다. 절로 침이 고이는 모양새와 달달하면서도 고소한 냄새가 입맛을 자극한다.

[언양진미불고기] **주소** 울산 울주군 삼남면 중평로 33 **전화** 052-262-1375 **영업** 11:00~21:00(재료 소진 시 조기 마감)

[한마당한우촌] **주소** 울산 울주군 언양읍 웃방천5길 10 **전화** 052-262-2047 **영업** 평일 11:00~21:00, 주말 11:00~22:00(브레이크타임 15:30~16:30)

◇ **12월** ◇

자작나무　인제 속삭이는자작나무숲

◇ **1월** ◇

눈꽃　제주 한라산 백록담(성판악탐방로)
　　　　무주 덕유산

◇ **2월** ◇

동백　거제 지심도

겨울

계절의 끝은 드라마틱하다

冬

12월의 꽃

자작나무
추운 지방에서 잘 자라는 나무

자작나무는 매서운 추위에 강한 나무다. 만주와 시베리아, 북유럽과 백두산에서 자라고 남방한계선은 북한이다. 우리나라에서는 스스로 자라기 어렵다는 이야기다. 그렇다면 최근 들어 늘어나는 자작나무숲은 어떻게 된 것일까? 모두 사람이 심은 것이다.

자작나무는 하얀 수피가 특징이다. 물론 흰 수피를 가진 나무로 사스래나무, 거제수나무가 있기는 하지만 흰색의 순도로 따지면 자작나무만 한 것이 없다. 타면서 '자작자작' 소리가 난다고 하여 이름이 자작나무인데, 이는 나무껍질에 지방 성분이 많기 때문이다. 추운 곳에서 잘 버텨 내기 위해 겹겹이 껍질을 두르고 기름을 칠한 것은 나무 나름의 생존을 위한 방책이었다. 사람들은 나무껍질을 둘둘 말아서 촛불 대용으로 사용하였고 희고 얇은 껍질을 벗겨서는 종이처럼 썼다. 잘 썩지 않는 성분까지 있어 일본이나 중국에서는 불경을 자작나무 껍질에 적어 후세에 전하였다. 경주 천마총의 천마도(국보 제207호)가 자작나무 껍질 세 겹에 그린 것이다.

자작나무는 목재로도 인기가 높다. 단단하고 결이 고운 데다 좀이 잘 슬지 않는다. 국보이자 세계문화유산인 해인사 팔만대장경 경판의 일부가 자작나무로 만들어졌다. 자작나무에는 얼마나 유효성분이 많은지 나무에 기생하는 차가버섯도 유명하다. 자작나무의 성분을 모두 빨아들여 자라는 차가버섯은 암과 성인병 예방에 효과적이라고 한다. 수명이 100년이라 나무 세계에서는 비교적 짧게 살다 가는 자작나무가 우리에게 남긴 흔적은 1,000년을 훌쩍 넘기고 있다.

자작나무 여행지

숲속의 귀족처럼 우아한 **인제 속삭이는자작나무숲**

12월   자작나무

품위 있게 나이 드는 자작나무숲

강원도 인제 원대리의 자작나무숲은 흰 눈이 내리는 겨울에 숲의 정체성이 드러난다. 남방한계선이 북한인 자작나무는 함경도와 평안도의 산에서 흔히 자란다. 이 부분은 백석의 시에서 확인이 가능하다. 백석의 시 <백화(白樺)>는 '산골집은 대들보도 기둥도 문살도 자작나무다'라고 시작한다. 단 5줄의 시 마지막 줄에는 '산 너머는 평안도(平安道) 땅이 뵈인다는 이 산골은 온통 자작나

무다'라고 끝을 맺는다. 북한의 추운 산골 마을에서는 자작나무를 쉽게 볼 수 있음을 알 수 있다.

추운 지방에서 잘 자라는 자작나무가 남쪽에서 심어진 것은 사람의 손에 의해서다. 원대봉 능선에 자리한 지금의 자작나무숲에는 본래 소나무가 가득했다. 소나무 재선충에 병든 소나무를 베어내고 그 자리에 자작나무를 심었다. 추운 지방에서 잘 자라는 나무다 보니 강원도 산골인 인제와 어울리는 면이 있다. 1974년부터 20여 년에 걸쳐 40만 평의 산자락에 자작나무 70여만 그루를 심어 지금처럼 환상적인 숲이 되었다. 자작나무의 수명은 100년이다. 자작나무숲에는 30년을 넘어 50년을 바라보는 나무가 수두룩하다. 사람으로 따져도 점차 여물어가는 시기, 숲은 품위 있게 나이 들어가고 있다.

은색 갑옷을 입은
수천의 기사들

숲 안내소를 지나면서부터 숲길 산행이 시작된다. 입구에 도착한 시간이 10시 이전이라면 가지 끝에 하얗게 피어 오른 상고대를 만날 수 있다. 이른 시간에 숲에 오는 이들을 위해 아침에만 나타났다 사라지는 겨울의 환상이다.

자작나무숲까지 가기 위해서는 약간의 오르막을 1시간 정도 걸어야 한다. 겨울이라 옷을 껴입었다면 덥게 느껴질 수도 있다. 숲을 빨리 보겠다는 생각에 걸음을 서두르면 차가운 한기에도 불구하고 등에 땀이 배어 올 것이다. 간간이 시야가 트이는 곳에서 강원의 산세가 아스라이 떠 있는 모습을 감상하며 이곳이 오지임을 깨닫는다. 산악인이 아니라면 겨울산은 쉽게 도전하기 힘들다. 눈 쌓인 길이 느릿하게 휘어지는 길을 오르면서 겨울 산이 주는 멋을 조금이라도 맛본다. 간혹 나타나는 자그마한 규모의 자작나무숲을 보며 힘을 낸다. 40여 분 정도 무작정 걷다 보니 '자작나무숲 진입 코스'라는 푯말이 나온다. 계속 임도를 따라가도 되지만 이 길을 택하면 숲 사이로 난 작은 오솔길을 걷다가 자작나무숲을 만날 수 있다. 초입에는 여러 종류의 나무들이 엉켜 자라며 숲을 이루고 있다. 숲을 지나서 모퉁이를 돌자마자 눈을 의심하게 하는 순백의 숲이 나온다. 늘씬한 데다 곧은 자세로 한 점 흐트러짐 없이 은색의 갑옷을 차려입은 수천의 기사들이 숲을 채우고 있다. 출정을 앞둔 듯 비장하기까지 한 겨울 숲에 경외심이 일어난다.

12월　　　　자작나무

순백의 순수 앞에서
멈춰 선 겨울

오솔길이 끝나갈 즈음 원형의 공터 중간에 자작나무로 만든 인디언 집이 보이고 그 위로 숲속교실이 있다. 드디어 자작나무숲의 심장부다.

전망대에서 숲을 바라본다. 흰 눈이 땅을 덮고 그 위에 휘어짐 없이 20m 이상 곧게 뻗은 하얀 나무가 겨울 숲의 신비를 꿈결처럼 펼쳐 보인다. 흰색의 줄기를 따라 올라가는 시선은 결국 고개를 들어서 가지 끝에 걸린 하늘을 바라보게 만든다. 스마트폰에 익숙해져 앞으로 숙여진 고개가 자작나무를 만나 시원하게 젖혀진다. 눈 쌓인 땅과 흰 나무, 창끝처럼 날카로운 가지 끝이 향하는 파란 하늘까지, 경사진 산 능선으로 비친 햇살은 온화하게 황금색을 띠고 있다.

인디언 집을 지나 한 사람만 겨우 지날 만한 오솔길로 접어든다. 대부분 인디언 집 부근에서 머물기 때문에 조금만 벗어나면 사람 발길이 훨씬 줄어들어 나만의 자작나무숲으로 들어가는 것 같다.

전망대 좌측에 있는 나무 데크 계단은 생태공원으로 내려가는 길이다. 더 이상 갈 수 없게 줄이 쳐져 있는 곳을 만나면 되돌아 나오도록 한다. 무리하지 않고 안내되어 있는 자작나무 코스만 이용하는 것이 좋다. 가끔 눈살을 찌푸리게 만드는 안내문이 보인다. '나무가 아파서 울고 있어요'. 나무껍질을 벗기거나 그 위에 이름을 새겨 넣는 행위를 하는 사람이 아직도 있다니 이는 기념이 아니라 몰상식한 사람이 다녀간 흔적이다.

순백의 줄기가 멋스러운 겨울 나무, 자작나무숲은 보는 것만으로도 충분히 치유의 힘을 발휘한다.

여행지 기본 정보

주소	강원 인제군 인제읍 원대리 760(자작나무숲 안내소)
가기 좋은 시기	겨울과 가을 그리고 봄, 여름
전화	033-463-0044
운영	09:00~18:00(※입산 시간: 동절기(5월~10월) 09:00~14:00, 17:00까지 운영, 하절기(11월~3월) 09:00~15:00, 18:00까지 운영, 월·화요일 휴무
여행 팁	겨울에 눈이 내렸을 때는 원정임도 코스(3.2km)를 제외한 다른 코스를 대부분 통제한다. 또한 중간에 있는 화장실을 쓸 수 없다. 주차장 화장실을 이용한 후에 숲 탐방을 시작하자. 인제가 워낙 산골이기도 하지만 눈이 오래도록 쌓여 있는 곳이므로 아이젠을 꼭 챙기도록 한다. 미처 준비하지 못했을 때는 한 줄로 신발 바닥을 가로지르는 아이젠(5,000원)을 입구에서 판매하니 구입해서 착용한다. 자작나무 숲길의 시작점은 숲길 안내소다. 09:00가 되어서야 출입을 허용한다. 자작나무숲은 사계절 인기가 있다. 단풍이 들었을 때와 흰 눈이 쌓였을 때 가장 근사하긴 하지만 봄과 여름에도 꾸준히 사람들이 찾는다. 3월 2일~4월 30일은 산불 조심기간으로 입산을 통제한다. 2020년부터 월·화요일에는 운영하지 않고 있으니 날짜를 확인한 후 가도록 한다.

함께 가볼 만한 곳

점봉산 곰배령

점봉산 곰배령은 봄부터 여름까지 야생화천국을 이루는 곳으로 유명하다. 곰이 배를 드러내고 누워 있는 형태라고 하여 곰배령이라고 불린다. 2개의 탐방 코스가 있으며 편도 2시간 정도 소요된다. 산림 생물 다양성 유지를 위해 입산 통제하여 보호·관리하고 있는 지역이므로 산림청 예약 시스템인 '숲나들e'에서 인터넷 예약(선착순 450명)을 해야만 갈 수 있다. 겨울 탐방 시 아이젠을 필수 착용해야 한다.

주소 강원 인제군 기린면 곰배령길 12(점봉산 산림생태관리센터) **전화** 033-463-8166(탐방 안내) **운영** 09:00~16:00(곰배령 정상부 14:00 하산 종료, 입산 마감 11:00(코스1 중간 초소 12:00)), 기상특보 발효 시 입산 통제. ※ 주차료 있음. 1일 5,000원. **가는 방법** 속삭이는자작나무숲 주차장에서 50km, 자동차로 1시간 5분 소요.

권금성

권금성은 설악산 자락에 있는 고려시대 산성이다. 현재 성벽은 거의 남아 있지 않으나 바위 능선이 천연 요새로서의 견고함을 갖추고 있다. 권금성 케이블카의 운영으로 접근이 쉬워져 사계절 설악산에서 가장 사람들이 많이 찾는 곳이기도 하다. 특히 겨울에는 겨울 산행이 어려운 이들도 쉽게 올라 겨울 설악산의 웅장함을 한눈에 감상할 수 있어 인기가 높다.

주소 강원 속초시 설악산로 1085(설악케이블카) **전화** 033-636-4300 **운영** 08:00~17:00, 1일 전 정확한 운행시간 공지(케이블카) **입장료** [설악산 문화재구역 입장료] 성인 3,500원, 청소년 1,000원, 초등학생 500원, [케이블카 이용료(왕복)] 성인(중학생 이상) 1만 3,000원, 어린이 9,000원, [주차료] 1일 5,000원 **가는 방법** 속삭이는자작나무숲 주차장에서 65km, 자동차로 1시간 15분 소요.

황태구이 맛집

인제의 맛으로 강원도 산골에서 얼었다 녹기를 반복하면서 말려 살이 노랗게 변한 황태가 있다. 황태로 유명한 용대리 황태마을에 직접 가서 맛봐도 좋지만 자작나무숲에서 가까운 곳에 용대리 황태로 푸짐한 상차림을 내놓는 곳이 있다. 자작나무집 황태구이정식은 고추장 양념을 한 황태구이와 시원하게 끓인 황탯국, 산나물 반찬이 나와 강원도 산촌 마을의 풍미를 느끼게 해준다.

[자작나무집] 주소 강원 인제군 인제읍 자작나무숲길 1169 **전화** 033-462-1357 **영업** 09:00~20:00

1월의 꽃

눈꽃
온 세상을 하얗게 만드는 겨울의 선물

우리말에 눈과 연관된 단어가 많다. 우리가 흔히 아는 눈은 **가루눈**과 **함박눈**이다. 날씨가 아주 추울 때는 눈송이가 뭉쳐지지 못하여 고운 떡가루처럼 가루로 내린다. 가루눈으로는 눈 뭉치를 만들기 어렵다. 비교적 포근한 날에는 눈송이가 엉겨 붙어 함박눈으로 풍성하게 내린다. 함박눈이 내리는 날을 날씨가 따뜻하다고 하는 이유다. 흔히 눈이 온다고 하면 함박눈이 내려 온 세상이 하얗게 뒤덮인 모습을 그린다.

눈이 온 시기에 따라 눈을 부르는 말도 있다. 겨울이 되어 처음으로 내리는 눈이 **첫눈**이다. **밤눈**, **도둑눈**은 자고 일어났더니 밤사이에 내린 눈이다. 겨울에 많이 내려 복을 가져다주는 **복눈**, 초겨울의 **풋눈**, 봄에 내린 **봄눈**이 있다.

내리는 눈의 상태에 따라 가랑비 내리듯 잘게 부서져 내리는 **가랑눈**, 습기 없이 마르게 떨어지는 **마른눈**, 소나기처럼 갑자기 내리는 **소나기눈**, 쌀쌀한 느낌으로 내리는 **찬눈**, 지면을 쓸 듯이 움직이는 **땅날림눈** 등으로 부른다.

눈이 내린 후의 모습에 따라 이름이 다르다. 눈이 온 상태 그대로 아무도 밟지 않은 **숫눈**, 발자국이 간신히 날 정도로 살짝 내린 **자국눈**, 어른 키인 한 길만큼 쌓인 **길눈**, 아주 높은 산이나 극지방에서 눈이 녹지 않다가 얼음처럼 굳어버리는 **만년눈**이 있다.

싸락눈이나 **우박**은 눈보다는 얼음에 가깝다. 투명한 얼음 알갱이는 싸락눈이고 그 주위에 물이 얼어붙으면 우박이 된다. 0도를 넘나드는 날씨에 눈과 비가 섞여서 **진눈깨비**가 내린다. 물 입자인 수증기는 사물에 들러붙어 꽃처럼 무늬를 만든다. 나무에 서리가 붙으면 **상고대**, 유리창 등에 수증기가 얼어붙어 생긴 무늬는 **서리꽃**이라고 한다.

나뭇가지에 눈이 꽃처럼 쌓이면 눈꽃이 피었다고 한다. 겨울의 눈꽃에는 다른 계절의 꽃 못지않은 아름다움이 있다. 나뭇가지에 내려앉은 눈꽃은 계절의 여왕이 혹시 겨울은 아닐까라는 생각이 들 만큼 환상적인 자태를 보여준다.

1월 눈꽃

눈꽃 여행지 1

겨울왕국으로의 여행
제주 한라산 백록담(성판악탐방로)

관문이 좁은
겨울왕국

겨울은 눈의 계절이다. 도심에서 살고 있는 사람들은 눈이 오면 창문 밖으로 내리는 눈을 쳐다보며 눈 구경을 다 했다고 한다. 가까운 공원이나 산에 가서 녹지 않고 남아 있는 눈을 보는 것은 그나마 낫다. 대부분 멀리 또는 높은 산으로 눈꽃 여행 떠나는 것을 주저한다. '추운데…, 눈이 없으면 어쩌나, 왜 사서 고생을 해…' 등의 이유가 밖으로 나서는 마음을 눌러버린다.

겨울왕국을 보는 것이 쉽지는 않다. 눈 소식에 귀를 기울여 봐도 눈 내리는 날이 많지 않을 뿐더러 계획을 세우려 하지만 그 시기에 꼭 눈이 온다는 보장이 없고 혹시 온다고 해도 적설량을 장담할 수 없다. 겨울 눈꽃을 제대로 보려면 눈꽃이 아름다운 곳을 찾아 그곳의 기상 정보를 확인하고 산에 오를 준비를 하는 등 정보를 수집하고 계획을 잘 세워야 한다. 눈꽃 여행은 준비된 자만이 누릴 수 있는 혜택이다.

한라산을 눈꽃 여행지로 택한 것은 바람과 비가 많은 지역적 특성을 염두에 두어서다. 제주도 연평균 강수량은 1,142~1,966mm에 달한다. 많은 수증기는 한라산 산중에서 영하의 날씨를 만나 눈으로 내린다. 제주에 눈이 왔다 하면 십중팔구 한라산에는 대설주의보가 발효된다. 도심의 눈은 흔적도 없이 녹아버렸어도 한라산 정상부는 겨울 내내 하얀색을 띠고 있다. 한라산의 눈꽃을 보지 않았다면 제대로 된 눈꽃을 본 것이 아니라고 할 정도로 한라산은 겨울 여행지로 이름이 높다. 특히 한라산 정상을 다녀올 수 있는 성판악탐방로가 큰 무리 없이 갖가지 눈꽃을 볼 수 있어 인기다.

1월   눈꽃

빗장을 연
순백의 나라

겨울 산행에 대한 갈망은 직접 겨울 산을 올라본 이들만 느낄 수 있는 그리움이요, 뜨거움이다. 그동안 겨울 눈꽃 산행을 해볼 기회가 없었다면 올해에는 흰 눈이 쌓인 산길을 걸어보자. 그중에서도 수많은 눈꽃들이 피어나고 정상에 신비의 화구호가 있는 우리나라 최고봉 한라산은 겨울 산행의 최고봉이기도 하다.

성판악탐방로는 비교적 평탄한 숲길을 걸으며 상고대와 눈꽃을 마음껏 감상할 수 있는 코스다. 눈 쌓인 벌판의 이국적인 설경을 지나 흰 사슴의 전설이 있는 백록담의 겨울까지 만날 수 있는 환상의 눈꽃 산행길이다. 걷는 내내 눈앞에는 온통 하얀 속살을 드러내어 한없이 순수하면서도 치명적인 손짓으로 유혹하는 눈꽃

의 향연이 펼쳐진다. 신비로운 겨울왕국을 보여주는 날은 한라산에 대설주의보가 내린 다음 날이다. 마침 날씨가 맑다면 인생 최고의 한라산을 만날 수 있는 조건이 맞아떨어진다.

한라산을 오르기 위해 출발점인 성판악 휴게소에서 아이젠과 스패츠를 착용한다. 정상까지 대략 4시간 30분 정도 소요된다. 전날 내린 눈으로 하얀 세상이 된 한라산은 길조차 보이지 않을 정도로 눈에 푹 파묻혀 있다. 앞서 간 이의 발자국을 따라 한 걸음 뗄 때마다 겨울의 심장부로 조금씩 다가간다. 눈꽃의 천국답게 기기묘묘한 눈꽃과 은빛 풍경에 매료되어 앞으로 나아가는 걸음이 자꾸만 지체된다.

전생에 쌓은 복이
한라산 백록담으로

정오까지 진달래밭 통제소를 통과해야 정상까지 갈 수 있다. 탐방안내소에서 진달래밭까지는 보통 3시간 정도 소요되는데 눈이 많이 와 길이 미끄럽고 발이

푹푹 빠지는 날에는 시간을 더 길게 잡아야 한다.

진달래밭 통제소를 통과하면 이전의 평탄한 숲길과는 판이한 가파른 언덕배기가 나온다. 이제부터 진짜배기 겨울 산행이 시작된다. 길은 좁아져서 한 사람이 겨우 지날 정도의 폭으로 줄어든다. 급경사의 숲이 끝나면 갑자기 너른 벌판이 나온다. 파란 하늘 아래 순백의 세상 속으로 줄을 지어 걸어가고 있는 등산객들이 행렬을 만들고 있다. 숲 안에서와 달리 한층 바람이 매서워져 고개를 숙이고 얼굴을 감싸 안는다. 눈벌판에 서 있던 푸른 잎의 구상나무는 위엄 넘치는 동장군이 되었다. 물방울들이 얼어붙어 눈과 범벅이 된 채 녹았다 얼었다를 반복하며 겨울이 깊어질수록 몸체가 두터워진 것이다. 정상에 가까울수록 빙판길처럼 얼음이 많아지고 바람은 살을 에듯 더 날카로워진다. 길게 자란 상고대가 바람의 매서움을 보여주듯 뾰족하게 날을 세우고 있다.

앞으로 나아가는 움직임이 멈춰 고개를 드니 정상이다. 백록담이 혹시 얼굴을 보여줄까 기다리며 귓불이 떨어져나가도록 추운 시간을 견딘다. 전생에 복을 쌓은 사람만이 볼 수 있다는 한라산 백록담이 구름 사이로 드러난다면 더할 수 없는 행운에 마음껏 기뻐해도 좋다. 뻥 뚫린 화구호 안에 흰 눈이 수북이 쌓여 있다. 파란 하늘 아래 순백의 화구호는 한라산의 신비경이다. 정상에 머무는 시간은 걸어온 시간에 비해 아주 짧다. 오래 감상하고 싶어도 워낙 추워 오래 머물지 못한다.

은빛 세상을 뒤로한
황금빛 안녕

오후 2시면 하산을 해야 한다. 호루라기 소리가 하산을 재촉한다. 백록담 근처는 여전히 눈꽃 세상이지만 서둘러 내려가다 보니 숲속 가지 위의 눈꽃이 물방울을 떨어뜨리며 녹아내리는 것이 보인다. 그토록 순결하고 소담스러웠던 눈꽃들이 하룻밤의 꿈처럼 사라지고 있다. 눈에 뒤덮였던 붉은겨

우살이 열매가 녹은 눈 사이로 빨간 진주처럼 반짝거린다.

한라산 정상을 오르내리는 일은 여간 힘이 드는 일이 아니다. 얼굴을 후려치는 칼바람과 영하 10도는 가뿐하게 내려가는 맹추위를 견뎌야 하고 높이 쌓인 눈을 헤치고 가야 하기 때문에 체력 소모가 상당하다. 산행에 에너지를 모두 다 쏟아 부어서인지 하행 때는 길만 내려다보고 걷는 경우가 많다. 낮아진 햇살에 순백의 세상이 황금빛으로 물드는 것을 놓치곤 한다. 시선을 들어 숲과 나무, 하늘을 바라보자. 사슴의 뿔처럼 나뭇가지에 붙어 있는 상고대가 황금색으로 빛나는 순간을 만날 수 있다. 산행이 끝나고 이제 은빛 동화책을 덮어야 할 시간이다. 한라산을 벗어나 도시로 되돌아가야 한다. 겨울 산행은 고되고 힘들지만 느끼는 감동은 크다. 얼어붙었던 몸이 펴지고 뿌듯하게 활력이 차오른다. 겨울 산행이 준 선물이다.

여행지 기본 정보

가기 좋은 시기	12월~2월
산행 코스	성판악 탐방안내소 → 속밭대피소 → 사라오름 입구 → 진달래밭 → 정상(동릉)
총 거리	9.6km
소요 시간	입구에서 진달래밭까지 3시간, 진달래밭에서 정상인 동능까지 1시간 30분, 총 산행시간 9시간 소요
입산 통제 시간	동절기(11월~2월) 탐방로 입구 12:00, 진달래밭통제소 12:00, 사라오름통제소 15:00
편의시설	[매점] 없음, [화장실] 성판악사무실·속밭대피소·진달래밭대피소에 있음
전화	064-725-9950
여행 팁	한라산 정상 등반을 할 수 있는 성판악탐방로(1일 1,000명)와 관음사탐방로(1일 500명)는 인터넷 예약제로 운영하고 있다. 매월 첫 업무 개시일 09:00부터 한라산국립공원 홈페이지에서 예약할 수 있다(1인 탐방 횟수 주 1회). 홈페이지에서 한라산 통제 상황을 확인하고 백록담과 왕관릉, 윗세오름, 어승생악을 실시간 CCTV를 통해 현재 상태를 참고하도록 한다. 성판악탐방로는 대중교통 이용이 수월하다. 제주시외버스터미널에서 버스(281번, 181번)를 타면 40분 정도 후에 탐방로 입구에 도착한다. 가능하면 성판악탐방로 5.8km 지점의 등산로에서 600m 거리에 있는 사라오름도 다녀오는 것이 좋다. 얼어붙은 산정호수가 특별한 겨울 풍경을 보여준다. 겨울 산행에는 철저한 준비가 필요하다. 아이젠, 스패츠를 준비하고 보온성이 좋은 옷, 방수 기능이 있는 등산화, 등산용 스틱, 귀를 덮는 모자, 방수 재질 장갑을 착용한다. 핫팩은 넉넉히 챙기도록 한다. 카메라 사진 촬영을 하려면 여분의 배터리를 챙기는 것도 잊지 말자. 카메라 배터리는 너무 온도가 내려가면 금방 소모가 돼 쓸 수 없고 휴대폰 카메라는 촬영 버튼이 먹통이 될 수 있다. 따뜻하게 보관하는 데는 핫팩이 용이하다.

함께 가볼 만한 곳

제주동백수목원

수령 45년 이상의 애기동백나무가 숲을 이루고 있다. 12월 하순부터 2월 중순까지 겨우내 피고 진다. 나무에 싱싱하게 피는 애기동백 꽃의 화사함과 바닥에 붉은 융단처럼 떨어진 꽃잎이 겨울 속 봄을 전한다. 한겨울에 붉은 꽃을 배경으로 예쁜 사진을 찍을 수 있어 SNS 명소로 알려져 있다.

주소 제주 서귀포시 남원읍 위미리 927 **전화** 064-764-4473 **운영** 09:30~17:00(2월 21일~11월 초 휴장) **입장료** 성인 5,000원, 어린이 3,000원 **가는 방법** 성판악 입구에서 23km, 자동차로 30분 소요.

1100고지습지

한라산을 오를 체력이나 시간은 되지 않는데 눈꽃을 보고 싶다면 접근이 쉬운 1100도로와 1100고지에 있는 1100습지를 목적지로 정해서 가보자. 어리목 입구에서 1100습지까지 1100도로 구간은 90% 이상의 습도, 영하의 날씨, 바람까지 상고대가 끼는 조건과 자주 맞아떨어지는 구간이다. 자동차로 가볼 수 있는 상고대 명소여서 상고대 소식이 들리면 사람들이 몰려든다. 1100습지는 한라산에 자연적으로 생긴 자연습지로 생태계가 잘 보존되어 있어 람사르습지에 등록되어 있다.

주소 제주 서귀포시 1100로 1555(1100고지휴게소 주차장) **가는 방법** 성판악 입구에서 31km, 자동차로 40분 소요.

본태박물관

박물관 건물은 세계적인 건축가 안도 타다오의 작품으로 노출 콘크리트에 빛, 물이 조화를 이루고 있다. 1관(한국 전통 공예품), 2관(백남준을 비롯한 현대미술 작품), 3관(구사마 야요이의 무한거울방과 호박), 4관(전통 상례관), 5관(기획전시관)으로 구성되어 있어 건물과 함께 전시 작품을 감상하는 즐거움을 누릴 수 있다.

주소 제주 서귀포시 안덕면 산록남로762번길 69 **전화** 064-792-8108 **운영** 10:00~18:00 **입장료** 성인 2만 원, 어린이 1만 원 **가는 방법** 성판악 입구에서 32km, 자동차로 40분 소요.

대방어 맛집

대방어는 추운 곳에 있다가 11월부터 2월까지 산란을 위해 남쪽으로 내려온다. 제주도 대정 모슬포항 부근이 겨울철 대방어의 주산지다. 이 시기에 지방을 축적하기 때문에 살이 기름지고 쫀득거려 최고로 맛이 좋다. 12월부터 1월에 10kg이 넘는 대방어를 맛보면 그 맛을 잊을 수 없다.

[수눌음] **주소** 제주 서귀포시 대정읍 하모항구로 50 **전화** 064-794-0025 **영업** 10:30~21:30(라스트 오더 20:30), 매주 월요일 휴무

1월   눈꽃

눈꽃 여행지 2

곤돌라 타고 눈꽃 트레킹 **무주 덕유산**

접근이 쉬운 겨울 절경
덕유산 눈꽃

도심에서 눈의 순수성이 유지되는 시간은 너무나 짧다. 눈이 눈으로서의 정체성을 유지하는 곳은 산이다. 눈꽃 세상 안으로 걸어 들어가고 싶지만 산행은 엄두도 내지 못하는 사람이라면 곤돌라를 타고 쉽게 오를 수 있는 무주 덕유산으로 떠나보자. 나이 드신 분이나 아이들도 눈의 매력에 흠뻑 빠져 유유자적하는 눈꽃 소요의 산길이다.

눈꽃에는 설화(雪花), 상고대, 빙화(氷花)의 3가지가 있다. 하늘에서 눈이 내려 나뭇가지나 잎에 소복소복 쌓여 꽃처럼 보이면 설

화다. 가장 흔히 보는 눈꽃으로 바람이나 무게때문에 밑으로 떨어진다. 설화와 달리 서리가 얼어붙어 나뭇가지에 달라붙어 있으면 상고대다. 웬만한 바람에도 꿈쩍 안 하고 풍향에 따라 결을 만들어 치맛자락 날리는 것처럼 얼어붙는다. 상고대를 최고로 아름다운 눈꽃이라 여긴다. 빙화는 눈꽃이 녹아 흐르다 갑자기 기온이 급강하해서 언 것으로, 보기가 어렵다.

덕유산은 무주군 설천면에 위치한다. 주봉인 향적봉(1,614m)에서 남으로 중봉, 덕유평전을 지나 삿갓봉을 거쳐 남덕유산까지 산행 코스가 나 있다. 종주 겨울 산행을 해도 좋지만 향적봉까지만 가더라도 충분히 장엄하고 아름다운 설산의 정취와 상고대를 즐길 수 있다. 덕유산 향적봉은 누구나 쉽게 접근이 가능하다. 문명의 이기라고 할 수 있는 곤돌라가 설치되어 있기 때문이다. 쉽지 않은 겨울산 문턱, 왕복 1만 8,000원에 겨울왕국을 드나드는 표를 받은 셈이다.

수묵화 같은 겨울산 병풍

설화는 어디서나 눈이 내린 곳에서 볼 수 있지만 상고대는 산 아래나 계곡에서 보기 어렵다. 바람이 몰아치는 산 능선에 올라가야만 볼 수 있다. 상고대가 없는 구간은 곤돌라를 타고 가뿐하게 오른다. 곤돌라에서 내리자 덕유산 산자락을 타고 형형색색의 스키어, 보더들이 꽃잎처럼 흔들리며 내려가는 모습이 보인다. 겨울산과 사람이 모두 흥겹다.

덕유산 능선 한쪽이 가려져 있어 그 온전한 모습을 빨리 보고픈 마음에 덕유산의 주봉인 향적봉으로 향하는 발걸음이 바쁘다. 상고대와 설화의 눈꽃 천지 사이로 난 길을 부리나케 걸어가다가도 전망이 열리는 곳이 나타나면 절로 걸음이 멈춰진다. 믿을 수 없을 정도로 넓고 아련한 우리네 산야다. 햇살 내려앉은 지리산 봉우리 사이로 구름이 넘나든다. 신비로운 풍경에 벅찬 가슴을 진정시키고 눈을 크게 떠 겨울의 장엄함을 가슴에 담는다.

덕유산은 눈꽃 풍경이 환상적이지만 사방으로 막힘없이 주변을 조망할 수 있는 전망 포인트이기도 하다. 향적봉에 서서 사방팔방으로 뻗어나간 백두대간 산줄기를 내려다 본다. 앞서거니 뒤서거니 여러 산이 중첩되고 그 사이로 골이 져 주름이 잡힌 산세가 선명하게 눈에 들어온다. 운무에 휩싸인 흑백 농담의 수묵화 여러 폭이 병풍처럼 둘러쳐 있다. 숨 죽여 우리 산하의 너르고 절묘한 풍경을 바라보는 시간이 소중하게 느껴진다.

여행지 기본 정보

가기 좋은 시기 12월~2월
주소 전북 무주군 설천면 만선로 185(무주리조트 주차장)
여행 팁 폭설 등으로 등반이 제한될 수 있고 기상 특보 시에는 곤돌라 운행이 중단될 수 있으니 운행 정보를 확인하도록 한다. 인터넷으로 할인권을 구매할 수 있다. 할인권은 당일 구매가 불가능하니 전날까지 구입을 완료해야 한다. 곤돌라 탑승 시간은 편도 20분이다.
아이젠과 스패츠를 착용하여 눈길을 안전하게 걷기 위한 준비를 하도록 한다. 설천봉에서 향적봉까지 20분 정도 소요되는 짧은 길이라고 방심하면 큰 코 다칠 수 있다. 겨울 산행 시 안전장비는 필수다. 능선이라 칼바람에 추위가 매섭다. 보온에 각별히 신경 써서 바람을 막을 수 있는 옷을 입는 것이 좋다.
설천봉에서 곤돌라로 하산 시 대기 시간이 1시간 이상 걸릴 수 있다. 관광곤돌라 운영 시간을 고려하여 향적봉에서 머무는 시간을 조절한다.

알고 가세요!

[곤돌라 이용 안내]
주소 전북 무주군 설천면 만선로 185 **전화** 063-322-9000 **운영** 평일 10:00~16:00(하행시간 16:30), 주말 09:30~17:00(하행시간 17:30), 일요일 09:30~16:00(하행시간 16:30), ※10~2월 주말(공휴일 포함) 사전 예약제 운영(탑승일 포함 2주 전 17:00부터 예약) **이용료** [왕복] 성인 1만 8,000원, 어린이 1만 4,000원, [편도] 성인 1만 4,000원, 어린이 1만 1,000원

함께 가볼 만한 곳

태권도원

세계 최대 규모의 태권도 경기장과 태권도 박물관, 전통정원, 전망대, 모노레일 등의 시설과 다양한 태권도 관련 프로그램을 운영 중이다. 태권도 상설 공연은 T1경기장 지하 1층 T1공연장에서 열리며 공연 시작 10분 전부터 선착순 입장한다. 공연 시간은 20분이다.

주소 전북 무주군 설천면 무설로 1482 **전화** 063-320-0114 **운영** 평일 10:00~17:00(주말 및 공휴일 ~18:00, 1시간 전 발권 마감, 월요일 휴관), [전망대] 평일 10:00~16:00(주말 및 공휴일 ~16:30), [모노레일] 평일 10:00~16:30(주말 및 공휴일~17:00), [태권도 시범단 공연] 평일 14:00, 토요일 11:00·14:00 **입장료** 성인 4,000원, 청소년 3,500원, 어린이 3,000원(박물관+상설공연+셔틀버스+주차비 포함, 모노레일·체험관은 별도 요금) **가는 방법** 무주리조트 주차장에서 19km, 자동차로 25분 소요.

머루와인동굴

덕유산 중턱 450m 적상산에 산머루와인 동굴이 있다. 무주수양발전소 건설 때의 굴착 작업용 터널을 와인동굴로 리모델링하였다. 입장권은 동굴 가장 안쪽에서 음료 시음권으로 사용한다. 5가지 산머루와인을 무료 시음할 수 있고 와인족욕체험(유료)을 해볼 수도 있다. 와인은 시중가보다 15% 저렴하게 구입할 수 있다.

주소 전북 무주군 적상면 산성로 359 **전화** 063-322-4720 **운영** 11월~3월 10:30~16:30, 4월~10월 10:00~17:30, 월요일 휴관 **입장료** 성인 2,000원

도리뱅뱅이·어죽 맛집

어죽은 민물고기를 푹 고아 뼈가 씹히지 않을 정도로 갈아서 고추장을 넣고 진득하게 끓인 죽이다. 주로 금강을 낀 주변에서 맛보는 음식으로 무주의 전통음식이라고 할 수 있다. 보통 어죽과 도리뱅뱅이를 함께 주문하여 여행지의 별미를 맛본다. 도리뱅뱅이는 멸치를 닮은 듯한 열빙어를 튀기듯이 구워서 고추장 양념장을 묻혀 그릇의 가운데를 중심으로 둥글게 두르고 부추, 깻잎 등의 야채를 곁들인다.

[무주어죽] 주소 전북 무주군 무주읍 내도로 119 **전화** 063-322-9610 **영업** 09:30~20:00(브레이크타임 15:30~16:30, 라스트 오더 19:00)

2월의 꽃

동백
따뜻해진 지구와 동백나무

동백나무는 상록활엽수로 대표적인 남부 수종이다. 남쪽의 여수 오동도, 거제 지심도, 고창 선운사, 강진 백련사에는 오래된 동백나무 숲이 있다. 남부뿐만 아니라 울릉도, 대청도에도 군락이 있고 충남 서천에선 500년 된 동백나무가 자란다.

동백나무는 난대식물 중 가장 북쪽에서 자라 기후 변화에 민감하기 때문에 국가 기후변화 생물지표종에 지정되어 있다. 동백나무 자생지가 점점 북쪽으로 올라가고 있다. 이는 따뜻해진 날씨 때문이다. 우리나라는 100년 간 평균 기온이 2도 상승하였고 봄의 시작은 3월 중순에서 3월 1일로 보름 이상 앞당겨졌다.

동백나무는 사철 푸른 잎인 데다 이른 봄에 붉은 꽃을 탐스럽게 피워 인기가 높은 나무다. 남부 지방에서는 정원이나 가로수 등으로 많이 심지만 중부지방에서는 노지 월동이 안 되므로 베란다나 실내

에서 돌봐야 한다. 햇빛이 충분히 드는 곳에서 자주 물을 주어야 한다. 꽃 필 시기가 되었는데 꽃이 피지 않는다면 온도 때문이다. 10도 내외로 서늘한 곳에 내놓아야 꽃이 핀다.

김유정의 소설 <봄봄>에 동백꽃이 나온다. '노란 동백꽃 속에 함께 파묻혀 점순이의 향긋한 냄새에 정신이 아찔해진다'라는 구절의 동백꽃은 동백나무가 아니라 생강나무다. 강원도에서는 생강나무를 사투리로 동백꽃이라 부른다. 기후 변화에 무감하고 미미한 대책으로 시간만 보낸다면 머지않아 붉은 꽃이 피는 동백나무를 강원도에서도 볼 수 있지 않을까.

2월   동백

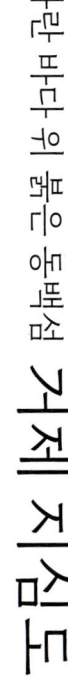

동백 여행지

파란 바다 위 붉은 동백섬 **거제 지심도**

뱃길 15분 만에
원시 청정 섬

15분의 짧은 뱃길로 겨우내 동백꽃이 지천으로 피는 동백섬에 갈 수 있다. 멀리 뛰기 위해 도움닫기를 하듯 봄을 맞기 위한 준비를 동백으로 하는 섬, 지심도로 간다. 번잡함은 바다와 동백꽃에 내어주고 무념무상에 빠져 숲길을 걸을 것이다.

지심도는 거제시 일운면에 딸린 너비 약 500m, 길이 1.5km의 작

은 섬이다. 해안선 길이는 3.5km, 15가구, 채 40명이 되지 않은 사람들이 살고 있다. 섬에 가까이 다가가면 가파른 사면에 위태롭게 자리한 몇 채의 집이 마중을 나온다. 경사가 져서 차는 다닐 수 없고 좁은 길을 달리는 사륜구동 오토바이가 유일한 교통수단이다. 지심도는 수심이 너무 깊어 방파제를 세울 수조차 없다. 배를 세워둘 선착장마저 없다. 배를 댈 수 없으니 어업을 하며 생계를 지탱하는 다른 섬의 생활과도 동떨어진다. 섬에서의 삶이 그리 녹록지 않을 것임이 한눈에 보인다. 섬 안의 몇 안 되는 집들은 거의 민박을 운영한다. 겨울과 봄에는 동백꽃을 보려는 사람들로 꽤 북적이고 여름과 가을에는 숲길을 걷는 이들이 방문한다. 감성돔, 도다리, 볼락을 낚기 위해 낚시꾼들이 찾기도 한다.

선착장 위쪽, 민박집 몇 채가 다랭이논처럼 층층이 자리한 사이에 지그재그로 길이 나 있다. 섬 서남쪽에는 마끝이라는 해안 절벽이 자리하고 섬 안쪽으로는 원시 숲이 울창하다. 동북쪽 끝에는 망루가 있다.

마음(心)을 닮은 지심도

지심도는 섬의 생김새가 마음 심(心) 자를 닮았다 하여 불리는 이름이다. 일본과 매우 가까운 위치 때문에 일제 강점기인 1936년 일본군이 살고 있던 주민들을 강제 이주시키고 해군기지를 세웠다. 일본식 가옥과 포진지, 탄약고, 욱일기 게양대, 방향 지시석 등에 당시의 흔적이 남아 있다.

해방 후에는 진해 해군통제부 소유의 땅이 되었다. 군 소유라는 특수성 때문에 숲이 사람 손을 타지 않고 고스란히 보호되는 결과로 이어졌다. 2016년 군과 거제시의 기나긴 줄다리기 끝에 소유권이 거제시로 이전되었고 이후 지심도 개발에 대한 이야기가 심심치 않게 나오고 있다. 언제까지 이 모습 그대로일지 알 수 없다. 섬을 찾는 사람들은 때묻지 않은 이 모습을 다시 볼 수 없을지도 모른다는 생각을 하며 섬 둘레길을 걷는다.

대부분의 여행객은 지심도 선착장에 내리면 걸어서 섬 한 바퀴 빙 둘러보고 배를 타고 쌩 하니 떠난다. 섬에서 머무는 시간은 2~3시간 정도다. 사람들이 떠난 자리에는 황금빛 노을이 찾아들고 가끔은 노을 대신 허름한 숙소의 양철 지붕 위로 비가 떨어진다. 쉼이 필요한 여행자는 칠흑 같은 고요함 속에서 때론 빗소리를 자장가 삼아 단잠에 빠져든다. 잊지 못할 섬 여행을 원한다면 지심도 민박에서의 하룻밤을 추천한다.

지심도에서 하루를 머물게 되면 시간이 남아돈다. 2시간이면 충분히 돌아보는 섬에서는 아무것도 하지 않을 선택과 두 발로 어디라도 걷고 싶다는 의지가 충돌한다. 가만히 있기에는 시간이 너무 아까운 여행자는 오솔길을 따라 걷는다.

2월 동백

원시림 속 동백나무숲

섬은 봄이면 새빨간 동백꽃이 만발해서 동백섬으로 불린다. 지심도는 섬이 아니라 숲이라도 해도 좋을 정도로 후박나무, 대나무, 소나무 등 37종의 나무가 빽빽한 숲을 이루고 있다. 그중 60~70%는 동백나무다. 동백꽃이 피는 2월 무렵부터 사람들이 발길이 잦아져 4월까지 동백꽃을 보기 위한 걸음이 이어진다. 10m 이상 자란 동백나무는 가지 끝을 눈으로 쫓지 못할 만큼 높다. 가지 끝자락에 동백꽃이 만개하였다 하여도 여간해서는 시선에 잡히지 않는다. 바닥에 떨어진 꽃송이를 보는 것으로 저 위의 꽃 세상을 상상하고 원시림의 자유분방함 사이를 걷는다.

망루로 가는 해안 옆길은 전망이 있을 법도 한데 간혹 해안이 보일 뿐 대부분 숲이 울창하다. 해안가로 난 소로를 따라 작은 몽돌 해수욕장으로 내려간다. 해수욕장이라고 부르기 민망한 규모다. 아니 어쩌면 외지고 숲으로 은폐된 개인 해수욕장이 될 수도 있겠다. 몽돌에 부딪치는 파도소리에 귀를 기울이며 둥그런 바위에 앉아 시간을 보낸다. 저 멀리 아스라이 보이는 육지를 보며 이곳이 바다 위에 홀로 떠 있는 섬임을 깨닫는다.

몽돌해변에서 나와 숲길로 접어들어 일본식 가옥을 지난다. 대숲을 통과해 망루에 서면 깎아지른 해식 절벽이 이곳이 고립무원의 섬임을 다시 일깨운다. 숲은 정제되지 않고 제멋대로다. 때 묻지 않았고 숲 향기는 그윽하다. 겨울에도 묵직한 초록색을 유지하고 있다. 숲이 워낙 깊어 혼자라면 위압감에 눌릴 듯한 분위기다. 동굴 같은 숲을 나와 누르스름한 잔디밭이 넓게 자리한 공터에서 하늘을 마주하니 시원하다. 학생들이 모두 떠나 폐교가 되어버린 작은 학교 운동장에 동백꽃이 우수수 낙화하여 쓸쓸함을 위로

하고 있다. 포진지와 탄약고를 보고 돌아서 선착장으로 내려가면 짧은 지심도 걷기가 끝난다. 걷기는 두 발로 하는 명상이다. 동백나무 울창한 원시 숲과 전쟁의 흔적 사이를 걸으며 자신의 마음에 귀 기울여 본다.

여행지 기본 정보

가기 좋은 시기	2월 초순~3월 하순
주소	경남 거제시 일운면 옥림리
여행 팁	지심도는 선착장 → 동백하우스 → 마끝(해안 절벽) → 운동장 → 국방과학연구소 → 포진지 → 탄약고 → 활주로 → 방향지시석 → 해안선전망대 → 망루 → 그대발길 돌리는 곳까지 2시간 정도면 모두 둘러볼 수 있다. 지심도가 동백섬이라고 하여 제철이면 동백꽃이 만발할 것이라고 여기지만 동백꽃은 12월부터 4월 하순까지 피고 지고 하는 데다 동백나무가 워낙 높이 자라 꽃이 핀 모습을 확인하기가 어렵다. 어느 정도 시야 안으로 들어오게 자란 동백숲은 민박집 사이 길, 폐교 앞과 유자밭 일대에서 볼 수 있다. 황토민박 담장 앞에 피어 있는 특이하게 자란 동백나무는 잊지 말고 사진에 담도록 한다.

2월 동백

알고 가세요!

[지심도 배편 및 숙박 정보]

배편 장승포항과 지세포항 두 곳에서 지심도 가는 배편을 운항 중이다.

※ 승선료(왕복) 성인 1만 4,000원, 어린이 7,000원

※ 신분증 지참, 예약자에 한해 기상악화 시 결항 정보를 안내한다.

· **장승포↔지심도**

장승포 출발 08:30, 10:30, 12:30, 14:30, 16:30, 지심도 출발 08:50, 10:50, 12:50, 14:50, 16:50

소요 시간 15분~20분

· **지세포↔지심도**

지세포 출발 08;45, 10:45, 12:45, 14:45, 16:45, 지심도 출발 09:05, 11:05, 13:05, 15:05, 17:05

소요 시간 15분

· **지심도 민박** 동백하우스펜션 010-4126-0898, 섬마을바다풍경민박 010-8592-7672, 해돋이민박 010-9664-7180, 웰빙하우스민박 010-2662-1375, 전망좋은집민박 010-3569-8685, 해피하우스민박 010-3235-7503, 지심도여행민박 010-8719-4200, 황토민박 010-4722-0323

함께 가볼 만한 곳

신선대·바람의 언덕

신선대는 중생대 백악기의 지질층이다. 기기묘묘한 해안 절벽에 누운 듯이 자라는 키 작은 나무와 계단 형태의 바위가 해안 절벽을 이룬다. 해안 풍경을 즐기는 것도 좋지만 바위의 형태에 집중하다 보면 하나하나가 자연 예술품을 보는 것 같다. 바람의 언덕은 풍차가 있는 언덕으로 드라마 촬영 장소로 인기가 높아 사람들이 많이 찾는 관광지다. 신선대와 가까우니 함께 다녀오기 좋다.

주소 [신선대] 경남 거제시 남부면 갈곶리 산21-23, [바람의 언덕] 경남 거제시 남부면 갈곶리 산14-47 **가는 방법** 지세포항에서 22km, 자동차로 30분 소요.

학동 흑진주몽돌해수욕장

해변의 모양이 학이 날아오는 형태라 하여 학동이라 부른다. 길이 1.2km, 50m 폭의 해변에는 귀퉁이가 부드럽게 닳은 자그마한 몽돌들이 가득 있다. 몽돌이 파도에 쓸려 차르락차르락 구르는 소리가 잔잔한 음악소리처럼 들린다. 바닷물이 맑고 깨끗하여 여름 피서지로도 인기가 높다.

주소 경남 거제시 동부면 학동리 **가는 방법** 지세포항에서 15.5km, 자동차로 25분 소요.

다찌 맛집

거제는 특히 해산물이 풍부하다. 통영시장에 들어서면 싱싱함이 철철 넘친다. 바다의 보물창고와도 같은 통영의 맛을 제대로 보여주는 음식이 다찌다. 다찌는 선술집에서 내는 여러 가지 술안주를 말한다. 식사보다는 술안주 개념이다. 그날그날 다르게 제철 해산물을 요리하여 계속 내오는데 처음부터 배가 부르다 싶게 많이 먹으면 손해다. 입에 맞는 것을 집중 공략해서 조금씩 맛봐야 끝까지 맛을 즐길 수 있다.

[대추나무 다찌] 주소 경남 통영시 항남1길 15-7 **전화** 055-641-3877 **영업** 18:00~24:00, 비정기 휴무

꽃 이름 찾기 애플리케이션 추천

꽃 축제장이나 한 가지 꽃만 심어 놓은 꽃밭에서는 꽃의 이름을 쉽게 알 수 있지만 대부분의 여행지에서 만난 꽃은 이름표가 있지 않는 한 이름을 모르고 지나치곤 한다. 꽃의 이름을 불러주기 위해서는 꽃에 관한 책을 들고 산과 들에서 직접 꽃을 마주하고 세심히 살펴보아야 한다. 이 정도까지 공부를 하려면 많은 시간과 노력이 필요하다. 하지만 마주친 꽃의 이름만 불러주고 싶은 정도라면 스마트폰 애플리케이션만으로도 간단히 꽃 이름을 확인할 수 있다. 확인을 위해 스마트폰 카메라로 꽃을 찍을 때는 꽃의 형태에 집중하여 전체적인 모양과 특징을 담아야 정확도를 높일 수 있다. 결과가 100% 맞는다고 할 수 없기 때문에 2~3가지 애플리케이션에서 확인하면서 오차를 줄이도록 한다.

◆ 모야모

만들어진지 가장 오래된 식물 이름 찾기 애플리케이션이다. 꽃 사진을 찍어 **'이름이 모야?'** 에 질문을 올리면 전문가와 준전문가들이 5분 안에 답을 해준다. 모야모에서 활동하는 인력 풀이 방대하기 때문에 가능한 시스템이다. 답변을 통해 나온 **#꽃이름**을 클릭하면 꽃에 대한 학명, 사진, 꽃말 등 다양한 정보를 확인할 수 있다.

◆ 네이버

네이버 포털 사이트가 아니라 네이버 애플리케이션을 다운받아 사용하는 꽃 이름 검색 기능이다. 네이버 애플리케이션 하단의 **그린색 도넛 모양**을 터치한 후 바뀐 화면에서 **렌즈**를 클릭한 후 꽃을 촬영하면 즉시 네이버 포털 사이트의 꽃에 대한 사진과 정보 페이지로 연결된다. 방대한 양의 백과사전식 꽃 정보를 확인할 수 있다. 이전에 촬영했던 꽃 사진을 불러와 이름을 확인할 수도 있다.

◆ 구글

구글 애플리케이션을 실행하여 검색 바 우측의 **카메라 모양의 아이콘**을 터치한다. 궁금한 꽃을 촬영하여 검색하면 꽃 이름이 나온다. 이름 우측의 **구글 검색 아이콘**을 클릭하면 상세정보 페이지로 연결된다. 이전에 찍은 것을 확인하려면 '**카메라로 검색**' 하단의 스마트폰 갤러리에 저장된 사진을 불러와 확인하면 된다.

◆ 다음

다음 애플리케이션을 실행하면, 검색 바 우측에 **QR코드 모양의 아이콘**이 보인다. 터치하면 나오는 메뉴 중 '**꽃 검색**'을 터치한다. 꽃 테두리 모양 틀에 맞춰서 사진을 찍으면 꽃의 이름을 알려준다. 확률로 이름의 정확도를 표시하고 있으며 연관 검색어를 통해 좀 더 꽃 이름에 접근할 수 있도록 도와준다. 찍어놓은 사진을 불러와 꽃 이름을 찾아볼 수도 있다.

꽃 개화 시기 확인

지구 온난화의 영향으로 기후 변화가 심각하다. 그 예로 한반도의 기온은 매년 0.2도씩 상승하고 있다. 봄꽃이 피는 시기가 앞당겨지고 있으며 비와 바람, 태풍 등 여러 가지 기후 요인으로 인해 해마다 꽃 피는 시기가 달라진다. 꽃 여행은 꽃의 개화 상태가 여행의 성패를 결정짓기 때문에 꽃 여행을 떠나기 전 개화 정보를 확인하는 것이 좋다.

◆ 웨더아이

기상청에 등록된 기상 기업으로, 홈페이지에서 꽃 개화 시기에 대한 정보를 일목요연하게 안내한다. 'What's new'에 봄꽃(개나리, 진달래) 개화 시기, 벚꽃 개화 시기, 단풍 예상 시기를 전년도와 비교하여 알려주고 시작 날짜와 절정 날짜를 한반도 지도 위에 선으로 연결하여 개화 시기를 보여주기 때문에 한눈에 이해하기 쉽다.

홈페이지 https://www.weatheri.co.kr

◆ **기상청 날씨누리**

기상청 홈페이지에서 테마 날씨의 계절 관측에 들어가면 봄꽃 개화 현황과 전국 유명산 단풍 현황 정보를 알 수 있다. 봄꽃은 3월 초순~5월 하순에, 전국 유명산 단풍 현황은 9월 하순~11월 중순에만 자료가 제공된다. 꽃 개화 상태도 중요하지만 여행 시기의 기상 정보 확인도 필요하다. 중기 예보를 클릭해 10일간 날씨를 확인하고 특히 산으로 갈 때는 테마 예보의 산악 기상 예보를 통해 산악 날씨 변화를 살펴보도록 한다. 겨울 산행 시 바람과 습도, 온도를 체크해 눈꽃을 볼 수 있을지 여부를 예측할 수 있어 요긴하다.

홈페이지 https://www.weather.go.kr

3월

매실나무

꽃 피는 시기 | 남부지방은 2월부터 피기 시작, 중부지방은 3월 중순이 절정

학명 | *Prunus mume* Siebold & Zucc

생태 특징 | 낙엽 소교목이며 4~10m 정도 자란다. 꽃을 부를 땐 매화, 열매를 말할 때는 매실이다. 매화를 부르는 이름이 많다. 꽃이 일찍 핀다 하여 '조매(早梅)', 추운 날씨에 피어서 '동매(冬梅)', 눈 속에 피어서 '설중매(雪中梅)'다. 꽃색에 따라서 '백매(白梅)', '홍매(紅梅)'라 부른다.

꽃말 | 고결한 마음, 맑은 마음, 기품, 품격, 결백, 미덕, 인내 등

추천 여행지 | 광양 매화마을(P.36), 양산 순매원(P.46), 양산 통도사(P.50)

알고 가세요

키 작은 나무, 돌매화나무(암매)

나무의 키는 2~3cm 내외. 나무 중에 가장 키가 작다. 돌 위 한 줌 흙에, 바위틈에 뿌리를 내린다. 극동 러시아와 일본 홋카이도 등의 고산지대에서 분포하는 북방계 식물인데 한반도에서는 유일하게 제주도 한라산 정상부에서 자란다.

3월

산수유

꽃 피는 시기 | 남부지방은 3월 20일경이 절정, 중부지방은 3월 말이 절정

학명 | *Cornus officinalis* Siebold & Zucc.

생태 특징 | 낙엽 소교목이며 4~8m 정도 자란다. 중국의 산둥반도 이남이 원산지다. 9~10월에 달리는 열매를 약재로 이용하는데 씨는 독이 있어 반드시 빼야 한다. 중국의 옛 황실에서는 액운을 물리치기 위해 음력 9월 9일에 산수유 열매를 넣은 주머니를 차고 높은 산에 올라 국화주를 마셨다고 한다. 우리나라에서는 변치 않는 사랑을 맹세하기 위해 산수유 꽃과 열매를 연인에게 선물하는 풍습이 있다.

꽃말 | 영원불멸의 사랑

추천 여행지 | 구례 산수유마을(P.56), 이천 백사마을(P.70), 양평 산수유마을(P.74)

알고 가세요

자라는 곳이 다른 산수유와 생강나무

산수유가 서울이나 공원 등에 많이 심는 조경수라고 한다면, 생강나무는 전국 어느 산에서도 쉽게 만날 수 있는 나무다. 이른 봄철 산에 산수유 비슷한 노란 꽃이 피었다면 대부분 생강나무다. 산수유는 각각의 꽃대에서 꽃이 피어 성글고 생강나무는 하나로 뭉쳐서 피며 잎이 크다.

3월

왕벚나무

꽃 피는 시기 | 제주도는 3월 20일부터 피기 시작, 중부지방은 4월 초순이 절정

학명 | *Prunus* × *yedoense* Matsum.

생태 특징 | 낙엽 교목이며 5~15m 정도 자란다. 벚나무, 왕벚나무, 올벚나무, 산벚나무, 섬벚나무 등 벚나무의 종류는 의외로 많다. 왕벚나무는 잎보다 먼저 꽃이 피는 데다 꽃이 크고 많이 피는 등 관상 가치가 높아 가로수로 많이 심는다. 오랫동안 왕벚나무의 원산지에 대한 논란이 있었다. 2018년에 제주산 왕벚나무와 일본의 왕벚나무는 각각 다른 DNA를 가진 자연에서 생겨난 교잡종임이 밝혀졌다.

꽃말 | 가장 아름다운 순간, 순결, 절세미인

추천 여행지 | 창원 진해(P.80), 강릉 경포호(P.90), 하동 십리벚꽃길(P.100), 서울 여의도 윤중로(P.106)·남산둘레길(P.108)·양재천(P.110)·서울숲(P.112)·워커힐벚꽃길(P.114)

알고 가세요

매화와 벚꽃의 차이

벚꽃은 매화보다 짧게는 보름, 길게는 한 달 정도 늦게 핀다. 꽃 피는 시기는 다르지만 꽃 모양은 비슷하다. 둘은 꽃자루의 길이로 쉽게 구분할 수 있는데 왕벚나무 꽃은 꽃자루가 길게 늘어져 그 아래에 꽃이 달리는 모양이고 매화는 가지에 붙은 것처럼 꽃자루가 짤막한 모양이다.

3월

개나리

꽃 피는 시기 | 남부지방은 3월 중순부터 피기 시작, 중부지방은 3월 말이 절정
학명 | *Forsythia viridissima* LindL. var. *koreana* Rehder
생태 특징 | 낙엽 관목이며 2~3m 정도 자란다. 식물명에 개라는 글자가 붙으면 원래보다 못하다는 의미를 가진다. '나리'보다 못하다고 해서 붙여진 이름인지 '개나리나모'에서 나온 이름인지는 명확하지 않다. 가는 줄기가 여러 대 올라오고 빽빽하게 자라 울타리용으로 많이 심는다.
꽃말 | 희망, 기대, 달성, 깊은 정
추천 여행지 | 서울 응봉산(P.118)

알고 가세요

개나리와 영춘화는 달라요

멀리서 보면 가지가 많이 갈라지고 노란 꽃이 다닥다닥 핀 모습이 비슷해서 영춘화를 개나리라고 착각하기 쉽다. 영춘화는 중국이 원산지다. 개나리는 가지가 갈색이고, 꽃잎이 네 개로 완전히 펴지지 않은 모양을 하고 있다. 영춘화는 가지가 녹색이며 꽃잎은 여섯 개로 갈라지고 동그란 형태로 활짝 펴진다.

4월

유채

꽃 피는 시기 | 제주도는 2월부터 피기 시작, 중부지방은 4월이 절정이며 5~6월까지 개화

학명 | *Brassica napus* L.

생태 특징 | 지중해가 원산지인 십자화과 배추속의 한두해살이풀이다. 유채(油菜)의 이름에서 알 수 있듯이 기름을 얻으려는 용도로 심었다. 꽃이 진 뒤 길게 맺힌 열매 안에 지름 2mm가량의 갈색 씨앗을 짜서 기름으로 이용한다. 유채는 1월 평균 기온이 -5도 이하인 곳에서 잘 자란다. 전 세계적으로 유채가 가장 넓게 심어진 곳은 중국의 장쑤성, 장시성, 장링이다.

꽃말 | 쾌활, 명랑

추천 여행지 | 제주 가시리 녹산로(P.126), 완도 청산도(P.136)

알고 가세요

유채와 비슷하지만 꽃색이 다른 갯무

갯가 즉 바닷가에서 자라는 십자화과 식물이다. 4~5월에 연자주색 또는 흰색의 꽃이 핀다. 갯무를 재배무의 원종이라고 보기도 한다. 유채밭 사이나 보리밭 가운데에 갯무가 피어 있곤 한데 더 이상 재배를 하지 않게 되어 방치된 것이 야생에서 자생하게 되었다. 갯무의 꽃말은 '바람 같은 삶'이다.

4월

수선화

꽃 피는 시기 | 제주에서는 12월 말부터 개화, 중부지방은 3~4월이 절정

학명 | *Narcissus tazetta* var. *chinensis* Roem.

생태 특징 | 지중해 연안과 동북아시아가 원산지인 수선화는 영국, 네덜란드, 미국에서 품종 개량을 활발히 하여 다양한 형태의 꽃이 핀다. 수선화는 그리스 신화에 등장한다. 학명에 들어간 나르키소스는 목이 말라 물을 마시기 위해 연못을 찾았다가 자신의 모습에 반해 물속에 몸을 던졌다. 그 자리에 핀 것이 수선화다. 자기 자신을 너무나 사랑하는 나르시즘이 여기에서 나왔다.

꽃말 | 자기 사랑, 자존심, 고결, 신비

추천 여행지 | 서산 유기방가옥(P.148)

알고 가세요

제주에서 자라는 제주수선화

제주 사람들은 제주에서 자라는 수선화를 '몰마농꽃'이라고 부른다. '몰'은 크다 또는 말을 뜻하고 '마농'은 마늘을 의미한다. 뿌리가 마늘을 닮았다. 예전에 제주에서는 수선화를 말과 소에게 먹이로 주었다. 제주 사람들은 잡초 같은 수선화를 질색하여 캐내었다. 지금도 2월이면 추사 김정희가 유배 생활을 했던 대정지역에서 흔하게 수선화가 꽃을 피운 것을 볼 수 있다.

4월

진달래

꽃 피는 시기 | 남부지방은 3월 하순부터 피기 시작, 중부지방은 4월 중순이 절정
학명 | *Rhododendron mucronulatum* Turcz.
생태 특징 | 낙엽 관목으로 2~3m 정도 자란다. 잎보다 먼저 꽃이 피는 진달래는 꽃색이 분홍색과 붉은색이다. 높은 산에 올라가면 색이 진해지는 경향이 있다. 우리나라 어느 산에 가도 흔하게 볼 수 있는 나무로 어떤 환경에서도 잘 자란다. 서양에서는 진달래를 'Korean Rosebay' 또는 'azalea'라고 부른다.
꽃말 | 사랑의 기쁨
추천 여행지 | 강화 고려산(P.158), 강진 주작산·덕룡산(P.166)

알고 가세요

진달래와 꼬리진달래

진달래의 꽃 이름에서 진은 진짜, 참이라는 의미를 뜻한다. 그래서 진달래를 참꽃나무라 부르기도 한다. 실제로 참꽃나무는 따로 있다. 꼬리진달래는 '참꽃나무겨우살이'라 하는데 석회암 지대나 바위가 있는 산기슭에 자라고 6~7월에 흰색의 꽃이 핀다.

4월

겹벚꽃 (만첩개벚)

꽃 피는 시기 | 남부지방 4월 중순부터 피기 시작, 중부지방은 5월 초순이 절정
학명 | *Prunus verecunda* var. *semiplena* (Nakai) W.T.Lee
생태 특징 | 낙엽 교목으로 7~10m 정도 자란다. 겹벚꽃은 벚나무 종류로 꽃잎이 여러 겹으로 핀다. 정명은 '만첩개벚'이지만 흔히들 겹벚꽃, 겹벚꽃나무라 부른다. 잎과 꽃이 동시에 피며 꽃이 크고 다수의 꽃잎을 갖고 있다. 꽃색은 붉은색, 연분홍색, 흰색, 청색 등이 있다. 산벚나무를 품종 개량해 만든 나무라고 알려져 있으며 암술이 퇴화해 열매를 맺지 못하기 때문에 접목으로만 증식이 가능하다.
꽃말 | 정숙, 단아함
추천 여행지 | 서산 개심사(P.176)

알고 가세요

겹벚꽃처럼 화사한 복사꽃

복사꽃은 복숭아나무 꽃을 말한다. 복숭아는 2,000년 전 <삼국사기>에 기록이 나올 정도로 우리나라에서 오래전부터 심던 과일나무다. 화사한 색의 꽃이 잎보다 먼저 피며 꽃이 피는 시기는 4월 중순에서 5월 초로 겹벚꽃과 비슷하다. 복사꽃의 꽃말은 '나는 영원히 당신의 것'이다. 금산군 홍도마을이 복사꽃의 일종인 홍도화로 유명하다.

4월

한계령풀

꽃 피는 시기 | 중북부지방에서 4월 10일경부터 4월 하순까지
학명 | *Leontice microrhyncha* S.Moore
생태 특징 | 매자나뭇과의 여러해살이풀로 30cm 내외로 자란다. 한국 특산식물로 태백산, 대학산, 함백산, 점봉산 등지의 강원도 높은 산에서 자생한다. 멸종위기종으로 구분하였다가 자생지가 많이 발견됨에 따라 희귀종으로 단계가 내려갔다. 한계령풀 뿌리는 둥근 감자처럼 생겨서 '메감자'라고도 부른다. 멧돼지가 뿌리를 좋아해서 파먹는다.
꽃말 | 보석
추천 여행지 | 태백 태백산(P.188)

알고 가세요

노란 포도송이 꽃나무, 섬매발톱나무

나무인 매자나무, 매발톱나무, 섬매발톱나무, 산매자나무, 남천과 풀인 한계령풀, 삼지구엽초, 깽깽이풀 등이 한국에서 자라는 매자나무 식구다. 한계령풀과 꽃 모양이 비슷한 것은 매자나무, 매발톱나무, 섬매발톱나무로 한라산 영실 윗세오름 숲길에서 만나는 나무가 섬매발톱나무다. 제주에서만 자생하고 잎자루에 달린 가시가 매의 발톱처럼 날카롭다.

4월

튤립

꽃 피는 시기 | 남부지방은 3월 하순부터, 중부지방은 4월 초순부터 피기 시작

학명 | *Tulipa gesneriana* L.

생태 특징 | 백합과 구근식물로 4월 무렵 20~50cm 내외로 자라며 갖가지 색깔의 꽃이 핀다. 가을에 구근을 심으면 봄에 대개 꽃대 하나에 한 개의 꽃이 달리지만 여러 개의 꽃이 달리는 품종과 겹꽃이 피는 품종 등 무수히 많은 품종이 개량되었다. 꽃은 거꾸로 된 넓은 종 모양이 기본 형태다. 우리나라 원예시장에서 유통되는 튤립 구근은 대부분 네덜란드에서 수입하고 있다.

꽃말 | 꽃색깔에 따라 꽃말이 다르다. 영원한 사랑(보라), 사랑의 고백(빨강), 헛된 사랑(노랑), 실연(흰색)

추천 여행지 | 태안 세계튤립꽃박람회(P.200)

알고 가세요

튤립처럼 찬바람 불 때 심어요

구근식물은 영양분을 저장하는 알뿌리가 달려 있는데 땅에 심어두면 매년 꽃을 볼 수 있는 것이 아니다. 알뿌리를 캐서 가을에 심어 봄에 꽃이 피는 추식구근(튤립, 수선화, 크로커스, 알리움, 히아신스, 백합, 프리지어 등)과 봄에 심어 여름에 꽃을 보는 춘식구근(달리아, 칸나, 아마릴리스 등)이 있다.

알리움

5월

산철쭉

꽃 피는 시기 | 남부지방은 4월 하순부터 피기 시작, 중부지방은 5월 하순이 절정

학명 | *Rhododendron yedoense* Maxim. ex Regel f. *poukhanense* (H.Lev.) M.Sugim.

생태 특징 | 낙엽 또는 반상록 관목으로 1~2m 정도 자란다. 남부지방에서는 산 정상부에 자라고 중부지방에는 산 밑이나 물가 주변에서 자란다. 진달래에 비해 안드로메도톡신(Andromedotoxin)이라는 독성물질이 5배 이상 함유되어 있어 먹으면 큰일 난다. 배고프던 시절 산철쭉을 진달래인 줄 알고 잘못 먹었다가 배앓이를 된통 하였다는 이야기를 심심치 않게 들을 수 있다.

꽃말 | 사랑의 즐거움

추천 여행지 | 장흥 제암산~보성 일림산(P.210), 제주 한라산 윗세오름(P.220)

알고 가세요

제주도 상징 나무, 참꽃나무

제주도 숲이나 계곡 주변에서 철쭉 또는 진달래와 비슷해 보이지만 다른 나무를 볼 수 있다. 제주도 상징 나무인 참꽃나무다. 철쭉이나 진달래 꽃색이 분홍색에 가깝다면 참꽃나무는 주홍색에 가깝고 꽃이 크며 키는 철쭉처럼 높이 자란다.

5월

장미

꽃 피는 시기 | 남부지방은 5월 중순부터 피기 시작, 중부지방은 6월 초순이 절정

학명 | *Rosa hybrida* Hort.

생태 특징 | 장미과, 장미속의 나무를 통칭하여 장미라고 한다. 키 2~3m로 자란다. 장미는 전 세계적으로 가장 많은 사랑을 받는 꽃이다. BC 3000년경부터는 인류에 의해 재배가 시작되었다. 현재 장미품종은 야생 원종만 300여 가지에 이르고 원예종은 셀 수 없을 정도로 많으며 해마다 200종 이상의 새로운 품종이 개발되고 있다.

꽃말 | 꽃색에 따라 낭만적 사랑(빨강), 순수(흰색), 우정, 질투(노랑), 당신은 영원히 나의 것(검정), 꽃의 수에 따라 붉은 장미 한 송이는 '당신을 사랑합니다', 장미 백 송이는 '완전한 사랑'을 의미한다.

추천 여행지 | 곡성 섬진강 장미공원(P.230)

알고 가세요

우리나라 들장미, 찔레나무

가시가 있어서 찔레나무다. 가시나무라고도 한다. 장미와 달리 우리나라 들판이나 산에서 야생으로 자라는 나무로, 대부분 흰색 간혹 연분홍색 꽃이 소박하게 핀다. 새순은 먹을 수 있으며 가을에 빨갛게 익는 열매는 영실(營實), 석산호라 하며 약재로 썼다.

6월

라벤더

꽃 피는 시기 | 남부지방은 5월 중순부터 피기 시작, 중부지방은 6월 초순이 절정
학명 | *Lavandula angustifolia*
생태 특징 | 꿀풀과의 여러해살이풀로 높이는 60cm 정도로 자란다. 지중해가 원산지인 허브 식물이며 습하지 않은 모래땅이나 돌이 섞인 곳에서 잘 자란다. 6월에 연보라색 꽃을 피우는데 식물은 꽃과 잎, 모두 향기가 매우 진하다. 꽃에서 라벤더 향유를 채취하여 향수와 화장품에 이용하고 있으며 라벤더 향은 마음을 진정시켜 편안하게 해주는 효과가 있다.
꽃말 | 정절, 불신
추천 여행지 | 고성 하늬라벤더팜(P.242)

알고 가세요

라벤더와 함께 널리 쓰이는 로즈메리
로즈메리의 꽃말은 '기억'이다. 허브는 몸과 마음에 유용한 식물을 의미하는데 특히 로즈메리는 두통에 뛰어난 치료 효과가 있고 향은 집중력과 기억력 증진에 좋다. 라벤더가 진한 도심 속 향 같은 느낌이라면 로즈메리는 맑고 싱그러운 야생의 향기다.

7월

산수국

꽃 피는 시기 | 제주도는 6월 하순부터 피기 시작, 남부지방은 7월 중순이 절정

학명 | *Hydrangea macrophylla* (Thunb.) Ser. subsp. *serrata*

생태 특징 | 중부 이남에서 키 50cm~2m 내외로 자라는 키 작은 나무다. 산수국(山水菊)은 산골짜기나 돌무더기의 습한 땅에서 자란다. 꽃 이름에 나와 있듯이 산에서 자라며 물을 좋아한다. 토질의 산성, 알칼리성에 따라 꽃색이 다르게 피며 꽃이 피기 시작했을 때와 시간이 지남에 따라서도 색에 변화가 있다.

꽃말 | 변하기 쉬운 마음, 변덕

추천 여행지 | 제주 사려니숲(P.252)

알고 가세요

풍성한 꽃송이가 탐스러운 수국

수국은 정원이나 공원에 심는 원예종으로 둥글고 풍성한 꽃송이를 가진다. 전체가 헛꽃이어서 열매가 달리지 않으며 향기가 없다. 처음에는 흰색으로 피었다가 청색, 붉은색 등으로 색의 변이가 심하다. 꽃 모양이 비슷한 것으로 불두화가 있다.

7월

해바라기

꽃 피는 시기 | 남부지방은 7월 중순부터 피기 시작, 중부지방은 8월 초순이 절정
학명 | *Helianthus annuus* L.
생태 특징 | 국화과의 한해살이 또는 여러해살이식물로 키 2~3m까지 자란다. 북아메리카가 원산지로 양지바른 곳에서 잘 자라는 식물이다. 어린 해바라기는 해의 방향에 따라 천천히 움직여 항상 해를 바라본다. Helianthus는 라틴어로 태양을 닮은 꽃을 말하며 영어로 Sunflower다. 해바라기의 중간 부분 어두운 곳에 1,000개~2,000개의 꽃이 피어 있다.
꽃말 | 숭배, 충성, 행복, 행운, 활력
추천 여행지 | 태백 구와우마을(P.262)

알고 가세요

해바라기처럼 해에 민감한 꽃들

해가 뜨면 나팔꽃, 메꽃이 꽃잎을 열고 오후가 되면 분꽃이 꽃잎을 연다. 달이 뜨면 달맞이꽃이 핀다. 많은 꽃들이 빛과 온도 변화에 따라 밤에 꽃잎을 닫지만 24시간 열려 있는 꽃도 있다. 꽃잎의 생장 속도에 따라 수분과 스스로를 보호하기 위해 꽃잎을 열고 닫으며 짧은 개화기를 보낸다.

메꽃

8월

연꽃

꽃 피는 시기 | 남부지방은 7월 하순부터 피기 시작 중부지방은 8월 초순이 절정
학명 | *Nelumbo nucifera* Gaertn.
생태 특징 | 물에서 자라는 연꽃과 여러해살이식물로 물 위로 30cm~2m까지 자란다. 연꽃은 아시아 남부가 원산지다. 연못에서 자라고 논밭에서 재배한다. 연근을 수확하기 위해 심는 연꽃은 흰색이 대부분이고 절에서는 연한 홍색을 많이 심는다. 진흙바닥에 파묻힌 지 1,000년이 지나도 발아할 정도로 씨앗이 단단하다.
꽃말 | 부활, 영생, 풍요, 창조, 신성
추천 여행지 | 양평 세미원(P.272), 무안 회산백련지(P.280), 시흥 관곡지(P.284)

알고 가세요

연꽃과 수련의 차이

수련은 이집트가 원산지다. 연꽃은 꽃의 크기가 수련에 비해 훨씬 크다. 연꽃이 물 위로 꽃대를 길게 올려 그 위에 꽃을 피우고 잎도 올라와 있는 데 반해 수련은 잎이 수면에 가깝게 붙어 있고 꽃대가 높이 자라지 않는다. 수련의 꽃말은 '청순한 마음'이다.

8월

배롱나무

꽃 피는 시기 | 남부지방은 7월 중순부터 피기 시작, 8월 초순이 절정
학명 | *Lagerstroemia indica* L.
생태 특징 | 키 3~5m 내외로 구불구불 휘며 자라고 간혹 더 높게 자라기도 한다. 중국이 원산지로 나무의 수피가 얇게 벗겨지며 매끈해지다가 오래되면 조각으로 떨어진다. 정원이나 가로수로 많이 심으며 추위에 약해 남쪽에서는 잘 자라지만 중부지방에서는 자라긴 해도 꽃이 약하게 핀다.
꽃말 | 부귀, 떠나간 벗을 그리워함
추천 여행지 | 담양 명옥헌원림(P.290)

알고 가세요

나무인 배롱나무와 꽃인 백일홍

배롱나무는 부처꽃과 나무이고 백일홍은 국화과 꽃이다. 나무와 구분하기 위해 '백일초'라고 부르기도 한다. 이 꽃 또한 100일 가까이 오래도록 핀다. 멕시코 원산으로 품종을 개량하여 지금처럼 여러 가지 꽃색과 오랜 개화 기간을 가지게 되어 공공 화단에 많이 심는다.

9월

메밀

꽃 피는 시기 | 중부는 9월 초순부터 피기 시작, 남부는 9월 하순이 절정
학명 | *Fagopyrum esculentum*
생태 특징 | 전국에서 재배하는 작물로 60~90cm까지 자라고 백색의 꽃이 핀다. 동아시아의 북부 및 중앙아시아가 원산지로 과거 춘궁기에 구황작물로 먹었던 밭작물이다. 강원도 봉평, 제주도, 경상북도 봉화가 주요 생산지다. 국수, 냉면, 묵, 만두, 전병 등 다양한 음식의 재료로 쓰인다.
꽃말 | 연인, 인연, 사랑의 약속
추천 여행지 | 봉평 메밀밭(P.304), 고창 학원농장(P.314), 제주 오라동 메밀밭(P.318)

알고 가세요

메밀 닮은 꽃이 덩굴지는 덩굴모밀

메밀은 마디풀과 식물이다. 덩굴모밀은 언뜻 보기에 메밀처럼 보이는데 덩굴성이다. 모밀은 메밀의 방언이다. '별마디풀'이라고도 불린다. 제주도 서귀포시 바닷가 근처에서만 볼 수 있으며 익으면 까만 열매를 맺는다.

9월

꽃무릇(석산)

꽃 피는 시기 | 남부에서 9월 10일경부터 피기 시작, 9월 20일경이 절정
학명 | *Lycoris radiata*
생태 특징 | 수선화과 여러해살이 알뿌리 식물로 키 50cm까지 자란다. 하나의 꽃줄기에 여러 송이의 큰 꽃이 우산 모양으로 달리고, 꽃이 지고 난 뒤에 녹색의 잎이 길게 자라 겨울을 난다. 화려한 꽃색과 달리 비늘줄기에 독이 있으며 이를 잘 처리하여 약재로 쓴다.
꽃말 | 이룰 수 없는 사랑, 잃어버린 기억, 슬픈 추억, 참사랑, 죽음, 환생
추천 여행지 | 영광 불갑사(P.324), 고창 선운사(P.334)

알고 가세요

같으면서 다른 꽃, 상사화

상사화는 8월에서 9월 무렵에 꽃이 피고 꽃무릇은 이보다 보름에서 한 달 이상 늦게 핀다. 둘의 생태는 꽃과 잎이 만나지 못한다는 점에서는 비슷하지만 꽃무릇은 꽃이 먼저 피어 지고 난 후에 잎이 올라오는 반면 상사화는 푸른 잎이 무성하게 올라와 말라 버린 후에야 꽃이 핀다. 꽃무릇은 붉은색, 상사화는 연분홍, 연노랑색 꽃이 핀다.

10월

구절초

꽃 피는 시기 | 남부에서 10월 초순부터 피기 시작, 중부는 9월 하순이 절정

학명 | *Dendranthema zawadskii* (Herb.) Tzvelev

생태 특징 | 국화과 여러해살이식물로 산지의 풀밭에서 30~60cm까지 자란다. 보통 산지의 양지에서 자라지만 품종 개발이 활발하게 이루어져 가을철 화단에서도 볼 수 있다. 연분홍색 또는 흰색으로 피는 것이 자생종이며 원예종은 노랑, 붉은색 등 꽃색이 다양하고 진하다.

꽃말 | 가을 여인, 순수, 어머니의 사랑, 우아한 자태, 밝음

추천 여행지 | 정읍 옥정호 구절초테마공원(P.346)

알고 가세요

늦가을까지 노랗게 피는 감국

노란색의 작은 꽃을 피우는 국화과 식물로 산국, 감국이 있다. 말린 꽃잎을 꽃차와 베개 속으로 활용하는데 감국은 감미로운 맛이 나고 산국은 쓴맛이 난다. 둘을 함께 놓고 차이점을 찾아내지 않는 한 구별하기가 쉽지 않다. 바닷가에서 자라면 대부분 감국이다.

10월

은행나무

단풍 드는 시기 : 강원은 10월 초순에 물이 들기 시작, 남부는 10월 하순 절정
학명 | *Ginkgo biloba* L.
생태 특징 | 동아시아가 원산지인 낙엽 지는 키 큰 나무로 보통 15~40m, 크게는 60m까지 자란다. 은행나무종, 은행나무속, 은행나뭇과, 은행나무목, 은행나무강, 은행나무문의 독자적인 계통으로 구분되는 암수가 따로 있는 식물이다. 가로수, 공원수로 전국에 널리 심어져 있다.
꽃말 | 진혼, 정적, 장엄, 장수, 정숙
추천 여행지 | 홍천 은행나무숲(P.356), 아산 곡교천(P.362)

알고 가세요

우리나라에서 가장 나이가 많은 은행나무

경기도 양평군 용문사 은행나무(천연기념물 30호)는 42m의 키에 수령은 1,100~1,500년으로 보고 있다. 전해지는 이야기에 따라 추정 수령이 달라지는데 신라 마지막 왕인 경순왕의 아들 마의태자가 금강산으로 떠나면서 심었다는 이야기(1,300살 추정)와 의상대사가 지팡이를 꽂아놓은 것이 자랐다는 이야기(1,100살 추정)가 있다. 세종 때 당상관에 봉해졌다.

10월

억새

꽃 피는 시기 : 중부지방은 10월부터 피기 시작, 남부지방은 10월 하순이 절정

학명 | *Miscanthus sinensis* Andersson

생태 특징 | 볏과 여러해살이식물로 1m 조금 넘게 자란다. 생육환경이 좋으면 2m까지 자라는 것도 있다. 꽃은 처음에는 자주색이었다가 시간이 지날수록 흰색으로 변한다. 나무가 없는 양지에서 잘 자라며 줄기 속이 비어 있어 바람에 잘 흔들린다.

꽃말 | 친절, 세력, 활력

추천 여행지 | 정선 민둥산(P.368), 서울 상암 하늘공원(P.378), 제주 따라비오름(P.386), 제주 다랑쉬·아끈다랑쉬오름(P.388), 제주 산굼부리(P.390), 제주 새별오름(P.392), 제주 금오름(금악오름)(P.394)

알고 가세요

억새 뿌리에 기생하는 야고

9월 하늘공원 억새밭에 가면 뿌리 근처에 붉은 보라색 꽃이 핀 것을 볼 수 있다. 잎이 없이 매끈하게 올라온 꽃줄기 끝에 붉은 보라색 꽃이 달린다. 한두 송이 또는 수십 개가 모여서 자라는 모습을 볼 수 있는데 억새 뿌리에서 양분을 흡수해서 살아가는 한해살이 식물이다.

10월

핑크뮬리

꽃 피는 시기 | 중부지방은 9월 하순부터 피기 시작, 제주도는 10월 중순이 절정

학명 | *Muhlenbergia capillaris*

생태 특징 | 미국 중서부가 원산지인 볏과 여러해살이풀로 30~90cm 정도 자란다. 쥐꼬리새라고도 불린다. 모래땅이나 돌이 많은 땅에서도 잘 자라고 습한 기후와 가뭄, 더위에 강하다. 9~11월경 분홍색이나 자주색의 꽃이 피는데 그 모습이 환상적이어서 전 세계적으로 조경용으로 많이 심는다.

꽃말 | 고백

추천 여행지 | 경주 첨성대(P.398)

알고 가세요

그래스류 식물, 수크령

그래스류는 볏과와 사초과 등 정원에 이용되는 식물류를 말한다. 수크령, 모닝라이트, 핑크뮬리, 억새와 같은 그래스류로 꾸민 정원은 바람에 흔들리는 식물을 눈과 귀로 즐기는 데 중점을 둔다. 인천 굴업도의 개머리언덕은 수크령밭으로 알려져 있다.

10월

해국

꽃 피는 시기 | 중부지방은 9월 하순부터 피기 시작, 제주도는 10월 하순이 절정
학명 | *Aster sphathulifolius* Maxim.
생태 특징 | 한국과 일본에서만 자라는 국화과 여러해살이풀로 보통 30~40cm 정도 자란다. 햇볕이 잘 드는 바닷가 경사지나 바위틈에 분포하며 주걱 모양의 끈적거리는 잎을 가지고 있다. 잎이 두꺼워서 바람과 추위에 잘 견딘다. 꽃은 연보라색을 띠다가 질 무렵에는 하얀색으로 색이 바랜다. 애초에 흰색으로 피는 해국도 있다.
꽃말 | 기다림, 역경을 만나도 굴하지 않는다, 강인, 칠전팔기
추천 여행지 | 동해 추암해변(P.408)

알고 가세요

해국보다 먼저 피는, 보라색 갯쑥부쟁이

해국처럼 바닷가 건조한 곳에 자란다. 잎이 해국보다 얇고 끈적임이 없다. 바닥을 기면서 넓게 퍼지는 경향이 있고 제주도 해안에서는 갯쑥부쟁이가 핀 후에 해국이 핀다. 둘이 동시에 피는 시기가 있기도 하지만 해국은 갯쑥부쟁이가 지고 난 후에도 늦가을까지 오래도록 피어 있다.

10월

단풍

단풍 시기 | 강원도는 9월 하순부터 들기 시작, 제주도는 10월 하순이 절정

우리나라 단풍 명소 | 서울의 단풍 명소는 북한산과 창덕궁 후원이다. 덕수궁 돌담길도 연인이 걷기 좋은 코스다. 설악산은 어디를 가도 좋지만 천불동계곡과 주전골이 인기 있다. 강원도 평창 오대산 선재길은 계곡과 함께 단풍 든 숲길을 걷는 맛이 좋다. 인제 원대리 속삭이는자작나무숲도 고운 가을색을 자랑하는 단풍 명소다. 경북 문경새재와 청송 주왕산도 단풍 명소다. 전북 정읍의 내장사 가는 길, 고창 선운사길이 단풍 명소로 잘 알려져 있다. 순창 강천산 단풍 또한 힘들이지 않고 즐길 수 있는 코스다. 전남에서는 구례 지리산 피아골과 영암 월출산이 단풍으로 유명하다. 제주도는 한라산 둘레길인 천아오름 숲길의 단풍이 곱다.

추천 여행지 | 속초 설악산 천불동계곡(P.420), 인제 방태산 이단폭포(P.430), 정읍 내장산(P.434), 고창 문수사(P.442)

알고 가세요

단풍이 고운 단풍나무, 당단풍나무

가을에 단풍이 든다고 하지만 실제로 단풍나무는 따로 있다. 우리나라에서 많이 볼 수 있는 단풍나무 종류로는 단풍나무, 당단풍나무, 고로쇠나무를 들 수 있다. 잎이 갈라진 모양으로 구별이 가능한데 보통 고로쇠와 단풍나무는 5~7갈래, 당단풍은 7~11갈래로 갈라진다.

11월

갈대

꽃 피는 시기 | 중부지방은 9월 하순부터 피기 시작, 남부지방은 11월 초순이 절정
학명 | *Phragmites communis* Trin.
생태 특징 | 볏과의 여러해살이풀로 1~3m 정도 자란다. 바닷가, 강, 호수 등 물기가 많은 땅 특히 물이 고여 있는 곳에 무리지어 자란다. 처음에는 꽃이 자주색이었다가 갈색에서 흰색에 가깝게 변한다. 벼 이삭처럼 달리는 꽃은 전체적으로 규칙이 없어 지저분해 보인다. 꽃핀 것을 모아서 빗자루로 사용하기도 한다. 땅속뿌리는 길게 뻗어나가며 마디에서 다시 뿌리가 내린다. 줄기가 비어 있어 바람에 잘 흔들린다.
꽃말 | 친절, 깊은 애정, 순정, 지혜
추천 여행지 | 순천 순천만 습지(P.448)

알고 가세요

냇가 모래땅에 자라는 달뿌리풀

갈대와 비슷한 식물로 달뿌리풀이 있다. 흔히 뿌리가 노출되어 있어서 줄줄이 연결되어 자라는 것을 볼 수 있다. 갈대가 물의 흐름이 약한 곳, 강 하구의 모래땅, 갯벌에 자란다면 달뿌리풀은 물이 흐르는 곳, 냇가에서 자란다.

11월
대나무

꽃 피는 시기 | 종류에 따라 30년, 60년, 120년 등
학명 | *Phyllostachys pubescens* Mazel
생태 특징 | 볏과에 속하는 여러해살이풀로 우리나라에는 19종이 분포한다. 흔히 말하는 대나무숲은 높이 10m까지 자라는 죽순대(맹종죽)를 말한다. 대나무는 30년, 60년~120년에 한 번 꽃을 피운다. 따라서 꽃을 보기가 쉽지 않으며 대나무꽃이 피면 길조라고 여긴다. 땅속줄기로 번식하는 대나무가 어렵게 꽃을 피워 번식을 하려 하지만 꽃이 핀 후에는 대부분 고사한다.
꽃말 | 행복한 웃음, 정절, 지조, 인내
추천 여행지 | 울산 태화강 십리대숲(P.462)

알고 가세요

한라산 고산의 무법자, 제주조릿대

우리나라 전역에서 볼 수 있는 조릿대는 높이 약 1~2m 이내로 자라며 줄기로 조리나 바구니 등을 만들었다. 10~80cm로 한라산에서 자라는 제주조릿대는 번식력이 강해 털진달래, 산철쭉 등 다른 식물들이 살고 있는 곳까지 빠르게 잠식하면서 한라산의 식물 생태계를 위협하고 있다.

12월

자작나무

꽃 피는 시기 | 4~5월에 꽃이 피며 나무를 감상하기 좋은 시기는 가을과 겨울

학명 | *Betula pendula* Roth

생태 특징 | 북부의 추운 지방에서 20~25m 키로 자라는 자작나뭇과 나무다. 나무의 껍질은 흰색으로 얇게 가로로 벗겨지며 부드럽다. 하얀 수피로 곧게 뻗은 나무가 우아해 보인다. 빨리 자라는 속성수인 데다 하얀색 수피에서 느껴지는 아름다움 때문에 조경수로 많이 심고 실내 인테리어에도 자작나무 가지가 흔히 쓰인다.

꽃말 | 당신을 기다립니다

추천 여행지 | 인제 속삭이는자작나무숲(P.474)

알고 가세요

자작나무와 닮은 사스래나무와 거제수나무

우리나라에서 자라는 자작나무는 사람이 심은 것이다. 이와 비슷하게 흰색의 벗겨지는 수피를 가진 사스래나무와 거제수나무는 높은 산에서 자생한다. 한라산과 지리산 이북의 높은 산 정상 부근에서 보이는 회백색 수피를 가진 나무는 사스래나무이고 그보다 낮은 곳에서 보이는 연홍색이 도는 수피가 매끈하게 가로로 벗겨진 나무가 거제수나무다.

사스래나무

2월

동백나무

꽃 피는 시기 | 남부 지방에서 1월부터 피기 시작해서 3월에 절정이며 4월까지 핌

학명 | *Camellia japonica* L.

생태 특징 | 중국, 일본, 대만, 한국에 자생하는 차나뭇과 소교목으로 높이 2~10m까지 자란다. 동백이라는 나무 이름은 겨울 동(冬)과 나무이름 백(柏)에서 나왔다. 겨울나무를 뜻하지만 겨울 이전부터 피기 시작해서 4월까지 꽃이 피고 지고를 반복하여 꽃이 피는 시기에 따라 춘백(春栢), 추백(秋栢)이라 부르기도 한다. 제주에서는 '4·3의 영혼들이 붉은 동백꽃처럼 차가운 땅으로 소리 없이 스러져갔다'라는 의미를 담아 4·3 희생자를 추모하고 상징하는 꽃으로 여긴다.

꽃말 | 진실한 사랑, 겸손한 마음, 그대를 누구보다도 사랑합니다

추천 여행지 | 거제 지심도(P.508)

알고 가세요

동백은 토종, 애기동백은 일본산

동백은 우리나라에서 자생하는 나무이지만 애기동백은 일본에서 들어온 원예종이다. 동백은 적색의 꽃잎이 종처럼 살짝 오무린 형태인 데 반해 애기동백은 핑크색, 흰색, 겹꽃 등 꽃색이 다양하고 꽃잎이 활짝 벌어진다. 애기동백이 1~2달 일찍 핀다. 동백은 질 때 꽃송이 째, 애기동백은 꽃잎이 낱개로 떨어진다.

우리나라 야생화들

지역별

서울·경기·인천

남산둘레길	벚꽃	108
서울숲	벚꽃	112
양재천	벚꽃	110
여의도 윤중로	벚꽃	106
워커힐 벚꽃길	벚꽃	114
응봉산	개나리	118
상암 하늘공원	억새	378
시흥 관곡지	연꽃	284
양평 산수유마을	산수유	74
양평 세미원	연꽃	272
이천 백사마을	산수유	70
강화 고려산	진달래	158

강원

강릉 경포호	벚꽃	90
고성 하늬라벤더팜	라벤더	242
동해 추암해변	해국	408
봉평 메밀밭	메밀꽃	304
속초 설악산 천불동계곡	단풍	420
인제 방태산 이단폭포	단풍	430
인제 속삭이는자작나무숲	자작나무	474
정선 민둥산	억새	368
태백 구와우마을	해바라기	262
태백 태백산	한계령풀	188
홍천 은행나무숲	은행나무	356

충남

서산 개심사	겹벚꽃	176
서산 유기방가옥	수선화	148
아산 곡교천	은행나무	362
태안 세계튤립꽃박람회	튤립	200

경북

경주 첨성대	핑크뮬리	398
울산 태화강 십리대숲	대나무	462

경남

거제 지심도	동백	508
양산 순매원	매화	46
양산 통도사	매화	50
창원 진해	벚꽃	80
하동 십리벚꽃길	벚꽃	100

전북

고창 문수사	단풍	442
고창 선운사	꽃무릇	334
고창 학원농장	메밀꽃	314
무주 덕유산	눈꽃	498
정읍 내장산	단풍	434
정읍 옥정호 구절초테마공원	구절초	346

전남

강진 주작산·덕룡산	진달래	166
곡성 섬진강 장미공원	장미	230
광양 매화마을	매화	36
구례 산수유마을	산수유	56
담양 명옥헌원림	배롱나무	290
무안 회산백련지	연꽃	280
순천 순천만 습지	갈대	448
영광 불갑사	꽃무릇	324
완도 청산도	유채	136
장흥 제암산·보성 일림산	산철쭉	210

제주

가시리 녹산로	유채	126
금오름(금악오름)	억새	394
다랑쉬·아끈다랑쉬오름	억새	388
따라비오름	억새	386
사려니숲	산수국	252
산굼부리	억새	390
새별오름	억새	392
오라동 메밀밭	메밀꽃	318
한라산 백록담(성판악탐방로)	눈꽃	486
한라산 윗세오름	산철쭉	220

걷기 난이도별

아주 쉬워요(★★★★★)　　　　　　　　대부분 평지 1~2시간 이내

벚꽃	강릉 경포호	90
핑크뮬리	경주 첨성대	398
메밀꽃	고창 학원농장	314
장미	곡성 섬진강 장미공원	230
배롱나무	담양 명옥헌원림	290
연꽃	무안 회산백련지	280
벚꽃	서울 서울숲	112
벚꽃	서울 양재천	110
벚꽃	서울 여의도 윤중로	106
연꽃	시흥 관곡지	284
은행나무	아산 곡교천	362
매화	양산 순매원	46
산수유	양평 산수유마을	74
연꽃	양평 세미원	272
대나무	울산 태화강 칠십리숲길	462
벚꽃	창원 진해	80
튤립	태안 세계튤립꽃박람회	200
은행나무	홍천 은행나무숲	356

쉬워요(★★★★)　　　　　　　　평지와 약간의 경사지 1~2시간 이내

라벤더	고성 하늬라벤더팜	242
단풍	고창 문수사	442
해국	동해 추암해변	408
수선화	서산 유기방가옥	148
벚꽃	서울 워커힐 벚꽃길	114
매화	양산 통도사	50
꽃무릇	영광 불갑사	324
산수유	이천 백사마을	70
단풍	정읍 내장산	434
유채	제주 가시리 녹산로	126
억새	제주 다랑쉬·아끈다랑쉬오름	388
산수국	제주 사려니숲	252
억새	제주 산굼부리	390
억새	제주 새별오름	392

메밀꽃	제주 오라동 메밀밭	318
해바라기	태백 구와우마을	262
벚꽃	하동 십리벚꽃길	100

평이해요(★★★★)   약간의 경사지 포함 2~3시간

동백	거제 지심도	508
꽃무릇	고창 선운사	334
매화	광양 매화마을	36
산수유	구례 산수유마을	56
눈꽃	무주 덕유산	498
메밀꽃	봉평 메밀밭	304
겹벚꽃	서산 개심사	176
벚꽃	서울 남산둘레길	108
억새	서울 상암 하늘공원	378
개나리	서울 응봉산	118
갈대	순천 순천만 습지	448
유채	완도 청산도	136
단풍	인제 방태산 이단폭포	430
구절초	정읍 옥정호 구절초테마공원	346
억새	제주 금오름	394
억새	제주 따라비오름	386

어려워요(★★★★★)   경사지 5시간 이내 산행

진달래	강화 고려산	158
단풍	속초 설악산 천불동계곡	420
자작나무	인제 속삭이는자작나무숲	474
억새	정선 민둥산	368
산철쭉	제주 한라산 윗세오름	220
한계령풀	태백 태백산	188

아주 어려워요(★★★★★)   5시간 이상의 고된 산행

진달래	강진 주작산·덕룡산	166
산철쭉	장흥 제암산·보성 일림산	210
눈꽃	제주 한라산 백록담(성판악탐방로)	486

대한민국
꽃 여행 가이드

초판 1쇄 2022년 4월 5일
초판 2쇄 2022년 4월 21일

지은이 | 황정희

대표이사 겸 발행인 | 박장희
제작 총괄 | 이정아
편집장 | 손혜린
책임편집 | 문주미

표지 디자인 | ALL designgroup, 변바희
본문 디자인 | 변바희, 김미연
지도 디자인 | 양재연
마케팅 | 김주희, 김다은

발행처 | 중앙일보에스(주)
주소 | (04513) 서울시 중구 서소문로 100(서소문동)
등록 | 2008년 1월 25일 제2014-000178호
문의 | jbooks@joongang.co.kr
홈페이지 | jbooks.joins.com
네이버 포스트 | post.naver.com/joongangbooks
인스타그램 | @j__books

ⓒ 황정희, 2022

ISBN 978-89-278-1289-0 14980
ISBN 978-89-278-1257-9 (세트)

- 이 책은 저작권법에 따라 보호받는 저작물이므로 무단 전재와 무단 복제를 금하며
  책 내용의 전부 또는 일부를 이용하려면 반드시 저작권자와 중앙일보에스(주)의 서면 동의를 받아야 합니다.
- 책값은 뒤표지에 있습니다.
- 잘못된 책은 구입처에서 바꿔 드립니다.

중앙books 는 중앙일보에스(주)의 단행본 출판 브랜드입니다.

우리 산천에서 즐기는
아웃도어 여행의 모든 것

중앙books × 대한민국 가이드 시리즈

**대한민국
드라이브
가이드** [신간] 이주영·허준성·여미현

서울에서 제주까지 모든 길이 여행이 되는
국내 드라이브 코스 45

**대한민국
자동차 캠핑
가이드** [최신개정판] 허준성·여미현·표영도

캠핑카부터 차박까지 차에서 먹고 자고 머무는
여행의 모든 것

**대한민국
섬 여행
가이드** [최신개정판] 이준휘

걷고, 자전거 타고, 물놀이 하고,
캠핑하기 좋은 우리 섬 50곳

**대한민국
트레킹
가이드** [최신개정판] 진우석·이상은

등산보다 가볍게, 산책보다 신나게!
계절별·테마별 트레킹 코스 66개

휴일만 손꼽아 기다리는 당신에게

최고의 야외 생활을 설계해 줄
중앙북스의 **대한민국 가이드** 시리즈를 소개합니다.

**서울·경기·인천
트레킹
가이드** 〈신간〉
진우석

캠핑카부터 차박까지 차에서 먹고 자고 머무는
여행의 모든 것

**제주 오름
트레킹
가이드** 〈신간〉
이승태

오늘은 오름, 제주의 자연과 만나는
생애 가장 건강한 휴가

**대한민국
자연휴양림
가이드**
이준휘

숲으로 떠나는 평화로운 시간,
몸과 마음이 건강해지는 자연휴양림 여행법

**대한민국
자전거길
가이드**
이준휘

언제든 달리고 싶은 우리나라 최고의
물길, 산길, 도심길 자전거 코스